# 高中化学创新教学案例

罗孟军 著

世界图书出版公司
WORLD PUBLISHING CORPORATION

图书在版编目（CIP）数据

高中化学创新教学案例/罗孟军著.－－北京：世界图书出版公司，2019.6
ISBN 978-7-5192-6314-0

Ⅰ.①高… Ⅱ.①罗… Ⅲ.①中学化学课－教学研究－高中 Ⅳ.①G633.82

中国版本图书馆 CIP 数据核字（2019）第 111098 号

| | |
|---|---|
| 书　　　　名 | 高中化学创新教学案例 |
| （汉语拼音） | GAOZHONG HUAXUE CHUANGXIN JIAOXUE ANLI |
| 著　　　者 | 罗孟军 |
| 总　策　划 | 吴　迪 |
| 责 任 编 辑 | 滕伟喆　刘贝贝 |
| 装 帧 设 计 | 刘　岩 |
| 出 版 发 行 | 世界图书出版公司长春有限公司 |
| 地　　　址 | 吉林省长春市春城大街 789 号 |
| 邮　　　编 | 130062 |
| 电　　　话 | 0431-86805551（发行）　0431-86805562（编辑） |
| 网　　　址 | http：//www.wpcdb.com.cn |
| 邮　　　箱 | DBSJ@163.com |
| 经　　　销 | 各地新华书店 |
| 印　　　刷 | 三河市燕春印务有限公司 |
| 开　　　本 | 787 mm×1092 mm　1/16 |
| 印　　　张 | 14.5 |
| 字　　　数 | 261 千字 |
| 印　　　数 | 3 001—5 000 |
| 版　　　次 | 2019 年 6 月第 1 版　2020 年 5 月第 2 次印刷 |
| 国 际 书 号 | ISBN 978-7-5192-6314-0 |
| 定　　　价 | 45.00 元 |

"科技是国家强盛之基，创新是民族进步之魂。中华民族是富有创新精神的民族"。科技创新已成为一个国家、一个民族发展的重要力量，也是推动人类社会进步的重要力量。习近平总书记强调，我国要建设世界科技强国，关键是要建设一支规模宏大、结构合理、素质优良的创新人才队伍。一切科技创新活动都是人做出来的。

　　人才是科技发展的根本，是科技创新的关键。科技创新是实施创新驱动发展战略的核心，科技创新能力主要取决于人才。因此，科技创新人才无疑是科技创新中不可或缺的要素，是科技创新活力之源。要坚持立足创新实践中发展、识别、培养、凝聚人才，促进各类人才特别是青年人才脱颖而出，要动员一切可以动员的力量，积极拓展科技创新人才的培养和引进，造就培育一大批能够把握世界科技大势、研判科技发展方向的战略科技人才，使其成为我国经济社会发展需要的高端科技人才，为全面建成小康社会发挥作用。

　　人才的培养离不开教育。教育是培养人才的基础，对经济和社会发展具有先导性、全局性的作用。在教学中如何才能让师生实现积极合作和对话交流、不断实现学生核心素养的全面提升，尤其是科学素养的提升是现代教育改革的重点和方向。

　　校本教材《高中化学创新教学案例》是高中化学实验创新案例研究课题组研究成果，包括实验创新、元素及其化合物模块创新教案案例、模块复习创新、化学基础知识（化学反应原理）以及解题技巧创新，抛砖引玉，在实验探究、知识归纳、解题技巧上进行了创新。它不仅注重科学知识的传授和技能的训练，而且通过科学探究的落实，提高学生分析问题及解决问题的能力，注重对学生学习兴趣、探究能力、创新意识以及科学态度、科学精神等方面的培养。

　　新的教学理念尚需要在教学实践中进一步完善和落实，恳请各位教师为我校的教学研究提供宝贵的意见。对于书中存在的缺点和错误，我们欢迎读者及时批评、指正。

## 第一篇　实验创新

## 第二篇　元素及其化合物性质创新归纳模式

## 第三篇　有机化学选修模块复习

## 第四篇　化学基础知识、化学反应原理

# 第五篇　解题技巧创新

第一篇

# 实验创新

# 第一章 展示化学实验

## 第一节 展示化学实验

### 一、展示的含义

展：意思为舒展、展开，也指阐明、叙述、大规模地进行等多个含义。示：把事物拿出来或指出来使别人知道，是"礻"做偏旁的变形。凡用"礻"（示）做偏旁部首的字均与祭祀有关，如宗、神、祀、祈、福、祷、禨、祭、祥、祝。指示、示意的"示"是后起引申用法（包括对神的崇拜活动和心理）。展示：展开其内容，通过知觉感受，实现预期效果的过程。自然界中的现象如植物开花，孔雀开屏，狼嚎等；人类社会中多用于信息传达，如表演、化妆、婚礼、展览、庆典、人际交往等①。

演示：通过一些方式和工具，将信息传达给他人，是一种信息传达的行为方式。利用实验或实物、工具把事物的过程显示出来，让人认识或理解。

对比发现，展示比演示内涵更大。演示强调利用实验或实物、工具把事物的过程显示出来，让人认识或理解，强调实证；展示强调展开其内容，通过知觉感受，实现预期效果的过程，包括不同的模拟、想象等。

由此可见，演示实验，是教师通过实际的实验演示，引起学生观察、思维，从而认识物质的性质及变化规律的一种教学方法；教师要充分发挥演示实验的作用，使学生认真、仔细、全面地观察实验现象，从中发现问题，把形象思维转化为抽象思维，形成准确的概念和理论。展示实验是指包括演示实验、分组实验等实证实验以及模拟实验等实验的总和。中学化学实验属于化学教学实验，是化学教学实验中最重要的组成部分，均属于展示实验的范畴。

### 二、展示化学实验及其教学功能

#### （一）促进学生化学学习兴趣的形成与发展

化学实验是一个集脑、手、眼、耳、鼻全身全面调动，协同合作的过程，

---

① 百度词条。

它能积极反映实验者的个性心理特征。离开了实验，化学素养的培养和发展将是一句空话。在教学中要使学生保持强烈的好奇心和求知欲，学生只有带着"为什么"从实验中去找答案，化学核心素养才能真正得到相应的发展。

### （二）促进学生认知的发展

化学实验是学生发现与提出问题的重要来源；化学实验是学生学习化学知识、技能与方法的重要载体。

### （三）促进学生对科学本质的理解

培养学生科学素养是教育的终极目标；适当理解科学本质是科学素养的核心成分之一。帮助学生发展适当的科学本质已被大多数科学家所认同；我国国务院颁发的《全民科学素养行动计划纲要（2006～2020年）》中将"初步认识科学本质"作为行动目标之一。在新颁布的课程标准中提到，"通过科学教育使学生逐步领会科学的本质""发展学生对科学本质的理解"。

### （四）促进学生对科学精神的内化

科学精神是指人们在科学活动中形成的意识和态度，是科学工作者的意志、信念、气质、品质、责任感、使命感的总和；它建立在科学思想和科学观念之上，是对科学的产生和发展规律及其科学活动主题要求的一种理性升华，是促进科学活动的精神动力。内化本是心理学概念，其含义是指社会意识向个体意识的转化。学生在教育实践中接受科学精神，通过心理的中介作用内化后，才能转化为科学素养的组成部分。

### （五）能够创设生动活泼的化学教学情景

所谓化学实验教学情景就是指在化学实验教学中能够激起学生学习积极性的各种景物。景物可以是真实的，如铜锌原电池实验；也可以是模拟的或虚拟的，如模拟原子微观结构的动画。景物可以是具体的，能够摸得着、看得见，如将一勺氯化钠放到水中，搅拌后不见了；也可以是描述的，虽然不能够摸得着、看得见，但却是能够体会到的，如为什么人们在离桂花树较远的地方就能闻到桂花的香味。并不是所有的景物都可以成为化学实验教学情景，只有能够调动学生的学习积极性，激起他们的实验探究兴趣和求知欲望的景物，才能称为化学实验教学情景。

### （六）实验探究是转变学生学习方式和发展科学探究能力的重要途径

在化学实验教学中如何有效地落实培养科学素养的目标呢？精选化学实验内容、转变化学实验教学方式、采用新的化学实验教学评价体系等，都是实现这一目标的重要教学策略。

### （七）是落实三维目标的重要手段

实验教学能促进学生的发展，使学生在知识与技能、过程与方法、情感态度与价值观等科学素养的各个方面都能得到不断提高，是基础教育化学新课程所追求的目标。化学实验教学活动当然也必须要围绕这一目标来加以展开。

既然展示实验这么重要，所以教师要充分发挥展示实验在化学教学中的作用，使学生认真、仔细、全身心地投入和参与到展示实验中，同时包括一些展示实验的设计、改进等；认真观察、记录实验现象，从中发现问题，把形象思维转化为抽象思维，形成准确的概念和理论；全面发展化学核心素养。

教师一定要认真钻研教材，多练技巧，多想办法，即时总结，充分发挥实验在教学中培养化学核心素养的作用，才能较好地完成教学目标。因此，对展示实验有以下一些要求：

1. 展示目的明确，要求要具体

通过每一个展示实验，要求学生要掌握哪些基础知识、解决什么问题，应该突出哪些实验现象，重点示范什么操作，如何启发学生积极思维，得出什么结论，哪些核心素养得到培养等，这样就要求教师在备课时认真仔细分析教材，全面考虑实验，才能做到有的放矢。实验前和实验过程中，教师一定要引导学生明确为什么要做这个实验，应该观察什么，怎样观察等，使学生带着问题观察，发挥主观能动性去寻找答案。

2. 展示现象明显，要生动直观

实验现象明显，才能直接刺激学生大脑神经，激发他们学习和思考问题的主动性、积极性。因此，要求教师在保证展示实验的直观、生动上多下功夫，抓住时机，利用学生激动的情绪和获得鲜明的表象，通过启发引导，以便较顺利地完成认识上的飞跃。

3. 展示效果可靠，具有重复性

教师课前一定要预做实验，不能草率行事，即使是比较简单或很熟悉的实验，也必须认真预做实验；实验用品，特别是那些容易损坏的仪器和容易发生意外的实验装置，必须在课前备份，确保展示实验效果可靠，万无一失。

4. 实事求是展示，要有科学性

实验时，不可避免地会出现一些反常现象，此时，教师一定要实事求是，找出异常原因，给学生进行分析，只有这样，教师才能用科学的态度培养学生的科学探究精神。任何科学实验，都必须认真，来不得半点马虎，以培养学生的科学态度和科学精神，切忌弄虚作假，如做乙醛银镜反应实验时，为了提防乙醛变质而导致实验失败，教师便用葡萄糖代替乙醛，这是严重违反科学的，是实验教学中决不允许的。

5. 掌握展示时间，注意安全性

用于课堂的展示实验要在一定的时间内完成，如果实验用时过长，势必影响上课进度，所以一定要控制好节奏，严格按照实验程序进行操作。还要确保实验安全，并且要结合实验对学生进行安全教育，讲清事故原因，以防学生畏惧实验，缩手缩脚。

6. 优选展示方式，培养科学素养

展示实验要优选探究性分组实验；能分组的不演示，能演示的不模拟；即使演示也优选学生演示。在实验过程中，要充分调动学生的多种感官和神经系统协同活动，为培养化学核心素养创造良好的条件。实验后，教师要启发学生进行综合分析、抽象概括，自行得出结论，使学生不仅获得理性认识，而且思维能力也得到培养。

## 三、展示化学实验教学的基本过程

展示化学实验必须是为了实现某个特定的化学实验目的所需要研究和解决的一个或一组化学实验问题。化学实验问题是指化学实验主体在某个给定的化学实验中的当前状态与所要达到的目标状态之间存在的差距；所设计的展示化学实验必须具有科学性和探究性价值。

### （一）展示化学实验的分类

展示化学实验设计是指在实施化学实验之前，依据一定的实验目的和要求，运用有关的化学知识和技能，对实验仪器、装置、步骤和方法等在头脑中所进行的一种规划。通常分为以下几种类型：

根据展示实验在教学过程中所起的作用可分为：探究性实验、验证性实验。

根据展示实验内容可分为：物质制备实验、物质分离实验、物质的表征实验。

根据展示实验研究的侧重点和中学化学实验实际，实验设计的类型主要包括：

**1. 定性实验设计**

定性实验主要包含以下内容：

（1）制取某种物质的实验。

（2）物质性质的实验。

（3）物质检验实验。

（4）分离混合物或从混合物中提取某物质的实验。

（5）验证化学原理、化学概念或化学反应的实验。

**2. 定量实验设计**

定量实验主要包含以下内容：

（1）测定某些中学化学常用计量（如某元素的相对原子质量、阿伏加德罗常数等）的实验。

（2）确定物质组成（如混合物各组分质量分数、某化合物的定量组成）的实验。

（3）测定化学反应中能量变化（如反应热、中和热）的实验。

### 3. 结构分析实验设计

结构分析实验是用以测定物质微观结构的实验，包含测定分子结构和晶体结构的实验等。

### （二）展示实验改进与创新的原则

在规划实验设计时，必须遵循一定的原则。具体有：

### 1. 科学性原则

这是实验设计的首要原则。它是指所设计实验的原理、操作顺序、操作方法等，必须与化学理论知识以及化学实验方法相一致。

### 2. 简单性原则

简单性原则是指化学实验设计要尽可能地采用简单的装置或方法，用较少的步骤及实验药品，在较短时间内来完成实验的原则。改进装置，让实验化繁为简，选择的反应容器达到一定体积，药品用量合适，反应本身现象明显。改进原料，提升实验效果；改进过程，让操作简单有效；改进方法，加深实验印象。

### 3. 趣味性原则

实验过程生动有趣，能激发学生的学习兴趣，形成刻苦学习动机，加强对相关化学知识的记忆。

### 4. 对应性原则

实验改进与设计要与教材的思想相符合、相对应，实验改进与设计不能改变化学反应原理，不能放弃要求学生掌握的典型装置。例如，氧气的实验室制法，采用加热氯酸钾与二氧化锰混合物的方法，并设计了相应装置，目的是让学生掌握这一反应原理及实验操作。有人认为该装置复杂，于是设计了用加热双氧水的方法来制氧气的装置，这一做法违反了对应性原则。

### 5. 安全性原则

安全性原则是指实验设计时应尽量避免使用有毒药品或具有一定危险性的实验操作。不能危及他人人身安全，不能造成环境污染或者必须将环境污染降到最低程度。

### 6. 可行性原则

可行性原则是指设计实验时，所运用的实验原理在实施时切实可行，而且所选用的化学药品、仪器、设备、实验方法等在现行的条件下能够满足。

### 7. 探究性原则

探究性设计原则是指设计的实验包含的化学规律往往隐藏在较深的层次，

需要学生去发掘；解决问题的方法与途径往往不太明确，需要学生通过尝试，提出假设并验证假设来寻找。

中学化学展示实验改进与创新可以弥补传统实验的不足，提高实验的安全性与可操作性，节省药品、减少环境污染。教学中可将演示实验改为边讲边实验或分组实验，增加学生进行实验操作和实验探究的机会，同时教师的实验探究、实验改进、实验创新精神潜移默化地影响着学生，对学生的创新精神培养、环境保护意识、绿色化学思想的形成大有益处，有利于落实国家课程标准的要求，有利于学生的变化观念、证据推理、实验探究与创新意识、科学精神与社会责任等核心素养的培养。

化学是一门以实验为基础的学科，化学实验既是中学化学教学内容的重要组成部分，又是实现中学化学教学目的最有效的途径和方法。只有对化学实验进行不断的改进和创新，化学实验才会永远充满生命力，才能最大限度地发挥实验在化学教学中的作用，使化学实验教学更适应素质教育和创新教育的需求，才能培养出更多的创新型人才。

**（三）展示实验的基本过程**

由于实验设计牵涉多方面的内容，因此，设计过程必须遵循一定的程序。一般来说，化学实验设计有下列的程序：

1. **提出实验研究课题（实验目的），确定实验研究问题**

实验目的要求是实验的出发点和归宿，因此在实验设计前，必须对实验目的要求相当明确。

2. **根据实验目的要求，确定实验原理和方法**

只有明确实验原理和方法，才能对实验设计做出合理的规划。

3. **确定实验设计思路**

实验设计的基本思路是：目的—假设—变量—方法—步骤—器材。即根据实验目的提出假设，围绕假设确定被试和变量，按照实验变量采取相应的方法、手段，依从变量控制安排实验步骤、选择合适的仪器和反应条件等。

4. **实验实施、对比与条件的控制**

在实验实施过程中要特别重视对比和控制，对照不当，实验将失去意义；没有控制，则不能成为实验。实验应始终保持主题活性，细致观察实验现象，翔实记录数据。

5. **实验观察、记录与结果处理**

对实验现象、结果、数据进行加工整理，准确表述实验结论。

6. **实验结果的评价与修正**

回顾实验设计，反思实验过程，修正检验假设，对结果进行准确评价。

# 第二节 创新展示实验案例

## "胶体"引课实验

日常生活中,有以下三种"筛子"(图1-2-1~图1-2-3),我们发现这几种"筛子"孔越来越小,实验室过滤用到的滤纸(图1-2-4)孔径更小。那么,还有孔径更细小的"筛子"吗?

图1-2-1

图1-2-2

图1-2-3

图1-2-4

答案是肯定的,那就是像半透膜这种孔径更细小的"筛子"。

### ❖ 过氧化钠与水反应 ❖

【实验目的】

激发学生的求知欲望和学习期望,培养学生认真细致和严谨求实的科学态度,使学生了解过氧化钠与水反应的原理,反应放出的热量点燃爆引、放出的氧气使爆引燃烧得更快。

**【实验原理】**

过氧化钠与水反应生成氧气，氧气可以助燃，且反应放热。

$$2Na_2O_2 + 2H_2O === 4NaOH + O_2\uparrow \qquad 2Mg + O_2 \xrightarrow{点燃} 2MgO$$

**【实验仪器及药品】**

表面皿，胶头滴管，过氧化钠，水，几个小爆竹，镁条，镁粉，酚酞。

**【实验装置】**

表面皿、胶头滴管，如图 1 - 2 -5 所示。

图 1 - 2 - 5

**【实验步骤及现象】**

实验 1 步骤：

1. 从爆竹中取出少量黑火药放在表面皿中，用药匙取少量过氧化钠放在表面皿中并将它们混合。

2. 用滴管粘有少量的过氧化钠一端滴少量水或少量酚酞，并观察现象。

实验 2 步骤：

1. 取少量镁粉放在表面皿中，用药匙取少量过氧化钠放在表面皿中并将它们混合。把镁条放在混合物上。

2. 用滴管粘有少量的过氧化钠一端滴少量水或少量酚酞，并观察现象。

**【创新设计说明】**

1. 常规的过氧化钠与水在小试管中反应，反应后用手触摸试管判断是否是放热反应？而本实验不同之处，通过观察黑火药、镁粉及镁条是否燃烧可以判断过氧化钠与水反应是否是放热反应，而且现象明显。大家认为水是灭火的而此反应水可以点火，从而激发学生的求知欲望和学习期望。

2. 常规的过氧化钠与水反应放热使脱脂棉燃烧，而使用的过氧化钠的量多，制脱脂棉（火棉）实验又复杂，不易点燃火棉，但本实验使用的过氧化钠的量少，滴水后短时间内混合物就可以燃烧起来。用镁粉比镁条燃烧现象更明显。

❖ 氢氧化亚铁制备实验的设计创新 ❖

**【实验目的】**

1. 掌握氢氧化亚铁的制备方法。

2. 通过观察实验现象，熟悉氢氧化亚铁的制备过程。

**【实验原理】**

可以采取两种方法制备：

方法 1：$FeSO_4 + 2NaOH === Na_2SO_4 + Fe(OH)_2\downarrow$

方法2：$2Na + 2H_2O == 2NaOH + H_2\uparrow$；$FeSO_4 + 2NaOH == Na_2SO_4 + Fe(OH)_2\downarrow$

**【实验仪器及药品】**

大试管，药匙，胶头滴管，纯 $FeSO_4$ 晶体，煤油，
金属钠（或 NaOH 溶液），蒸馏水。

**【实验装置】**

大试管，如图 1 – 2 – 6 所示。

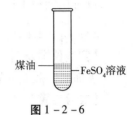

煤油 —— $FeSO_4$溶液

图 1 – 2 – 6

**【实验步骤及现象】**

1. 向大试管中加入少量 $FeSO_4$ 晶体，加入约 2 mL 的煤油，再加入蒸馏水将 $FeSO_4$ 晶体溶解。

2. 取 1 粒黄豆大小的金属钠放入大试管后塞上橡皮塞（或用胶头滴管滴加适量 NaOH 溶液，注意胶头滴管要伸入 $FeSO_4$ 溶液中）。

可观察到金属钠经煤油层进入煤油与溶液的交界处，有气泡产生，并上下运动；下层溶液中逐渐有白色絮状沉淀产生。

**【创新设计说明】**

本实验改进后的设计方案：仪器简单，操作方便，能清楚地观察到随着 NaOH 的生成，白色絮状沉淀逐渐从界面处析出并慢慢沉于试管的底部，且白色絮状 $Fe(OH)_2$ 沉淀可保存较长时间，适合课堂演示，能很好地改进原实验的不足。

1. 实验将制取 NaOH 溶液以及制备目标产物 $Fe(OH)_2$ 集于一支试管中（方法2）。

2. 采用油封的方法，有效防止了产物 $Fe(OH)_2$ 被氧化。

3. 能有效控制反应速度，由于钠的密度在煤油和水之间，钠与水反应产生的 $H_2$ 使钠粒上浮，进入煤油层，气泡消失后，由于重力作用，钠下沉到界面处与水继续反应生成 NaOH，如此反复，可以控制反应不至于过于剧烈，且能清楚地观察到随着 NaOH 的生成，白色絮状沉淀逐渐从分界处析出（方法2）。

❖ $CO_2$、$Cl_2$、$SO_2$等的制取和性质实验创新 ❖

**【实验目的】**

探究 $CO_2$、$Cl_2$、$SO_2$ 等的制取方法和性质等。

**【实验原理】**

1. $CaCO_3 + 2HCl == CaCl_2 + H_2O + CO_2\uparrow$

2. $2KMnO_4 + 16HCl（浓）== 2MnCl_2 + 8H_2O + 5Cl_2\uparrow + 2KCl$

3. $Na_2SO_3 + H_2SO_4 \xlongequal{\quad} Na_2SO_4 + H_2O + SO_2\uparrow$

均属于固体 + 液体→气体（不加热）。

**【实验仪器及药品】**

胶头滴管（或注射器），具支试管，单孔橡皮塞，橡皮管，T 型导管，$Na_2SO_3$ 粉末，稀 $H_2SO_4$，蓝色石蕊试纸，品红试液，酸性 $KMnO_4$ 溶液，NaOH 溶液，浓盐酸，固体高锰酸钾，红纸、$CaCO_3$，稀盐酸，NaBr 溶液，淀粉碘化钾试纸。

**【实验装置】**

如图 1 - 2 - 7 ~ 图 1 - 2 - 11 所示：

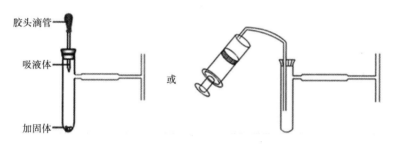

图 1 - 2 - 7

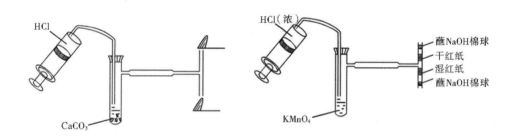

图 1 - 2 - 8        图 1 - 2 - 9

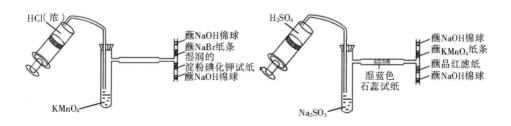

图 1 - 2 - 10        图 1 - 2 - 11

**【实验步骤及现象】**

1. 图 1-2-8（对比实验）：下面燃着的木条比上面的更容易熄灭。说明 $CO_2$ 的密度比空气大，且 $CO_2$ 不支持燃烧。

2. 图 1-2-9（对比实验）：湿红纸褪色，干红纸不褪色。说明氯气无漂白性而氯水有漂白性。

3. 图 1-2-10（性质实验）：蘸 NaBr 的滤纸变橙红，湿润的淀粉碘化钾试纸变蓝。说明 $Cl_2$ 具有强氧化性。

4. 图 1-2-11（性质实验）：蓝色石蕊试纸变红，蘸酸性 $KMnO_4$ 溶液的滤纸褪色、蘸品红溶液的滤纸褪色。取出褪色的两滤纸分别在试管中加热，蘸 $KMnO_4$ 的滤纸无明显变化，蘸品红的滤纸恢复红色。说明 $SO_2$ 的水溶液呈酸性，$SO_2$ 具有强还原性和漂白性。

**【改进原因】**

$SO_2$、$Cl_2$ 等气体都是有毒气体，若用常规仪器，按常规方法演示，药品用量大，产生气体多，实验室里难免有一些难闻的刺激性气味，这既浪费药品，又污染环境，严重影响师生健康。

**【装置优点】**

1. 装置简单，成本低，便于制作。实验操作简单，实用性强。药品用量少，污染小。

2. 实验现象明显。选择反应在滤纸上发生，颜色变化特别明显。

3. 尾气用湿 NaOH 棉团吸收，整个实验在较封闭的环境中进行，且生成的气体量可人为控制，对环境污染小。

4. 此装置能应用于多个不同的化学实验。

# 喷泉实验

## ❖ 氨气喷泉实验改进一 ❖

**【实验目的】**

探究氨气极易溶于水且证明其水溶液显碱性。

**【实验原理】**

氨气极易溶于水（在标准状况下，1 体积水可溶解 700 体积的氨气），当塑料瓶中的水进入圆底烧瓶内时，氨气大量溶于水，圆底烧瓶内外在短时间内产生较大的气压差，利用大气压将圆底烧瓶下面塑料瓶中的液体压入圆底烧瓶内，在尖嘴导管口处形成喷泉，剩余的氨气又溶于进入圆底烧瓶中的水，最终水充满整个圆底烧瓶。

**【实验仪器及药品】**

塑料瓶（矿泉水瓶或可乐瓶），具支试管，胶头滴管，尖嘴玻璃管，玻璃导管（短），漏斗，直角玻璃导管，圆底烧瓶，乳胶管，弹簧夹（三个），橡皮塞（双孔一个和单孔两个），铁架台（带铁圈），浓氨水，氢氧化钠固体，酚酞试液，水。

**【实验装置】**

如图 1 - 2 - 12 所示。

**【实验步骤及现象】**

**（一）实验准备**

1. 向具支试管中加入 5 ~ 10 g 氢氧化钠固体，在胶头滴管里吸入足量的浓氨水。

2. 将空饮料瓶塞上单孔橡皮塞，饮料瓶里装入加了酚酞试液的水。

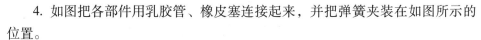

图 1 - 2 - 12

3. 烧杯里装入加了酚酞试液的水。

4. 如图把各部件用乳胶管、橡皮塞连接起来，并把弹簧夹装在如图所示的位置。

**（二）实验步骤**

1. 打开①、②弹簧夹，关闭③弹簧夹，向具支试管中滴入浓氨水，生成的氨气迅速充满圆底烧瓶，当烧杯里的酚酞溶液变红色（证明氨气已充满圆底烧瓶），关闭①、②弹簧夹。

2. 打开③弹簧夹，用力挤压塑料瓶，水进入圆底烧瓶溶解氨气，在圆底烧瓶里形成负压，稍微拔开饮料瓶塞上单孔橡皮塞，让饮料瓶和外界相通，红色喷泉立即出现。

3. 打开①、②、③弹簧夹，圆底烧瓶里的水排出，向饮料瓶里补充水，如图 1 - 2 - 12 连接好各个部件，重复"1、2"步骤操作，重现红色喷泉。

**【创新设计说明】**

1. 教材中的实验不容易重复演示，需要事先制备和收集干燥的氨气，圆底烧瓶上装的双孔橡胶塞又难保证有良好的气密性，常因细微的漏气而使实验全部失败。

2. 每做一次实验要更换一次装氨气的圆底烧瓶，工作量很大，非常不方便。

**【改进后的优点】**

1. 随时在课堂上制取、收集氨气于圆底烧瓶中，用手轻轻挤压塑料瓶，可观察到美丽的喷泉。

2. 实验仪器可重复使用，不用调换干燥的圆底烧瓶和胶头滴管，只要将圆底烧瓶中的水从导管中放出，可再收集氨气进行实验。实验操作非常方便，随时可进行实验，时间短、效果好。

### ❖ 氨气喷泉实验改进二 ❖

【实验目的】
探究氨气的溶解性。

【实验原理】
氨气极易溶于水，产生压强差形成喷泉。

【实验仪器及药品】
筒形分液漏斗，单孔橡皮塞，三通导管，止水夹，烧杯，铁架台，胶头滴管，浓氨水，蒸馏水，酚酞，圆底烧瓶。

【实验装置】
如图 1 - 2 - 13 所示。

1. 按图所示连接实验装置，并检查装置气密性。

2. 关闭分液漏斗的活塞，并向分液漏斗上面的导管中加入约 2 mL 水。

3. 打开止水夹 a 和 b（左边导管暂不插入水中），摇动盛有浓氨水的烧瓶（或用热毛巾捂住烧瓶）。一段时间后，关闭止水夹 a 和 b。

4. 把左边的导管插入盛有水（滴有酚酞）的烧杯中，打开分液漏斗的活塞，待水滴下后，迅速关闭活塞，然后打开止水夹 a，产生喷泉。

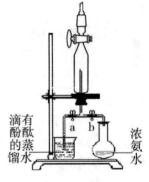

图 1 - 2 - 13

【实验现象】
分液漏斗中形成了红色的喷泉。

【创新设计说明】
改进后的优点：制取氨气操作简便，并且分液漏斗使用后不需干燥，能连续进行喷泉实验，方便快捷。

◆ 氨气喷泉实验改进三 ◆

【实验目的】

探究氨气的溶解性。

【实验原理】

根据压强差形成喷泉。

【实验仪器及药品】

烧瓶，漏斗，铁架台，铁夹，玻璃导管，橡胶管，注射器，碳酸氢钠，浓盐酸，浓氢氧化钠。

【实验装置】

如图1-2-14所示。

【实验步骤及现象】

1. 如图烧瓶里充满滴加几滴红墨水的碳酸氢钠溶液，组装好仪器。

2. 再用注射器通过针头向下面烧瓶里添加几滴浓盐酸。

3. 烧瓶里的水被压上去形成红色喷泉。

4. 把整个装置倒过来，换上装浓氢氧化钠的注射器。

5. 推浓氢氧化钠入烧瓶，反过来又形成一个喷泉。

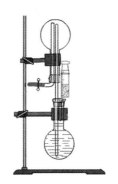

图1-2-14

【创新设计说明】

1. 把气体的制备装置和性质装置连成一体，无须拆解装置，更简单化。

2. 两个喷泉，两个原理，形成鲜明对比，使学生对喷泉的形成理解得更深刻。

3. 现象明显，操作简单。

◆ 二氧化硫性质实验教学设计 ◆

【实验教学目标】

1. **知识与技能**

（1）设计实验帮助学生更好地掌握二氧化硫的物理性质、化学性质和用途。

（2）了解二氧化硫对空气的污染以及如何防止污染。

2. 过程与方法

采用"以问题为索引、学生为主体"的自主探究方法，使学生亲历科学的历程，学会科学探究物质性质的学习方法。

3. 情感态度与价值观

（1）领略实验学习乐趣，培养学生实事求是的科学态度，体验个人及学科价值。

（2）增强学生的环境保护意识和健康意识。

【实验内容设计】

1. 创新实验一：二氧化硫气体液化实验。

2. 创新实验二：二氧化硫化学性质以及对苔藓的危害实验。

【实验方法设计】

采取学生分组实验。

【教学过程设计】

**设计创新实验一：二氧化硫气体液化实验**

装置如图 1－2－15 所示。

图 1－2－15

**实验步骤及现象**

1. 收集好一小试管干燥的二氧化硫气体并用试管塞塞好备用。

2. 实验过程：用笔将试管塞用力塞入试管中，并观察试管中出现的现象。

3. 实验现象：有白色雾状物质产生。

**设计创新实验二：二氧化硫化学性质以及对苔藓的危害实验**

装置如图 1－2－16 所示。

**实验仪器及药品**

锥形瓶，胶头滴管（下面套一小吸管），气球，滤纸条，酒精灯，火柴，瓶盖，亚硫酸钠晶体，浓硫酸，石蕊，品红，$KMnO_4$ 溶液，$NaOH$ 溶液，苔藓等。

**实验步骤及现象**

1. 检查装置的气密性。

2. 装好药品，组装好整套装置。

其中一支胶头滴管吸 $NaOH$ 溶液，一支吸浓硫酸。一

图 1－2－16

个瓶盖加少量亚硫酸钠晶体,一个加少量苔藓。滤纸条上编号分别蘸紫色石蕊试液、碘水(溴水)、酸性 $KMnO_4$ 溶液、氯化铁溶液、品红试液等。

3. 将少许浓硫酸滴到亚硫酸钠晶体上。

4. 有大量气泡产生,紫色石蕊试液变红,碘水(溴水)、酸性 $KMnO_4$ 溶液、氯化铁溶液、品红试液均褪色,苔藓由绿逐渐变黄。

5. 加入少量 NaOH 溶液进行尾气处理。把滤纸条取出,将蘸有品红试液的滤纸条靠近酒精灯火焰,滤纸条重新变红色。

【创新设计说明】

1. 实验小型化。

2. 操作简便,现象明显,实验用时少,节约课堂时间。将气体的制取和性质等多个实验合为一体,一气呵成,连贯性强,简化了实验操作,提高了实验效率。

3. 改进后的实验将 $SO_2$ 等有毒气体产物得到有效吸收,减少对实验室空气污染。

4. 一器多用,该装置还可用于 $Cl_2$、$NO_2$、$H_2S$ 等气体的制取和性质实验。

5. 改进后的实验更具有趣味性和拓展性,方便学生小组实验或进行性质拓展研究。

【教学反思与自我评价】

从整个教学流程来看,二氧化硫气体液化实验很好地解决了气体易液化的认知困难,二氧化硫化学性质以及对苔藓的危害实验对于真正实现绿色化学很有借鉴意义;学生的自主探究有力地引导了学生在轻轻松松的实验观察中,在一个个表格的讨论与分析中进行科学研究。

(该设计荣获深圳市实验说课比赛一等奖)

❖ 乙烯制取 ❖

【实验目的】

学会快速、无污染地制取乙烯的方法。

【实验原理】

乙醇蒸气在 $Al_2O_3$ 做催化剂和加热的条件下制乙烯。

【实验仪器及药品】

铁架台,酒精灯,石棉网,分液漏斗,硬质试管,导气管,试管,沸石,石棉,木块,无水乙醇,氧化铝粉末,稀溴水或高锰酸钾溶液。

**【实验装置】**

如图 1 - 2 - 17 所示。

**【实验步骤及现象】**

1. 连接好装置，检查气密性，装好药品。

2. 先加热氧化铝，然后加热圆底烧瓶，使乙醇蒸发。将制得的气体通入稀溴水或高锰酸钾溶液，二者均褪色。

（实验中需注意，烧瓶中不能一次性加入过多的无水乙醇，应少量多次，且小火加热，使乙醇蒸气充分反应；氧化铝要用石棉包严，防止被乙烯气体吹进导管，使导管发生堵塞；$Al_2O_3$ 催化剂一定要事先加热以提高活性，才能起到催化剂的作用。）

图 1 - 2 - 17

**【创新设计说明】**

1. 该实验现象明显，实验时间短。

2. 无其他有毒气体（如二氧化硫）生成，也不干扰乙烯的检验，节约试剂，不污染环境。

❖ 乙醇催化氧化实验改进 ❖

**【实验目的】**

1. 乙醇的催化氧化。

2. 乙醇的催化氧化产物的检验。

**【实验原理】**

1. 酒精和空气（氧气）在加热和铜丝催化条件下被氧化成乙醛和水。

2. 乙醛能使溴水褪色。

**【实验仪器及药品】**

仪器：气囊一个，大小试管各一支，双孔塞、单孔塞各一个，导管数根，一端弯曲的铜丝一根，酒精灯，铁架台。

试剂：无水乙醇，溴水，铜丝，无水硫酸铜，碱石灰，脱脂棉。

**【实验装置】**

如图 1 - 2 - 18 所示。

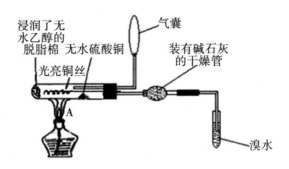

图 1 - 2 - 18

**【实验步骤及现象】**

1. 组装好实验装置并检查好气密性；将浸透无水乙醇的棉花团放在大试管底部。

2. 在铜丝的中间部分加热，片刻后开始有节奏（间歇性）地鼓入空气，稍微加热大试管一段时间，就可以看到光亮的铜丝逐渐变黑，过一段时间，铜丝又变光亮，再用气囊往大试管里鼓入空气，光亮的铜丝又变黑，过一段时间铜丝又变光亮，再用气囊往大试管里鼓入空气，光亮的铜丝又变黑。如此循环，即可观察到交替出现变黑 - 变亮红色，同时大试管中的无水硫酸铜变成蓝色。一段时间后，看到溴水褪色。

**【创新设计说明】**

1. 该装置完成了乙醇的催化氧化机理的探究和催化产物的验证。

2. 该装置简单，操作方便，也有利于学生分组实验。

3. 实验现象明显，便于学生观察。

# 第三节 影响原电池电流大小因素的实验创新研究

## 实验创新设计一：浓度对原电池电流大小的影响

**【实验用品】**

灵敏电流计，铜片，锌片，导线若干，500 mL 烧杯，胶头滴管，玻璃棒，蒸馏水，0.05 mol/L 稀硫酸。

**【实验步骤】**

组装一个（－）Zn｜H$_2$SO$_4$（aq）｜Cu（＋）原电池，实验装置：铜锌原电池如图1－3－1所示。一开始加入50 mL蒸馏水作为电解质溶液并记录灵敏电流计读数；用胶头滴管滴加一滴浓度约为0.05 mol/L的稀硫酸并用玻璃棒搅拌后，记录灵敏电流计读数；再滴加一滴稀硫酸并用玻璃棒搅拌后再记录灵敏电流计读数。

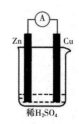

图1－3－1

加蒸馏水时电流表读数几乎为0，加一滴浓度为0.05 mol/L的稀硫酸并记录灵敏电流计读数，再滴加一滴稀硫酸后并记录灵敏电流计读数。

比较两次电流表读数大小发现：灵敏电流计读数增大了。说明：电解质溶液的浓度会影响原电池电流大小；电解质溶液的浓度增大原电池电流也增大。

## 实验创新设计二：温度对原电池电流大小的影响

**【实验用品】**

灵敏电流计，铜片，锌片，导线若干，500 mL烧杯，胶头滴管，玻璃棒，酒精灯，石棉网，铁架台，蒸馏水，0.05 mol/L稀硫酸。

**【实验步骤】**

将"实验创新设计一"中盛有H$_2$SO$_4$溶液的烧杯垫石棉网用酒精灯加热。如图1－3－2所示，给铜锌原电池加热，一段时间后，再记录灵敏电流计读数。

图1－3－2

发现加热温度升高13 ℃～26 ℃，电流表增大1～2 mA。说明：电解质溶液的温度会影响原电池电流大小；电解质溶液的温度增大原电池电流也增大。

## 实验创新设计三：压强对有气体参加的燃料电池电流大小的影响

**【实验用品】**

灵敏电流计，石墨电极，导线若干，直流电源，胶头滴管，橡皮管，止水夹，稀NaOH溶液。

**【实验步骤】**

准备一个电解水的实验装置（普通U形管，两极均用石墨），如图1－3－3

所示。先将其中一极的橡皮塞切割到恰好能往下压而不漏气（注：用小刀将橡皮塞切割成如图 1-3-4 所示形状，稍微比 U 形管高一点，并涂上一些凡士林备用），往蒸馏水中加入几滴稀 NaOH 溶液，接通直流电源电解一段时间，然后停止，切断电源。将两极连通灵敏电流计组装一个 "（-）$H_2$ | C | NaOH（aq） | C | $O_2$（+）" 原电池，氢氧燃料电池（加压前）如图 1-3-5 所示，并记录好灵敏电流计读数；再将切割好的橡皮塞往下压，以增大压强，同时观察灵敏电流计并记录读数，氢氧燃料电池（加压后）如图 1-3-6 所示。

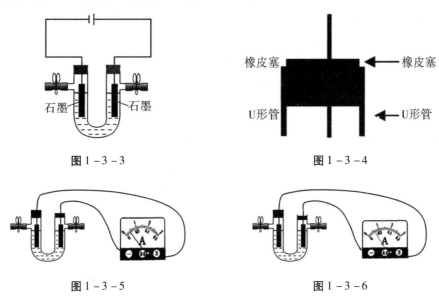

图 1-3-3　　　　　　　　　　　　图 1-3-4

图 1-3-5　　　　　　　　　　　　图 1-3-6

【结果】

将切割好的橡皮塞往 U 形管中逐渐下压，发现灵敏电流计读数逐渐增大。说明：压强对有气体参加的燃料电池电流大小有影响；压强增大电池电流增大。

## 实验创新设计四：催化剂对原电池电流大小的影响

【实验用品】

灵敏电流计，石墨电极，导线若干，25 V 直流电源（其他直流电源也可），胶头滴管，橡皮管，注射器，止水夹，稀 NaOH 溶液，30% 的 $H_2O_2$ 溶液，$MnO_2$ 粉末。

【实验步骤】

利用做完实验创新设计三的装置继续做实验创新设计四，加入少量 $MnO_2$ 粉末之前如图 1 - 3 - 7 所示。用注射器往 U 形管中有氧气的一侧加入 1 mL 左右 30% 的 $H_2O_2$ 溶液后，记录好灵敏电流计读数；然后，往橡皮管中插入吸了少量 $MnO_2$ 粉末的注射器，再打开这一侧的止水夹，推注射器往 U 形管溶液中加入少量 $MnO_2$ 粉末后再夹好止水夹，加入少量 $MnO_2$ 粉末之后如图 1 - 3 - 8 所示，一段时间后观察电流计并记录读数。

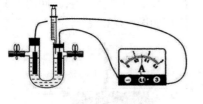
图 1 - 3 - 7

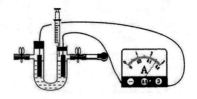
图 1 - 3 - 8

**【结果】**

加入少量 $MnO_2$ 粉末之后，发现电流计读数逐渐增大。说明：催化剂对原电池电流大小有影响；使用催化剂电池电流增大。

**【实验创新设计的实践成效】**

本实验教学案例在 2017 年 5 月 26 日广东省中小学新一轮"百千万人才培养工程"第二批"高中理科类名教师"研修活动展示课中进行了演示，实验效果突出。

创造性地拓展实验，探究影响原电池电流大小的因素，有以下几大亮点：

1. 装置多用，操作简便，有利于学生分组实验和探究性实验的开展。

2. 实验结果以直观、准确的数据形式呈现，有利于学生加深对影响原电池电流大小因素的理解和掌握。

3. 节约试剂，减少污染，践行绿色化学。

4. 渗透科学方法，如控制变量法、对比法等，在实验中提升学生科学素养。

5. 引导学生充分利用已学知识探究新知，对学生的实践创新、科学精神、解决问题的能力等核心素养的培养具有极大的意义。

在本节课的教学实践中，学生的兴趣被极大地激发，利用创新装置，通过小组合作进行探究实验，均能由直观的实验现象推断出不同因素对原电池电流大小的影响并加以解释，实现由感性向理性的升华，大大提升课堂实效性。

# 第二章 从实验学化学

## 第一节　化学实验的基本方法

### 一、化学实验安全

#### （一）认识常用危险化学药品的标志（图2-1-1）

图2-1-1

#### （二）取用药品的安全注意事项

1. 不能用手接触药品，不要把鼻孔凑到容器口去闻药品（特别是气体），不得品尝任何药品的味道。

2. 按用量取药，若无用量说明，一般应按最少量取用：液体1~2 mL，固体只需盖满试管底部。

3. 实验剩余的药品既不能放回原瓶，也不要随意丢弃，更不要拿出实验室，要放入指定的容器内。

#### （三）用酒精灯加热的安全注意事项

1. 在使用前，要先检查酒精灯里有无酒精。向灯内添加酒精时，不能超过酒精灯容积的2/3，不能少于酒精灯容积的1/3。

2. 在使用时，要注意几点：绝对禁止向燃着的酒精灯里添加酒精，以免失火；绝对禁止用燃着的一盏酒精灯去点燃另一盏酒精灯。

3. 用完酒精灯，不可用嘴吹灭，应用灯帽盖灭，并盖两次。

### （四）常见意外事故的处理（表2-1-1）

表2-1-1

| 意外事故 | 处理方法 |
|---|---|
| 金属钠或钾起火 | 用沙土盖灭 |
| 酒精灯不慎碰倒起火 | 用湿抹布盖灭 |
| 浓碱溅到皮肤上 | 用较多水冲洗，然后涂上硼酸溶液 |
| 浓酸溅到皮肤上 | 用大量水冲洗，然后涂上3%～5% $NaHCO_3$ 溶液 |
| 不慎将浓酸（碱）溅到眼中 | 用大量水冲洗，边洗边眨眼睛，切不可用手揉眼睛 |
| 温度计水银球不慎碰破 | 先用胶头滴管吸回试剂瓶，再用硫粉覆盖 |
| 液溴、苯酚沾到皮肤上 | 立即用酒精擦洗 |
| 重金属盐中毒 | 先喝大量豆浆、牛奶，并及时送医院 |

### （五）实验安全装置

**1. 常见防倒吸装置（图2-1-2）**

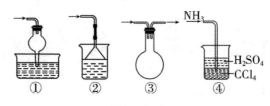

图2-1-2

**2. 常见防堵塞安全装置（图2-1-3）**

图2-1-3

**3. 常见防污染安全装置（图2-1-4）**

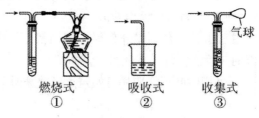

图2-1-4

## （六）化学试剂的保存

### 1. 试剂瓶的选择

（1）根据药品状态：固体用广口瓶，液体用细口瓶。

（2）根据感光性：见光易分解的用棕色瓶，见光不分解的用无色瓶。

（3）根据酸碱性：碱性试剂不能用玻璃塞；强酸、强氧化性、腐蚀性和有机试剂不能用橡胶塞。

### 2. 试剂的保存方法（表 2-1-2）

表 2-1-2

| 保存依据 | 保存方法 | 典型实例 |
|---|---|---|
| 防氧化 | （1）密封或用后立即盖好；<br>（2）加入还原剂；<br>（3）隔绝空气 | （1）$Na_2SO_3$、$Na_2S$、KI 溶液等用后立即盖好；<br>（2）$FeSO_4$ 溶液中加少量铁屑；<br>（3）K、Na 保存在煤油里，Li 保存在石蜡油里 |
| 防与 $CO_2$ 反应 | 密封保存，减少暴露时间 | NaOH、石灰水、$Na_2CO_3$ 溶液、$Na_2O_2$ 固体等密封保存 |
| 防挥发 | （1）密封，置于阴凉处；<br>（2）液封 | （1）浓盐酸、浓氨水等置于阴凉处；<br>（2）液溴用水封 |
| 防燃烧 | 置于冷暗处，不与氧化剂混合贮存，严禁火种 | 苯、汽油、酒精等 |
| 防分解 | 保存在棕色瓶中，并置于冷暗处 | 浓 $HNO_3$、$KMnO_4$ 溶液、$AgNO_3$ 溶液等 |
| 防水解 | 加入酸（碱）抑制水解 | （1）$FeCl_3$ 溶液中加稀盐酸；<br>（2）$Na_2S$ 溶液中加 NaOH 溶液 |
| 防腐蚀 | （1）腐蚀橡胶的物质用玻璃塞或塑料盖；<br>（2）腐蚀玻璃的物质用塑料容器 | （1）浓 $HNO_3$、$KMnO_4$ 溶液、氯水、溴水等腐蚀橡胶；<br>（2）氢氟酸保存在塑料瓶中 |
| 防黏结 | 碱性溶液用橡胶塞或软木塞 | NaOH、$Na_2CO_3$、$Na_2SiO_3$ 溶液等 |

## 二、混合物的分离与提纯

### （一）基本概念

物质的分离：将混合物中各物质通过物理变化或化学变化，把各成分彼此分开的过程，分开后各自要恢复到原来的状态。

物质的提纯：把混合物中的杂质除去，以得到纯净物的过程。

## （二） 操作原则

**四原则：**

1. 不增加——提纯过程中不增加新的杂质。
2. 不减少——不减少欲被提纯的物质。
3. 易分离——被提纯物与杂质容易分离。
4. 易复原——被提纯物质要复原。

**三必须：**

1. 除杂试剂必须过量。
2. 过量试剂必须除尽（因为过量试剂带入新的杂质）。
3. 选择最佳除杂途径。

## （三） 基本实验方法

常用物理方法：过滤、结晶、蒸馏、萃取、分液等。

### 1. 过 滤

原理：如图 2 - 1 - 5 所示，利用物质溶解性差异，将液体和不溶于液体的固体分离开来的方法。例如，用过滤法除去粗盐中的泥沙。

图 2 - 1 - 5

操作要点：

（1）"一贴"：折叠后的滤纸放入漏斗后，用食指按住，加入少量蒸馏水润湿，使之紧贴在漏斗内壁，赶走纸和壁之间的气泡。

（2）"二低"：滤纸边缘应略低于漏斗边缘；加入漏斗中的液体液面应略低于滤纸的边缘（略低约 1 cm），以防止未过滤的液体外溢。

（3）"三靠"：漏斗颈末端（尖嘴）与承接滤液的烧杯内壁相靠，使滤液沿烧杯内壁流下；向漏斗中倾倒液体时，要使玻璃棒一端与滤纸三折处轻轻相靠；承接液体的烧杯嘴和玻璃棒相靠，使欲过滤的液体在玻璃棒的引流下流入漏斗。

注意：如果过滤是为了得到洁净的沉淀物，则需对沉淀物进行洗涤，洗涤方法：向漏斗（或过滤器）里加入适量蒸馏水，使水面浸没沉淀物，待水滤去后，再加水洗涤，连续洗几次，直至沉淀物洗净为止。

### 2. 结 晶

原理：如图 2 - 1 - 6 所示，利用溶剂对被提纯物质及杂质的溶解度不同，可以使被提纯物质从过饱和溶液中析出，而让杂质全部或大部分仍留在溶液中，从而达到提纯的目的。

（1）蒸发结晶：通过蒸发或汽化，减少一部分溶剂使溶液达到饱和而析出晶体。此法主要用于溶解度随温度改变而变化不大的物质。

（2）冷却结晶：通过降低温度，使溶液冷却达到饱和而析出晶体。重结晶指的是重复冷却结晶。此法主要用于溶解度随温度下降而明显减小的物质。

图 2 - 1 - 6

注意：通常两种方法会结合使用。

（1）进行蒸发时，液体放置在蒸发皿中的量不得超过蒸发皿容量的 2/3，以免加热时溶液溅出。

（2）在加热过程中，要用玻璃棒不断搅拌液体，以免液体局部过热而致使液滴飞溅。

（3）当有较多晶体析出时，停止加热，用余热蒸干。

### 3. 蒸 馏

（1）原理：利用互溶的液体混合物中各组分的沸点不同，给液体混合物加热，使其中的某一组分变成蒸汽再冷凝成液体，从而达到分离提纯的目的。蒸馏一般用于分离沸点范围相差比较大（大于 10 ℃）的液体混合物。

（2）仪器：铁架台、酒精灯、石棉网、蒸馏烧瓶、冷凝管、温度计、胶塞、牛角管（尾接管）、锥形瓶、胶管。

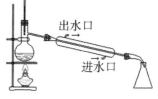

出水口

进水口

实验装置如图 2 - 1 - 7 所示。

图 2 - 1 - 7

（3）蒸馏时的注意事项：

① 烧瓶内液体的容积不超过 2/3，烧瓶要垫石棉网加热，烧瓶中还要加入沸石（碎瓷片）防止爆沸。

② 温度计水银球应略低于蒸馏烧瓶支管口处，测量逸出气体的温度。

③ 冷凝水由下口进，上口出。

④ 实验开始时，先开冷凝水，后加热。实验结束时，先停止加热，后关冷凝水，溶液不可蒸干。

### 4. 萃 取

（1）原理：利用某溶质在互不相溶溶剂中的溶解度不同，用一种溶剂把溶质从它与另一种溶剂组成的溶液中提取出来，再利用分液的原理和方法将它们分离开来（图 2 - 1 - 8）。

图 2 - 1 - 8

（2）萃取剂的选择：

① 溶质在萃取剂的溶解度要比在原溶剂中大。

② 萃取剂与原溶剂互不相溶。

③ 要不易于挥发。

④ 萃取剂与溶液不发生化学发应。

常见萃取剂：汽油（密度小于水），苯（密度小于水），四氯化碳（密度大于水）。

### 5. 分 液

把两种互不相溶的液体（且密度不同）分开的操作。

萃取与分液的步骤：

（1）检验分液漏斗是否漏水。

（2）加入溶液，加入萃取剂，振荡。

（3）静置分层。

（4）分液。

### （四）常用的分离和提纯方法（表 2 - 1 - 3）

表 2 - 1 - 3

| 方 法 | 原 理 | 杂质成分 |
|---|---|---|
| 沉淀法 | 将杂质离子转化为沉淀 | 如 $Cl^-$、$SO_4^{2-}$、$CO_3^{2-}$ |
| 产气法 | 将杂质离子转化为气体 | 如 $CO_3^{2-}$、$HCO_3^-$、$SO_3^{2-}$、$HSO_3^-$、$S^{2-}$、$NH_4^+$ |
| 杂转纯法 | 将杂质转化为需要提纯的物质 | 如杂质中含不同价态的相同元素（用氧化剂或还原剂）、同一种酸的正盐与酸式盐（用酸、酸酐或碱） |
| 氧化还原法 | 用氧化剂（还原剂）除去具有还原性（氧化性）的杂质 | 如用酸性 $KMnO_4$ 除去 $CO_2$ 中的 $SO_2$，用热的铜粉除去 $N_2$ 中的 $O_2$ |
| 热分解法 | 加热使不稳定的物质分解除去 | 如除去 $NaCl$ 中的 $NH_4Cl$ 等 |
| 酸碱溶解法 | 利用物质与酸或碱溶液混合后的差异进行分离 | 如用过量的 $NaOH$ 溶液可除去 $Fe_2O_3$ 中的 $Al_2O_3$ |
| 电解法 | 利用电解原理除去杂质 | 用含杂质的金属作阳极、纯金属（M）作阴极，含 M 的盐溶液作电解质溶液 |

## 三、其他常用化学仪器的用途和使用方法

### （一）加热仪器（表2-1-4）

表2-1-4

| 仪器图形与名称 | 主要用途 | 使用方法和注意事项 |
|---|---|---|
| 蒸发皿 | 用于蒸发溶剂或浓缩溶液 | 可直接加热，但不能骤冷。蒸发溶液时不可加得太满，液面不能超过容积的2/3 |
| 试管 | 常用作反应容器，也可用于收集少量气体 | 可直接加热，拿取试管时，用中指、食指、拇指拿住试管口占全长的1/3处，加热时试管口不能对着任何人。放在试管内的液体不超过容积的1/2，加热的不超过1/3。加热时要用试管夹，并使试管跟桌面成45°的角度，先给液体全部加热，然后在液体底部加热，并不断摇动。给固体加热时，试管要横放，试管口略向下倾斜 |
| 坩埚 坩埚钳 | 用于灼烧固体，使其反应（如分解） | 可直接加热至高温。灼烧时应放于泥三角上，应用坩埚钳夹取。应避免骤冷 |
| 燃烧匙 | 燃烧少量固体物质 | 可直接用于加热，遇能与Cu、Fe反应的物质时要在匙内铺细砂或垫石棉绒 |
| 烧杯（分为50 mL、100 mL、250 mL、500 mL、1000 mL等规格） | 用作配制、浓缩、稀释溶液，也可用作反应器和给试管水浴加热等 | 加热时应垫石棉网，根据液体体积选用不同规格烧杯 |
| 平底烧瓶 | 用作反应器（不需加热） | 一般不能加热，不适于长时间加热，当瓶内液体过少时，加热容易使之破裂 |

| 仪器图形与名称 | 主要用途 | 使用方法和注意事项 |
|---|---|---|
| 圆底<br>烧瓶 | 用作反应器 | 不能直接加热，应垫石棉网加热。所装液体的量应不超过其容积的1/2 |
| 锥形瓶 | 用作接受器；用作反应器，常用于滴定操作 | 一般放在石棉网上加热。在滴定操作中液体不易溅出 |

## （二）计量仪器（表2－1－5）

表2－1－5

| 仪器图形与名称 | 使用方法和注意事项 |
|---|---|
| 量筒 | 1. 无"0"刻度，由下而上刻度逐渐增大；<br>2. 精确度为0.1 mL；<br>3. 选用时遵循"大而近"，如量取5.8 mL溶液时应选10 mL量筒，不能选5 mL或20 mL量筒；<br>4. 不能加热，不能充当反应容器，不能用于溶解和稀释溶液；<br>5. 读数时眼睛要平视液体凹面最低处 |
| 温度计 | 1. 所测量的温度要在温度计量程范围内；<br>2. 测量液体温度时，温度计的水银球部位应浸在液体内；测量蒸汽温度时，应使温度计的水银球置于蒸馏烧瓶支管口处；<br>3. 不能代替玻璃棒使用，温度计的水银球也不能接触容器壁 |
| 容量瓶 | 1. 用前要检查是否漏水；<br>2. 加液体用玻璃棒引流，当液面距刻度线1~2 cm时改用胶头滴管，加液体至凹液面最低处与刻度线相切；<br>3. 精确度为0.01 mL |
| 酸式滴定管 碱式滴定管<br>A  B | 1. 使用前要检查是否漏水；<br>2. "0"刻度在上；<br>3. 精确度为0.01 mL；<br>4. A用于量取酸性溶液和强氧化性溶液，B用于量取碱性溶液；<br>5. 要先用待装液润洗2~3次再装溶液 |
| 托盘天平 | 1. 称量前先要调零；<br>2. 左盘放物品，右盘放砝码；<br>3. 精确度是0.1g；<br>4. 药品不能直接放在托盘上，易潮解，腐蚀性药品，如NaOH等应放在小烧杯中称量 |

## （三）分离提纯仪器（表2-1-6）

表2-1-6

| 仪器图形与名称 | 主要用途 | 使用方法和注意事项 |
|---|---|---|
| 漏斗 | 1. 向小口容器中转移液体；<br>2. 加滤纸后，可过滤液体 | 1. 制作过滤器时，滤纸紧贴漏斗壁，用水润湿，注意不得留有气泡；<br>2. 滤纸低于漏斗边缘，液体低于滤纸边缘 |
| （1）（2）<br>分液漏斗 | 1. 用于随时添加液体；<br>2. 萃取、分液 | 1. 使用前要检查口部和活塞是否漏水；<br>2. 分离液体时，下层液体由下口流出，上层液体由上口倒出 |
| 洗气瓶 | 除去气体中的杂质 | 1. 一般选择与杂质气体反应的试剂作吸收液；<br>2. 装入液体量不宜超过容积的$\frac{2}{3}$；<br>3. 气体的流向为"长进短出" |
| 干燥管 | 用于干燥或吸收某些气体，干燥剂为粒状，常用无水$CaCl_2$、碱石灰 | 1. 注意干燥剂或吸收剂的选择；<br>2. 一般为大口进气，小口出气 |
| 冷凝管 | 常用于分离沸点相差较大的互溶液体混合物 | 冷却水的流向应"下进上出" |

# 四、实验基本操作

## （一）药品的取用

1. 取用粉末状或小颗粒状固体用药匙或纸槽，要把药品送入试管底部，而不能沾在管口和管壁上。块状和大颗粒固体用镊子夹取，如图2-1-9所示。

向试管中加固体粉末状药品

图2-1-9

2. 取少量液体可用胶头滴管。取用较多的液体用倾倒法，注意试剂瓶上的标签向着手心。向容量瓶、漏斗中倾倒液体时，要用玻璃棒引流。如图 2 - 1 - 10 所示。

液体的倾倒　　　　　液体的量取

图 2 - 1 - 10

## （二）仪器的洗涤

1. 玻璃仪器洗净的标准：既不聚成水滴，也不成股流下。

2. 常见残留物的洗涤（表 2 - 1 - 7）。

表 2 - 1 - 7

| 待清洗仪器 | 污　物 | 清洗试剂 |
|---|---|---|
| 做过 $KMnO_4$ 分解实验的试管 | $MnO_2$ | 浓盐酸 |
| 做过碘升华的烧杯 | 碘 | 酒　精 |
| 长期存放 $FeCl_3$ 溶液的试剂瓶 | $Fe(OH)_3$ | 稀盐酸 |
| 长期存放澄清石灰水的试剂瓶 | $CaCO_3$ | 稀盐酸 |
| 做过银镜实验的试管 | 银 | 稀硝酸 |
| 做过油脂实验的试管 | 油　污 | 热的纯碱液 |

## （三）试纸的使用

### 1. 类型及作用

红色石蕊试纸——定性检验碱性溶液。

蓝色石蕊试纸——定性检验酸性溶液。

pH 试纸——定量检验溶液酸碱性强弱。（预先不能湿润）

淀粉 - KI 试纸——检验 $Cl_2$ 等具有强氧化性的物质。

品红试纸——检验 $SO_2$ 等具有漂白性的物质。

### 2. 使用方法

（1）检验液体：取一小块试纸放在表面皿或玻璃片上，用蘸有待测液的玻璃棒点在试纸中部，观察试纸颜色的变化。

（2）检验气体：一般先用蒸馏水把试纸润湿，粘在玻璃棒的一端，并使其接近出气口，观察试纸颜色的变化。

（四）物质的溶解

**1. 固体的溶解**

一般在烧杯或试管里进行，为了加速溶解，常采用搅拌、粉碎、振荡或加热等措施，但 $FeCl_3$、$AlCl_3$ 等易水解的固体溶解时不能加热。

**2. 气体的溶解**

（1）对溶解度较小的气体（如 $Cl_2$ 等），为了增大气体分子与水分子的接触机会，应将气体导管插入水中，如图 2-1-11 中的 A 所示。

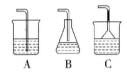

图 2-1-11

（2）对极易溶于水的气体（如 $NH_3$、$HCl$ 等），气体导管口只能靠近液面，最好在导管口连接一倒置的漏斗，并使漏斗边缘刚好贴靠在液面上，这样可以增大气体的吸收率，减少气体的逸出，同时也避免出现液体倒吸的现象，如图 2-1-11 中的 B 和 C 所示。

**3. 液体的溶解**

用量筒分别量取一定体积被溶解的液体和溶剂，然后先后加入烧杯中搅拌而溶解。但对于溶解放热较多的液体，往往先加入密度较小的液体，再沿烧杯内壁缓缓加入密度较大的液体，边加边搅拌。如稀释浓 $H_2SO_4$ 时是把浓 $H_2SO_4$ 慢慢加入水中，并用玻璃棒不断搅拌。

（五）物质的加热

**1. 固体的加热**

（1）试管口要向下略为倾斜，防止生成的水倒流，引起试管炸裂。

（2）先给试管均匀加热，受热均匀后再固定在药品部位加热。

**2. 液体的加热**

（1）加热前，先把玻璃容器外壁的水擦干，以免炸裂试管；用试管夹夹住试管中上部，管口向上倾斜，不得对人，以防液体沸腾时溅出烫伤人。

（2）试管内液体的体积不超过试管容积的 1/3。

**3. 加热的方式（表 2-1-8）**

表 2-1-8

| 加热方式 | 适用范围 |
| --- | --- |
| 直接加热 | 瓷质、金属质或小而薄的玻璃仪器（如试管）等 |
| 隔石棉网加热 | 较大的玻璃反应器（如烧杯、烧瓶等） |
| 浴热（水浴、油浴、砂浴等） | （1）需严格控制温度的（如硝基苯的制备）；<br>（2）需反应混合液静止的（如银镜反应）；<br>（3）蒸馏沸点差较小的混合液 |

## （六）装置气密性的检查方法（表2-1-9）

表2-1-9

| 方　　法 | 微热法 | 液差法 | 外压法 |
|---|---|---|---|
| 原　　理 | 升高装置中气体的温度，使气体膨胀 | 缩小装置中气体的体积，增大压强 | 增大或减小装置中气体的物质的量 |
| 图　　例 | | 有孔塑料板 | |
| 具体操作 | 塞紧橡胶塞，将导气管末端伸入盛水的烧杯（或水槽）中，用手捂热（实验中如果用到酒精灯，那就用酒精灯微热）烧瓶 | 塞紧橡胶塞，用止水夹夹住导气管的橡胶管部分，从长颈漏斗向试管中注水 | 塞紧橡胶塞，打开止水夹，推动或拉动注射器 |
| 现象说明 | 烧杯中有气泡产生，停止微热，冷却后导气管末端形成一段水柱，且保持一段时间不下降 | 停止加水后，长颈漏斗中的液面高于试管中的液面，静置一段时间液面差不再改变 | 推动注射器之后导管中出现一段液柱，且液面差不改变；拉动注射器试管中产生气泡 |

# 第二节　化学计量在实验中的应用

## 一、物质的量的单位——摩尔

### （一）物理量符号

表示含有一定数目粒子集合体的物理量，符号为 $n$，单位为摩尔（mol）。

### （二）阿伏加德罗常数（$N_A$）

1. **定义**

0.012 kg $^{12}C$ 所含的碳原子数为阿伏加德罗常数，数值约为 $6.02 \times 10^{23}$，单

位为 mol$^{-1}$。

**2. 关 系**

物质的量、阿伏加德罗常数与粒子数（$N$）之间的关系：$n = \dfrac{N}{N_A}$。

**3. 注 意**

阿伏加德罗常数有单位，应写为 $6.02 \times 10^{23}$ mol$^{-1}$，不能仅写数值 $6.02 \times 10^{23}$。

**（三）注 意**

使用 mol 时，必须（用化学式）指明粒子的种类，可以是分子、原子、离子、电子等。

**（四）$N$、$N_A$ 与 $n$ 的关系**

$$\frac{N}{N_A} = n \qquad\qquad A_1 = \frac{m_1}{\dfrac{m_C}{12}} = \frac{12m_1}{m_C}$$

注意：1 mol 任何粒子或物质的质量是以克为单位，在数值上就等于该粒子的相对原子（分子、离子）质量。

**（五）摩尔质量**

**1. 定 义**

单位物质的量的物质所具有的质量，符号为 $M$。

**2. 公 式**

$$M = \frac{m}{n} \quad 单位 \quad \text{g} \cdot \text{mol}^{-1}$$

**3. 注 意**

当微粒的摩尔质量以 g·mol$^{-1}$ 为单位时，在数值上等于该微粒的相对分子（原子）质量。

**（六）有关摩尔质量的相关计算**

例：24.5 g $H_2SO_4$ 的物质的量是_____。

解：$H_2SO_4$ 的相对分子质量为 98，则 $M$（$H_2SO_4$）$= 98$ g·mol$^{-1}$。

$$n(H_2SO_4) = \frac{m(H_2SO_4)}{M(H_2SO_4)} = \frac{24.5 \text{ g}}{98 \text{ g}\cdot\text{mol}^{-1}} = 0.25 \text{ mol}。$$

答：24.5 g $H_2SO_4$ 的物质的量是 0.25 mol。

## 二、气体摩尔体积

**（一）影响物质体积大小的因素**

1. 构成物质的微粒的大小（物质的本性）。

2. 构成物质的微粒之间距离的大小（由温度与压强共同决定）。

3. 构成物质的微粒的多少（物质的量的多少）。

## （二）气体摩尔体积（$V_m$）

### 1. 定 义

在一定条件下，单位物质的量的气体所占的体积，单位：L／mol（或 L·$mol^{-1}$）；标准状况下（0 ℃，101 kPa），$V_m \approx 22.4$ L·$mol^{-1}$。

### 2. 相关计算

（1）基本表达式：$V_m = \dfrac{V}{n}$；

（2）与气体质量的关系：$\dfrac{m}{M} = \dfrac{V}{V_m}$；

（3）与气体分子数的关系：$\dfrac{V}{V_m} = \dfrac{N}{N_A}$。

### 3. 影响因素

气体摩尔体积的数值不是固定不变的，它决定于气体所处的温度和压强。

## （三）阿伏加德罗定律及推论

### 1. 阿伏加德罗定律

在相同的温度和压强下，相同体积的任何气体都含有相同数目的分子。

### 2. 阿伏加德罗定律的推论（表 2－2－1）

表 2－2－1

| | 描　　述 | 关　　系 |
|---|---|---|
| 三正比 | 同温同压下，气体的体积比等于它们的物质的量之比 | $V_1/V_2 = n_1/n_2$ |
| | 同温同体积下，气体的压强比等于它们的物质的量之比 | $p_1/p_2 = n_1/n_2$ |
| | 同温同压下，气体的密度比等于它们的相对分子质量之比 | $\rho_1/\rho_2 = M_1/M_2$ |
| 二反比 | 同温同压下，相同质量的任何气体的体积与它们的相对分子质量成反比 | $V_1/V_2 = M_2/M_1$ |
| | 同温同体积时，相同质量的任何气体的压强与它们的相对分子质量成反比 | $p_1/p_2 = M_2/M_1$ |
| 一连比 | 同温同压下，同体积的任何气体的质量比等于它们的相对分子质量之比，也等于它们的密度之比 | $m_1/m_2 = M_1/M_2 = \rho_1/\rho_2$ |

## （四）求气体的摩尔质量（$M$）的常用方法

1. 根据标准状况下气体的密度（$\rho$）：$M = \rho \times 22.4 \ \mathrm{g \cdot mol^{-1}}$。

2. 根据气体的相对密度：$D = \dfrac{\rho_1}{\rho_2} = \dfrac{M_1}{M_2}$。

3. 根据物质的质量（$m$）和物质的量（$n$）：$M = \dfrac{m}{n}$。

4. 对于混合气体，求其平均摩尔质量，上述计算式仍然成立；还可以用下式计算：$\overline{M} = \overline{M_1} \times a\% + \overline{M_2} \times b\% + \overline{M_3} \times c\% + \cdots$，$a\%$、$b\%$、$c\%$ 指混合物中各成分的物质的量分数（或体积分数）。

5. 注意：阿伏加德罗常数常见陷阱。

陷阱一：温度和压强不一定处在标准状况下。

$22.4 \ \mathrm{L \cdot mol^{-1}}$ 是指标准状况（$0 \ ℃$，$1.01 \times 10^5 \ \mathrm{Pa}$）下的气体摩尔体积。在题目中涉及非标准状况下的气体体积时，若用 $22.4 \ \mathrm{L \cdot mol^{-1}}$ 进行换算，则误入陷阱。

陷阱二：物质的聚集状态不一定是气态。

$22.4 \ \mathrm{L \cdot mol^{-1}}$ 适用对象是气体（包括混合气体）。若把一些容易忽视的液态或固态物质（如 $H_2O$、$CCl_4$、$SO_3$ 等）作为气体来处理，则误入陷阱。

陷阱三：气体分子不一定都是双原子分子。

气体单质的组成除常见的双原子分子外，还有单原子分子（如 $Ne$）、三原子分子（如 $O_3$、$H_2S$）、多原子分子（如 $NH_3$、$N_2H_4$、$PH_3$、$CH_4$、$C_2H_4$）等。若不注意这点，则误入陷阱。

陷阱四：一些特殊粒子的数目。

粒子种类一般有分子、原子、离子、质子、中子、电子等。1 mol 粒子的数目即为阿伏加德罗常数，由此可计算分子、原子、离子、质子、中子、电子等粒子的数目。通过 $N_A$ 与粒子数目的换算，巧设陷阱，如 $Ne$、$D_2O$、$^{18}O_2$、$H^{37}Cl$ 等。

陷阱五：一些特殊物质的结构。

一些物质的微粒构成以及所含化学键的数目具有其特殊性，若不注意这些问题，则误入陷阱，如 $Na_2O_2$、$SiO_2$、$NaHSO_4$ 等。

陷阱六：一些特殊物质的变化。

一些物质间的变化具有一定的隐蔽性，有时需要借助化学方程式分析才能挖掘出隐含的变化情况。若不注意挖掘隐含变化，则误入陷阱，如铁粉与硝酸反应、铜与硫的反应、$AlCl_3$ 溶液中 $Al^{3+}$ 的数目等。

总结：考查阿伏加德罗常数侧重两个点。

1. 微粒是什么？
2. 微粒有多少？

# 三、物质的量在化学实验中的应用

## （一）物质的量浓度、质量分数、溶解度（表2-2-2）

表2-2-2

| 内　容 | 物质的量浓度 | 质量分数 | 溶解度 |
|---|---|---|---|
| 定　义 | 表示单位体积溶液里所含溶质 B 的物质的量的物理量 | 用溶质质量与溶液质量之比来表示溶液组成的物理量 | 在一定温度下，某固体物质在100 g 溶剂（通常是水）里达到饱和状态时所溶解溶质的质量 |
| 单　位 | mol·L$^{-1}$ | | g |
| 计算公式 | $c_B = \dfrac{n_B}{V}$ | $w = \dfrac{m_{溶质}}{m_{溶液}} \times 100\%$ | $S = \dfrac{m_{溶质}}{m_{溶剂}} \times 100\ g$ |

## （二）物质的量浓度与其他量的换算

### 1. 物质的量浓度和质量分数的关系

如图2-2-1所示，体积为 $V$（L），密度为 $\rho$（g·cm$^{-3}$）的溶液，含有摩尔质量为 $M$（g·mol$^{-1}$）的溶质 $m$（g），溶质的质量分数为 $w$，则物质的量浓度 $c$ 与质量分数 $w$ 的关系是：

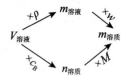

图2-2-1

$$c = \frac{n}{V} = \frac{\frac{m}{M}}{V} = \frac{m}{MV} = \frac{1\,000\rho wV}{MV} = \frac{1\,000\rho w}{M}, \quad w = \frac{cM}{1\,000\rho}。$$

### 2. 物质的量浓度与溶解度的换算

若某饱和溶液的密度为 $\rho$（g·cm$^{-3}$），溶质的摩尔质量为 $M$（g·mol$^{-1}$），溶解度为 $S$（g），则溶解度 $S$ 与物质的量浓度的关系是：$c = \dfrac{n}{V} = \dfrac{S/M}{\dfrac{100+S}{1\,000\rho}} =$

$\dfrac{1\,000\rho S}{M\,(100+S)}$；$S = \dfrac{100cM}{1\,000\rho - cM}$。

例1：配制 500 mL 0.1 mol/L 的 NaOH 溶液需要 NaOH 的质量是多少？

解：$n$（NaOH）$= c$（NaOH）$\cdot V$［NaOH（aq）］$= 0.1$ mol/L $\times 0.5$ L $= 0.05$ mol。

$m$（NaOH）$= n$（NaOH）$\cdot M$（NaOH）$= 0.05$ mol $\times 40$ g/mol $= 2$ g。

### （三）一定物质的量浓度的溶液中溶质的微粒数目

例2：将 28.4 g $Na_2SO_4$ 溶于水配成 250 mL 溶液，计算溶液中溶质的物质的量浓度，并求出溶液中 $Na^+$ 和 $SO_4^{2-}$ 的物质的量浓度。

解：$n(Na_2SO_4) = \dfrac{m(Na_2SO_4)}{M(Na_2SO_4)} = \dfrac{28.4\ g}{142\ g \cdot mol^{-1}} = 0.2\ mol$；

$c(Na_2SO_4) = \dfrac{n(Na_2SO_4)}{V(aq)} = \dfrac{0.2\ mol}{0.25\ L} = 0.8\ mol/L$；

$Na_2SO_4 =\!=\!= 2Na^+ + SO_4^{2-}$

$c(Na^+) = 2c(Na_2SO_4) = 2 \times 0.8\ mol/L = 1.6\ mol/L$；

$c(SO_4^{2-}) = c(Na_2SO_4) = 0.8\ mol/L$。

### （四）稀释定律

$c(浓溶液) \times V(浓溶液) = c(稀溶液) \times V(稀溶液)$

**1. 溶液稀释定律（守恒观点）**

（1）溶质的质量在稀释前后保持不变，即 $m_1 w_1 = m_2 w_2$。

（2）溶质的物质的量在稀释前后保持不变，即 $c_1 V_1 = c_2 V_2$。

（3）溶液质量守恒，$m(稀) = m(浓) + m(水)$（体积一般不守恒）。

**2. 同溶质不同物质的量浓度的溶液的混合计算**

（1）混合后溶液体积保持不变时，$c_1 V_1 + c_2 V_2 = c_混 \times (V_1 + V_2)$。

（2）混合后溶液体积发生改变时，$c_1 V_1 + c_2 V_2 = c_混 V_混$，其中 $V_混 = \dfrac{m_混}{\rho_混}$。

**3. 溶质相同、质量分数不同的两溶液混合定律**

同一溶质、质量分数分别为 $a\%$、$b\%$ 的两溶液混合。

（1）等质量混合：两溶液等质量混合时（无论 $\rho > 1\ g \cdot cm^{-3}$ 还是 $\rho < 1\ g \cdot cm^{-3}$），混合后溶液中溶质的质量分数 $w = \dfrac{1}{2}(a\% + b\%)$。

（2）等体积混合：

① 当溶液密度大于 $1\ g \cdot cm^{-3}$ 时，必然是溶液浓度越大，密度越大，如 $H_2SO_4$、$HNO_3$、$HCl$、$NaOH$ 等多数溶液等体积混合后，质量分数 $w > \dfrac{1}{2}(a\% + b\%)$。

② 当溶液密度小于 $1\ g \cdot cm^{-3}$ 时，必然是溶液浓度越大，密度越小，如酒精、氨水等少数溶液等体积混合后，质量分数 $w < \dfrac{1}{2}(a\% + b\%)$。

### （五）一定物质的量浓度溶液的配制

**1. 有关仪器的使用**

（1）容量瓶的使用，如图 2 - 2 - 2 所示。

① 特点：

a. 容量瓶上标有温度、容积和刻度线；容量瓶常见规格有 50 mL、100 mL、250 mL、500 mL、1 000 mL。

b. 容量瓶上只有一条刻度线。

② 使用方法及注意事项：

a. 使用前要检查是否漏水（检漏）：加水—塞塞—倒立观察—若不漏—正立旋转 180°—再倒立观察—不漏则用。

图 2 - 2 - 2

b. 溶解或稀释的操作不能在容量瓶中进行；容量瓶只能用来配制溶液，不能存放溶液或进行化学反应。

c. 根据所配溶液的体积选取规格。

d. 不能加入过冷或过热的液体；使用时手握瓶颈刻度线以上部位，考虑温度因素。

（2）托盘天平的使用：若配制 0.2 mol·L⁻¹ 的 NaCl 溶液 500 mL，应用托盘天平称取 NaCl 5.9 g。称量时，不慎将物品和砝码颠倒放置，实际称量的 NaCl 的质量为 4.1 g。

（3）量筒的使用：量筒没有 0 刻度；量取 7.2 mL 溶液，应选用 10 mL 量筒，量筒上标有使用温度、容量、刻度；不能加热，不能将固体或浓溶液直接在量筒中溶解或稀释。

**2. 配制过程**

（1）配制过程示意图如图 2 - 2 - 3 所示。

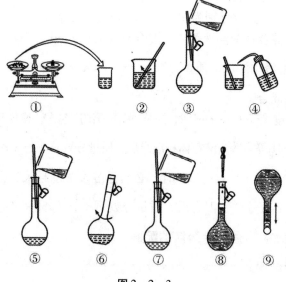

图 2 - 2 - 3

（2）以配制 250 mL 0.5 mol·L$^{-1}$ 的 NaOH 溶液为例。

A. 所需实验仪器及药品：

烧杯（100 mL）、容量瓶（250 mL）、胶头滴管、量筒（100 mL）、玻璃棒、药匙、滤纸、托盘天平、NaOH（s）、蒸馏水。

B. 配制步骤：

① 计算：根据配制要求计算出所需固体溶质 NaOH：0.5 mol·L$^{-1}$ ×0.25 L ×40.0 g·mol$^{-1}$ =5.0 g。

② 称量：用托盘天平称量固体溶质 NaOH 5.0 g（NaOH 放在小烧杯或表面皿中称量）。

③ 溶解：将称量的溶质放入小烧杯中再加入适量的蒸馏水，用玻璃棒搅拌使之溶解。

④ 移液：将溶解的溶液冷却至室温，沿玻璃棒注入准备好的容量瓶里（注意：不要让溶液洒在容量瓶外，也不要让溶液在刻度线上沿瓶壁流下）。

⑤ 洗涤：用少量蒸馏水洗涤烧杯内壁 2~3 次，洗涤液注入容量瓶，轻轻摇动容量瓶，使溶液混合均匀。

⑥ 定容：往容量瓶中继续缓慢地加入蒸馏水至距刻度线 1~2 cm 处，改用胶头滴管逐滴加入蒸馏水直到凹液面最低点与刻度线水平相切。

⑦ 摇匀：盖好容量瓶塞，颠倒摇匀，然后将配好的溶液装入干净试剂瓶中。

⑧ 装瓶贴签：贴上标签，注明名称、浓度、配制日期。

（3）配制一定物质的量浓度溶液的误差分析（以配制一定物质的量浓度的 NaOH 溶液为例）

误差产生的原因：操作不当；药品选择不当；定量仪器使用不当。

误差分析的方法：$c=n/V$ 分析 $n$、$V$ 的变化。

实验操作的误差（用"增大""不变"或"减小"填空）

表 2-2-3

| 能引起误差的一些操作 | 自变量 | | 因变量 |
| --- | --- | --- | --- |
| | $m$ | $V$ | $c$ |
| 砝码与物品颠倒（使用游码） | 减小 | — | 偏低 |
| 称量时间过长 | 减小 | — | |
| 用滤纸称 NaOH | 减小 | — | |

| 能引起误差的一些操作 | 自变量 | | 因变量 |
|---|---|---|---|
| | $m$ | $V$ | $c$ |
| 向容量瓶注液时少量溅出 | 减小 | — | 偏低 |
| 未洗涤烧杯和玻璃棒 | 减小 | — | |
| 定容时,水多用滴管吸出 | 减小 | — | |
| 定容摇匀后液面下降再加水 | — | 增大 | |
| 定容时仰视刻度线 | — | 增大 | |
| 砝码沾有其他物质或已生锈 | 增大 | — | 偏高 |
| 未冷却至室温就注入容量瓶定容 | — | 减小 | |
| 定容时俯视刻度线 | — | 减小 | |
| 称量前小烧杯内有水 | — | — | 不变 |
| 定容后经振荡、摇匀,静置液面下降 | — | — | |

## (六)物质的量在化学方程式中的应用

**方法一:比例式法解题**

**1. 化学方程式在量方面的含义**

$$2Na \quad + \quad 2H_2O === 2NaOH \quad + \quad H_2\uparrow$$

化学计量数之比    2    :    2    : 2    :    1

扩大 $N_A$ 倍    $2N_A$ :    $2N_A$    : $2N_A$    :    $N_A$

物质的量之比    2 mol :    2 mol    : 2 mol :    1 mol

结论:化学方程式中各物质的化学计量数之比等于组成各物质的粒子数之比,也等于各物质的物质的量之比。

**2. 一般步骤**

关于化学方程式计算的基本步骤:

(1)设:设所求物质的物质的量为 $n$;

(2)写:写出有关的化学方程式;

(3)找:找出相关物质对应的化学计量数,从而找出相关物质的物质的量之比;

(4)列:将有关的四个量列出比例式;

(5)解:根据比例式求出 $n$,再求 $m$、$V$ 或 $c$;

（6）答：写出简明答案。

例 1：某种矿石中铁元素以氧化物 $Fe_mO_n$ 形式存在，现进行如下实验：将少量铁矿石样品粉碎，称取 25.0 g 样品于烧杯中，加入稀硫酸充分溶解，并不断加热、搅拌，滤去不溶物。向所得滤液中加入 10.0 g 铜粉充分反应后过滤、洗涤、干燥得剩余固体 3.6 g。剩下滤液用浓度为 2 mol·$L^{-1}$ 的酸性 $KMnO_4$ 滴定，至终点时消耗 $KMnO_4$ 溶液体积为 25.0 mL。（提示：$2Fe^{3+} + Cu = 2Fe^{2+} + Cu^{2+}$，$8H^+ + MnO_4^- + 5Fe^{2+} = Mn^{2+} + 5Fe^{3+} + 4H_2O$）

（1）计算该铁矿石中铁元素的质量分数。

（2）计算氧化物 $Fe_mO_n$ 的化学式（$m$、$n$ 为正整数）。

解析：（1）样品中的铁元素，在加入铜粉后全部转变为 $Fe^{2+}$，$Fe^{2+}$ 再被酸性 $KMnO_4$ 滴定。

$$8H^+ + \quad MnO_4^- \quad + \quad 5Fe^{2+} = Mn^{2+} + 5Fe^{3+} + 4H_2O$$

$$\quad\quad\quad\quad 1 \quad\quad\quad\quad\quad\quad 5$$

$$\quad 0.025\ L \times 2\ mol \cdot L^{-1} \quad\quad n\ (Fe^{2+})$$

则 $\frac{1}{5}$ = 0.025 L × 2 mol·$L^{-1}$ / $n$（$Fe^{2+}$），

可得 $n$（$Fe^{2+}$）= 5 × 0.025 L × 2 mol·$L^{-1}$ = 0.25 mol，

故样品中铁元素的质量分数为

$$\frac{0.25\ mol \times 56\ g \cdot mol^{-1}}{25.0\ g} \times 100\% = 56\%。$$

（2）反应的铜的物质的量：$n$（Cu）=（10 g - 3.6 g）÷ 64 g·$mol^{-1}$ = 0.1 mol，

$$2Fe^{3+} \quad + \quad Cu = 2Fe^{2+} + Cu^{2+}$$

$$2 \quad\quad\quad\quad 1$$

$$n\ (Fe^{3+}) \quad 0.1\ mol$$

则 $\frac{2}{1}$ = $n$（$Fe^{3+}$）/0.1，

可得 $n$（$Fe^{3+}$）= 2 × 0.1 mol = 0.2 mol，根据元素守恒 $n$（$Fe^{2+}$）= 0.25 mol - 0.2 mol = 0.05 mol，$n$（$Fe^{2+}$）: $n$（$Fe^{3+}$）= 1:4，该氧化物的化学式可表示为 $Fe_5O_7$ 或 $FeO \cdot 2Fe_2O_3$。

答案：（1）56%　　（2）$Fe_5O_7$ 或 $FeO \cdot 2Fe_2O_3$

**方法二：利用关系式法解题**

多步反应计算的特征是多个反应连续发生，起始物与目标物之间存在确定的量的关系。解题时应先写出有关反应的化学方程式或关系式，依据化学方程式找出连续反应的过程中不同反应步骤之间反应物、生成物的物质的量的关系，最后确定已知物和目标产物之间的物质的量的关系，列出计算式求解，从而简化运算过程。

例2：5.85 g NaCl 固体与足量浓 $H_2SO_4$ 和 $MnO_2$ 共热，逸出的气体又与过量 $H_2$ 发生爆炸反应，将爆炸后的气体溶于一定量水后再与足量锌作用，问最后可得 $H_2$ 多少升（标准状况）？

解析：若先由 $NaCl \xrightarrow[\triangle]{浓 H_2SO_4} HCl$ 算出 HCl 的量，再由 $MnO_2 + 4HCl \xlongequal{\triangle} MnCl_2 + Cl_2 \uparrow + 2H_2O$ 算出 $Cl_2$ 的量，这样计算非常烦琐。找出以下关系式就可迅速求解。设可得 $H_2$ 的物质的量为 $x$，5.85 g NaCl 的物质的量为 0.1 mol。

$$NaCl \sim HCl \sim \frac{1}{2}Cl_2 \sim HCl \sim \frac{1}{2}H_2$$

$$1 \qquad\qquad\qquad\qquad \frac{1}{2}$$

$$0.1\ mol \qquad\qquad\qquad x$$

$$\frac{1}{\frac{1}{2}} = \frac{0.1\ mol}{x},$$

$x = 0.05\ mol$，

则 $V(H_2) = 0.05\ mol \times 22.4\ L \cdot mol^{-1} = 1.12\ L$。

答案：最后可得 $H_2$ 1.12 L。

**方法三：利用差量法解题**

**1. 差量法的应用原理**

差量法是指根据化学反应前后有关物理量发生的变化，找出"理论差量"，这种差量可以是质量、物质的量、气态物质的体积和压强、反应过程中的热量等。用差量法解题时先把化学方程式中的对应差量（理论差量）跟实际差量列成比例，然后求解。

如：

| | $2C\ (s)$ | $+O_2\ (g)$ | $\xlongequal{} 2CO\ (g)$ | |
|---|---|---|---|---|
| 固体差量 | 24 g | | | $\Delta m = 24\ g$ |
| 物质的量差量 | 2 mol | 1 mol | 2 mol | $\Delta n = 1\ mol$ |
| 体积差量 | | 1 | 2 | $\Delta V = 1$ |

**2. 使用差量法的注意事项**

（1）所选用差值要与有关物质的数值成比例关系。

（2）有关物质的物理量及其单位都要正确地使用，即"上下一致，左右相当"。

例3：$Na_2CO_3$、$NaHCO_3$、CaO 和 NaOH 组成的混合物 27.2 g，把它溶于足量的水中，充分反应后，溶液中 $Ca^{2+}$、$CO_3^{2-}$、$HCO_3^-$ 均转化为沉淀，将反应容器内水分蒸干，最后得白色固体 29 g，则原混合物中 $Na_2CO_3$ 的质量为（　　）。

A. 10.6 g　　　　B. 5.3 g　　　　C. 5.9 g　　　　D. 无法计算

解析：设 $Na_2CO_3$、$NaHCO_3$、NaOH 的物质的量分别为 $a$、$b$、$c$，并使其变形为

$$\left.\begin{array}{ll} Na_2CO_3\ (Na_2O \cdot CO_2) & a \\ NaHCO_3\ (NaOH \cdot CO_2) & b \\ CaO & a+b \\ NaOH & c \end{array}\right\} \xrightarrow[\text{Na}^+\text{守恒}]{\text{Ca}^{2+}\text{守恒}} \left\{\begin{array}{l} CaCO_3\ (CaO \cdot CO_2): a+b \\ NaOH: 2a+b+c \end{array}\right.$$

不难看出：质量差 29 g - 27.2 g = 1.8 g，实际上是 $Na_2O$ 转化为 NaOH 的质量差。

由此建立关系：

$$Na_2CO_3 \sim Na_2O \sim 2NaOH \qquad \Delta m$$
$$1\ mol \qquad\qquad\qquad\quad 18\ g$$
$$a\ mol \qquad\qquad\qquad\quad 29\ g - 27.2\ g$$

可得 $a = 0.1\ mol$，$m\ (Na_2CO_3) = 10.6\ g$。

答案：选 A。

第二篇

元素及其化合物性质
创新归纳模式

# 物质物理性质创新归纳

## 一、气体物质的物理性质

气体的物理性质一般包括：颜色、状态、气味、溶解性、毒性、是否易液化、标准状况密度。

中学化学常见气体：

三种单质：$O_2$、$H_2$、$Cl_2$（$N_2$、$F_2$）

五种氧化物：$CO$、$CO_2$、$SO_2$、$NO$、$NO_2$

三种氢化物：$HCl$、$H_2S$、$NH_3$

三种有机气体：$CH_4$、$C_2H_4$、$C_2H_2$

总结：

有颜色的气体：$Cl_2$（黄绿色）、$NO_2$（红棕色）

有刺激性气味的气体：$Cl_2$、$SO_2$、$NO_2$、$HCl$、$NH_3$、$H_2S$（臭鸡蛋气味）。

可溶和易溶于水的气体：$CO_2$（约为1:1）、$Cl_2$（约为1:2）、$H_2S$（约为1:2.6）、$SO_2$（约为1:40）、$HCl$（约为1:500）、$NH_3$（约为1:700）。推导：可溶和易溶于水的气体不能用排水集气法收集；$CO_2$（可以用排饱和$NaHCO_3$溶液收集）、$Cl_2$（可以用排饱和$NaCl$溶液收集）、$H_2S$（可以用排饱和$KHS$溶液收集）、$SO_2$（可以用排饱和$NaHSO_3$溶液收集）。

有毒的气体：$Cl_2$、$CO$、$SO_2$、$NO$、$NO_2$、$HCl$、$H_2S$（有剧毒），由此可见一般有刺激性气味的气体有毒。

易液化的气体：$Cl_2$、$SO_2$、$NH_3$（除分子间存在氢键的物质，一般分子量大于或等于72的物质常温为液体或固体）。

标准状况密度 $= M/V_{m标}$

根据密度大小，符合以下两点的气体物质可以用排空气法收集：①不与空气反应；②｜分子量 $-29$｜$\geq 3$。

## 二、液体物质的物理性质

颜色、状态、气味、溶解性、是否易挥发、密度（注意和气体的物理性质对照）。

比如硝酸的物理性质：无色，有刺激性气味的液体，能以任意比溶于水，有强腐蚀性，沸点 83 ℃（沸点低于 100 ℃易挥发），凝固点 −42 ℃；密度为 1.5027 $g/cm^3$，比水重。浓度 69% 以上的硝酸为浓硝酸，98% 的浓硝酸为发烟硝酸。

## 三、固体物质的物理性质

颜色、状态、气味、溶解性、熔点和沸点、密度、硬度（注意和气体的物理性质对照）。如为金属单质还要考虑金属共性：金属光泽、导电导热性和延展性。

# 物质化学性质创新归纳

## 一、推断原则

### （一）如果物质是单质

**1. 从原子结构认识化学性质**

根据该原子最外层电子数推断该原子容易失去还是容易得到电子判断出该物质的氧化性或还原性强弱（有的还要考虑原子间的结合情况，比如 $N_2$）。

**2. 根据该元素的化合价推断**

比如金属只有 0 价和正价（中学阶段金属不考虑负价）推导出金属只具有还原性，根据金属活动顺序表推断还原性强弱；比如非金属可能既有负价又有 0 价和正价（F 中学不考虑正价）推导出非金属既有氧化性又有还原性，根据非金属活动顺序表推断氧化性或还原性强弱；也有可能在同一反应中既表现出氧化性又表现出还原性。

### （二）如果物质是化合物

**1. 根据该化合物各元素的化合价推断**

比如 HCl，H 为 +1 价只具有氧化性，Cl 为 −1 价只具有还原性。

**2. 根据该化合物构成微粒推断**

盐酸中有 $H^+$ 和 $Cl^-$；$H^+$ 具有酸的通性，有的盐酸盐是沉淀。

与具体物质反应时，我们可以按以下顺序去考虑。物质分单质和化合物；单质又分金属单质和非金属单质，化合物分酸、碱、盐、氧化物；所以顺序如下：

（1）与金属反应；

（2）与非金属反应；

（3）与水反应（把水单列，突出水的重要性）；

（4）与酸反应；

（5）与碱（或碱液）反应；

（6）与盐（或盐溶液）反应；

（7）与氧化物反应。

## 二、根据物质化学性质推断物质的用途和保存

比如：金属钠具有强还原性，可以用于冶炼某些金属。例如：$4Na + TiCl_4 \xrightarrow{\text{熔融}} 4NaCl + Ti$。金属钠与水和氧气均反应，所以要隔绝水和空气密封保存金属钠；但少量金属钠保存在煤油中（液封保存）。

# 第三章　金属及其化合物

## 第一节　金属的化学性质

### 一、钠和铝的物理性质

金属钠常温是固体，固体的物理性质一般考虑颜色、状态、气味、溶解性、熔沸点、密度、硬度、金属共性（金属光泽，导电导热性，延展性）。银白色、有金属光泽的固体，是热和电的良导体，质软，密度小，熔点低。

金属铝常温是固体，银白色、有金属光泽，有良好的导电性、导热性和延展性，密度较小，质地柔软。

### 二、钠和其他金属的化学性质

从原子结构认识钠的化学性质：根据钠原子最外层只有一个电子（图 3 – 1 – 1）很容易失去（结合金属活动顺序表）推导出金属钠具有强还原性；根据金属钠通常有 0 价和 +1 价（中学金属不考虑负价）推导出金属钠只具有还原性；二者合一推导出金属钠只具有强还原性；哪怕与弱氧化性的物质都有可能发生反应。

$$Na\ \underset{2\ \ 8\ \ 1}{(+11)} \longrightarrow Na^+\ \underset{2\ \ 8}{(+11)}$$

图 3 – 1 – 1

#### （一）与非金属的反应

**1. 金属与氧气的反应**

（1）钠与氧气的反应

$4Na + O_2 =\!=\!= 2Na_2O$（缓慢氧化）　　$2Na + O_2 \xrightarrow{\triangle} Na_2O_2$

（2）其他常见金属与氧气的反应

$2Mg + O_2 \xrightarrow{点燃} 2MgO$　　　　　$4Al + 3O_2 \xrightarrow{点燃} 2Al_2O_3$

$4Al + 3O_2 =\!=\!= 2Al_2O_3$（常温生成致密氧化膜而钝化，在氧气中燃烧）

$3Fe + 2O_2 \xrightarrow{点燃} Fe_3O_4$　　　　　$2Cu + O_2 \xrightarrow{\triangle} 2CuO$

规律小结：一般金属 $+O_2 \longrightarrow$ 金属氧化物；铁特殊，$3Fe + 2O_2 \xrightarrow{\text{点燃}} Fe_3O_4$

**2. 金属 $+Cl_2$（$Br_2$） $\longrightarrow$ 最高价金属氯化物**

$$2Na + Cl_2 \xrightarrow{\triangle} 2NaCl \qquad\qquad Mg + Cl_2 \xrightarrow{\triangle} MgCl_2$$

$$2Al + 3Cl_2 \xrightarrow{\text{点燃}} 2AlCl_3 \qquad\qquad 2Fe + 3Cl_2 \xrightarrow{\text{点燃}} 2FeCl_3$$

$$Cu + Cl_2 \xrightarrow{\triangle} CuCl_2 \qquad\qquad Mg + Br_2 \xrightarrow{\triangle} MgBr_2$$

$$2Fe + 3Br_2 =\!=\!= 2FeBr_3 \qquad\qquad Fe + I_2 \xrightarrow{\triangle} FeI_2$$

**3. 金属 $+S$（$N_2$） $\longrightarrow$ 低价金属硫化物**

$$2Na + S =\!=\!= Na_2S \qquad\qquad Mg + S \xrightarrow{\triangle} MgS$$

$$2Al + 3S \xrightarrow{\triangle} Al_2S_3 \text{（只能由单质制取，不能由离子制取）}$$

$$Fe + S \xrightarrow{\text{点燃}} FeS \text{（FeS 既能由单质制备，又能由离子制备）}$$

$$2Cu + S \xrightarrow{\triangle} Cu_2S \text{（}Cu_2S \text{ 只能由单质制备）}$$

$$3Mg + N_2 \xrightarrow{\text{点燃}} Mg_3N_2 \qquad\qquad (Mg_3N_2 + 6H_2O =\!=\!= 3Mg(OH)_2 \downarrow + 2NH_3 \uparrow)$$

$$2Al + N_2 \xrightarrow{\text{高温}} 2AlN$$

**4. 金属 $+H_2 \longrightarrow$ 氢化物**

$$2Na + H_2 \xrightarrow{\text{高温}} 2NaH \qquad\qquad (NaH + H_2O =\!=\!= NaOH + H_2 \uparrow)$$

$$Mg + H_2 \xrightarrow{\text{高温}} MgH_2$$

**（二）与水的反应**

**1. 钠与水的反应**

$$2Na + 2H_2O =\!=\!= 2NaOH + H_2 \uparrow$$

失 $2 \times e^-$

$$2Na + 2H_2O =\!=\!= 2NaOH + H_2 \uparrow$$

得 $2 \times e^-$

离子方程式：$2Na + 2H_2O =\!=\!= 2Na^+ + 2OH^- + H_2 \uparrow$

**2. 其他常见金属与水的反应**

金属镁与水的反应：$Mg + 2H_2O \xrightarrow{\triangle} Mg(OH)_2 \downarrow + H_2 \uparrow$

金属铁与水的反应：$3Fe + 4H_2O(g) \xrightarrow{\text{高温}} Fe_3O_4 + 4H_2 \uparrow$

## （三）与酸反应

$$2Na + 2HCl =\!=\!= 2NaCl + H_2\uparrow$$

与非强氧化性酸的反应：$Mg + 2H^+ =\!=\!= Mg^{2+} + H_2\uparrow$

$$2Al + 6H^+ =\!=\!= 2Al^{3+} + 3H_2\uparrow$$

$$Fe + 2H^+ =\!=\!= Fe^{2+} + H_2\uparrow$$

常温下，浓 $H_2SO_4$ 或浓 $HNO_3$ 可使 Fe、Al 钝化（表现生成一层致密的氧化膜，阻止反应进一步进行，起到保护的作用）；加热反应照常进行。

$$6H_2SO_4（浓）+ 2Fe \xrightarrow{\triangle} Fe_2（SO_4）_3 + 3SO_2\uparrow + 6H_2O$$

## （四）与盐反应

### 1. 与盐溶液反应

钠投入 $CuSO_4$ 溶液中：$2Na + 2H_2O =\!=\!= 2NaOH + H_2\uparrow$

$$2NaOH + CuSO_4 =\!=\!= Cu（OH）_2\downarrow + Na_2SO_4$$

铝投入 $CuSO_4$，$Hg（NO_3）_2$ 溶液中：

$$2Al + 3CuSO_4 =\!=\!= Al_2（SO_4）_3 + 3Cu$$

$$2Al + 3Hg（NO_3）_2 =\!=\!= 2Al（NO_3）_3 + 3Hg$$

$$4Al（Hg）+ 3O_2 + 2xH_2O =\!=\!= 2（Al_2O_3.xH_2O）+ 4Hg（简单了解"铝汞齐"）$$

### 2. 与盐（固体）反应

$$4Na + TiCl_4 \xrightarrow{熔融} 4NaCl + Ti$$

$$6Na + 2NaNO_2 \xrightarrow{高温} 4Na_2O + N_2\uparrow \quad（此反应可用于制备 Na_2O）$$

$$2Mg + TiCl_4 \xrightarrow{熔融} Ti + 2MgCl_2$$

## （五）铝（两性金属）与氢氧化钠溶液的反应

$$2Al + 2NaOH + 2H_2O =\!=\!= 2NaAlO_2 + 3H_2\uparrow$$

失 $2\times 3e^-$

$$2Al + 2NaOH + 6H_2O =\!=\!= 2NaAlO_2 + 3H_2\uparrow + 4H_2O$$

得 $6\times e^-$

## （六）与氧化物的反应

$$4Na + CO_2 \xrightarrow{点燃} 2Na_2O + C \qquad 4Na + SO_2 \xrightarrow{点燃} 2Na_2O + S$$

$$Na_2O_2 + 2Na \xrightarrow{高温} 2Na_2O$$

$$2Mg + CO_2 \xrightarrow{点燃} 2MgO + C \qquad 2Mg + SiO_2 \xrightarrow{\triangle} 2MgO + Si$$

$$2Mg + SO_2 \xrightarrow{点燃} 2MgO + S$$

$$2Al + Fe_2O_3 \xrightarrow{高温} Al_2O_3 + 2Fe \qquad 8Al + 3Fe_3O_4 \xrightarrow{\triangle} 4Al_2O_3 + 9Fe$$

$$2NH_3（l） + 2Na \xrightarrow{\quad} 2NaNH_2 + H_2 \uparrow$$

$$（NaNH_2 + H_2O \xrightarrow{\quad} NaOH + NH_3 \uparrow）$$

## 三、钠的制取及保存

### 1. 制 取

化学方程式为：$2NaCl（熔融） \xrightarrow{电解} 2Na + Cl_2 \uparrow$。

### 2. 保 存

密封保存，通常保存在煤油中。

## 四、钠的用途

（1）制取 $Na_2O_2$ 等化合物。

（2）钠、钾合金（液态）可用于原子反应堆的导热剂。

（3）用作电光源，制作高压钠灯。

（4）冶炼某些金属。金属钠具有强的还原性，熔融状态下可以用于制取金属，如 $4Na + TiCl_4 \xrightarrow{熔融} 4NaCl + Ti$。

## 五、物质的量在化学方程式计算中的应用

1. 计算原理：

|  | $2Na$ | $2H_2O$ | $2NaOH$ | $H_2 \uparrow$ |
|---|---|---|---|---|
| 化学计量数之比 | 2 : | 2 : | 2 : | 1 |
| 扩大 $N_A$ 倍 | $2 \times N_A$ : | $2 \times N_A$ : | $2 \times N_A$ : | $N_A$ |
| 物质的量之比 | 2 mol : | 2 mol : | 2 mol : | 1 mol |
| 相对质量之比 | $2 \times 23$ : | $2 \times 18$ : | $2 \times 40$ : | 2 |
| 标准状况下体积 |  |  |  | 22.4 L |

2. 化学方程式中各物质的化学计量数之比，等于组成各物质的粒子数之比，也等于各物质的物质的量之比。

例1：把6.5 g Zn 放入足量盐酸中，锌完全反应，计算：

（1）6.5 g Zn 的物质的量。

（2）参加反应的 HCl 的物质的量。

（3）生成 $H_2$ 的体积（标准状况）。

解：（1）$n（Zn） = m/M = 6.5\ g/65\ g \cdot mol^{-1} = 0.1\ mol$

$$Zn \quad + \quad 2HCl \Longrightarrow ZnCl_2 \quad + \quad H_2 \uparrow$$

1 mol     2 mol                          22.4 L

0.1 mol   $n$（HCl）                    $V$（$H_2$）

（2）$n$（HCl）$=0.1 \text{ mol} \times 2 = 0.2 \text{ mol}$

（3）$V$（$H_2$）$=0.1 \times 22.4 \text{ L} = 2.24 \text{ L}$

例2：将0.65 g锌加到50 mL 1 mol/L的盐酸中，计算：（1）标准状况下，生成 $H_2$ 的体积；（2）若反应完成后，溶液体积仍为50 mL，这时溶液中的 $Zn^{2+}$ 和 $H^+$ 的物质的量浓度是多少？

解：$n$（Zn）$= 0.65 \text{ g}/65 \text{ g} \cdot \text{mol}^{-1} = 0.01 \text{ mol}$

$n$（HCl）$= 0.05 \text{ L} \times 1 \text{ mol/L} = 0.05 \text{ mol}$

∵ $Zn + 2HCl \Longrightarrow ZnCl_2 + H_2 \uparrow$     ∴ HCl 过量

∴ 设生成 $H_2$ $x$ mol，$ZnCl_2$ $y$ mol，消耗的 HCl $z$ mol

$$Zn \quad + \quad 2HCl \Longrightarrow ZnCl_2 + H_2 \uparrow$$

1          2          1          1

0.01 mol   $z$         $y$         $x$

∴ $x = 0.01 \text{ mol}$   $y = 0.01 \text{ mol}$   $z = 0.02 \text{ mol}$

（1）标准状况下生成 $H_2$ 体积 $V$（$H_2$）$= 0.01 \text{ mol} \times 22.4 \text{ L/mol} = 0.224 \text{ L}$

（2）$c$（$Zn^{2+}$）$= \dfrac{n}{V} = \dfrac{0.01 \text{ mol}}{0.05 \text{L}} = 0.2 \text{ mol/L}$

$n$（$H^+$）$= n$（HCl）$- z = 0.05 \text{ mol} - 0.02 \text{ mol} = 0.03 \text{ mol}$

$c$（$H^+$）$= \dfrac{n}{V} = \dfrac{0.03 \text{ mol}}{0.05 \text{ L}} = 0.6 \text{ mol/L}$

# 第二节　几种重要的金属化合物

## 一、钠的重要化合物

### （一）钠的氧化物

1. 钠的氧化物物理性质（表3-2-1）

表3-2-1

| 化学式 | $Na_2O$ | $Na_2O_2$ |
|---|---|---|
| 颜色、状态 | 白色固体 | 淡黄色固体 |

2. 钠的氧化物化学性质

（1）与单质反应

$2Na_2O + O_2 \xrightarrow{\triangle} 2Na_2O_2$

$Na_2O_2 + 2Na \xrightarrow{高温} 2Na_2O$（此反应用于制备 $Na_2O$）

（2）与水反应

$Na_2O + H_2O == 2NaOH$  $2Na_2O_2 + 2H_2O == 4NaOH + O_2\uparrow$

失 $2×e^-$

$2Na_2O_2 + 2H_2O == 4NaOH + O_2\uparrow$（歧化反应）

得 $2×e^-$

$Na_2O_2$ 既是氧化剂又是还原剂

（3）与酸反应

$Na_2O + 2HCl == 2NaCl + H_2O$

$2Na_2O_2 + 4HCl == 4NaCl + 2H_2O + O_2\uparrow$

（4）与 $CO_2$ 反应

失 $2×e^-$

$2Na_2O_2 + 2CO_2 == 2Na_2CO_3 + O_2$  $Na_2O + CO_2 == Na_2CO_3$

得 $2×e^-$

$Na_2O + SO_2 == Na_2SO_3$  $Na_2O_2 + SO_2 == Na_2SO_4$

$Na_2O + SO_3 == Na_2SO_4$  $2Na_2O_2 + 2SO_3 == 2Na_2SO_4 + O_2\uparrow$

$Na_2O$ 为碱性氧化物，$Na_2O_2$ 为过氧化物

**（二）钠 盐**

1. $Na_2CO_3$ 与 $NaHCO_3$ 的物理性质（表 3-2-2）

表 3-2-2

| 性质＼物质 | $Na_2CO_3$ | $NaHCO_3$ |
|---|---|---|
| 俗 名 | 纯碱，苏打 | 小苏打 |
| 颜色状态 | 白色粉末 | 白色晶体 |
| 溶解性 | 易溶于水 | 可溶于水（溶解度比 $Na_2CO_3$ 小） |

**2. $Na_2CO_3$ 与 $NaHCO_3$ 的化学性质**

（1）与盐酸反应

$Na_2CO_3 + 2HCl \!=\!\!=\! 2NaCl + H_2O + CO_2 \uparrow$（慢）

$CO_3^{2-} + 2H^+ \!=\!\!=\! H_2O + CO_2 \uparrow$

$NaHCO_3 + HCl \!=\!\!=\! NaCl + H_2O + CO_2 \uparrow$（快）

$HCO_3^- + H^+ \!=\!\!=\! H_2O + CO_2 \uparrow$

（2）与 $Ba(OH)_2$，$Ca(OH)_2$ 溶液反应

$Na_2CO_3 + Ca(OH)_2 \!=\!\!=\! CaCO_3 \downarrow + 2NaOH$

$2NaHCO_3 + Ca(OH)_2 \!=\!\!=\! CaCO_3 \downarrow + Na_2CO_3 + 2H_2O$

（3）与盐 $BaCl_2$ 或 $CaCl_2$ 溶液反应

$Na_2CO_3 + BaCl_2 \!=\!\!=\! BaCO_3 \downarrow + 2NaCl$

$Ba^{2+} + CO_3^{2-} \!=\!\!=\! BaCO_3 \downarrow$

（4）热稳定性

$Na_2CO_3$ 稳定，$NaHCO_3$ 受热易分解

$2NaHCO_3 \overset{\triangle}{=\!\!=\!\!=} Na_2CO_3 + H_2O + CO_2 \uparrow$

（5）制取 $Na_2CO_3$ 的方法——侯氏制碱法

如图 3-2-1 所示，是模拟"侯氏制碱法"制取 $NaHCO_3$ 的部分装置。

a 通入 $NH_3$，然后 b 通入 $CO_2$，c 中放蘸稀硫酸的脱脂棉。

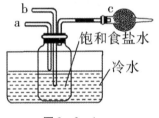

图 3-2-1

解析：由于 $CO_2$ 在水中的溶解度较小，而 $NH_3$ 的溶解度较大，所以要在食盐水中先通入 $NH_3$ 然后再通入 $CO_2$，否则 $CO_2$ 通入后会从水中逸出，等再通入 $NH_3$ 时溶液中 $CO_2$ 的量就很少了，这样得到的产品也很少；在这个实验中的尾气主要是 $CO_2$ 和 $NH_3$，其中 $NH_3$ 对环境影响较大，$NH_3$ 是碱性气体，所以在 c 装置中要装酸性物质用于除尾气。

**3. 焰色反应**

（1）定义：很多金属或它们的化合物在灼烧时都会使火焰发出特殊的颜色，在化学上称为焰色反应。

（2）操作：铂丝 $\xrightarrow[\text{灼烧}]{\text{酒精灯}}$ 无色 $\xrightarrow{\text{蘸取}}$ 待测物 $\xrightarrow[\text{灼烧}]{\text{酒精灯}}$ 观察火焰颜色 $\xrightarrow[\text{洗涤}]{\text{用盐酸}}$ 铂丝 $\xrightarrow[\text{灼烧}]{\text{酒精灯}}$ 无色。

（3）常见元素焰色反应的颜色：钠盐，黄色；钾盐，透过蓝色的钴玻璃呈紫色；铜元素，绿色。

（4）用途：① 离子检验；② 焰色材料。

## 二、铝的重要化合物

### （一）氧化铝

**1. 氧化铝的物理性质**

白色固体，难溶于水，具有很高的熔点。

**2. 氧化铝的化学性质**

$Al_2O_3$ 是典型的两性氧化物

$Al_2O_3 + 6H^+ = 2Al^{3+} + 3H_2O$ （与盐酸反应）

$Al_2O_3 + 2OH^- = 2AlO_2^- + H_2O$ （与 NaOH 溶液反应）

**3. 用 途**

$Al_2O_3$ 是一种比较好的耐火材料，还可制作各种宝石。

### （二）氢氧化铝

**1. 物理性质**

白色胶状不溶于水的固体，有较强的吸附性。

**2. 化学性质**

Al（OH）$_3$ 是典型的两性氢氧化物。

$H^+ + AlO_2^- + H_2O \rightleftharpoons Al(OH)_3 \rightleftharpoons Al^{3+} + 3OH^-$

酸式电离　　　　　　　　　　　　　　　碱式电离

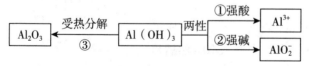

① Al（OH）$_3$ + 3H$^+$ = Al$^{3+}$ + 3H$_2$O；

② Al（OH）$_3$ + OH$^-$ = AlO$_2^-$ + 2H$_2$O；

③ 2Al（OH）$_3$ $\overset{\triangle}{=}$ Al$_2$O$_3$ + 3H$_2$O。

**3. 制 备**

① 向铝盐溶液中加入氨水，离子方程式：

$Al^{3+} + 3NH_3 \cdot H_2O = Al(OH)_3\downarrow + 3NH_4^+$

② 向偏铝酸盐溶液中通入足量 $CO_2$，离子方程式：

$AlO_2^- + CO_2 + 2H_2O = Al(OH)_3\downarrow + HCO_3^-$

③ NaAlO$_2$ 溶液与 AlCl$_3$ 溶液混合，离子方程式：

$3AlO_2^- + Al^{3+} + 6H_2O = 4Al(OH)_3\downarrow$

**（三）硫酸铝钾 $KAl(SO_4)_2$**

复盐：$KAl(SO_4)_2 \Longrightarrow K^+ + Al^{3+} + 2SO_4^{2-}$

$Al^{3+} + 3H_2O \Longrightarrow Al(OH)_3 + 3H^+$

**（四）铝三角的转化关系及图像分析**

1. $Al^{3+}$、$Al(OH)_3$、$AlO_2^-$ 之间的转化关系（图 3-2-2）

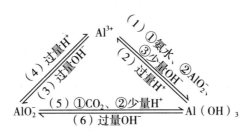

图 3-2-2

写出上述转化的离子方程式：

（1） ① $Al^{3+} + 3NH_3 \cdot H_2O \Longrightarrow Al(OH)_3\downarrow + 3NH_4^+$

② $Al^{3+} + 3AlO_2^- + 6H_2O \Longrightarrow 4Al(OH)_3\downarrow$

③ $Al^{3+} + 3OH^- \Longrightarrow Al(OH)_3\downarrow$

（2） $Al(OH)_3 + 3H^+ \Longrightarrow Al^{3+} + 3H_2O$

（3） $Al^{3+} + 4OH^- \Longrightarrow AlO_2^- + 2H_2O$

（4） $AlO_2^- + 4H^+ \Longrightarrow Al^{3+} + 2H_2O$

（5） ① $AlO_2^- + CO_2 + 2H_2O \Longrightarrow Al(OH)_3\downarrow + HCO_3^-$

② $AlO_2^- + H^+ + H_2O \Longrightarrow Al(OH)_3\downarrow$

（6） $Al(OH)_3 + OH^- \Longrightarrow AlO_2^- + 2H_2O$

2. **与 $Al(OH)_3$ 沉淀生成有关的图像**

（1）把强碱溶液逐滴加入铝盐（$Al^{3+}$）溶液中至过量，图像如图 3-2-3 甲所示。

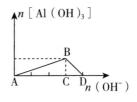

图 3-2-3 甲

① 现象：先有白色沉淀产生，然后沉淀逐渐溶解。

② 有关反应的离子方程式：

A→B：$Al^{3+} + 3OH^- \Longrightarrow Al(OH)_3\downarrow$

B→D：$Al(OH)_3 + OH^- \Longrightarrow AlO_2^- + 2H_2O$

（2）把铝盐（$Al^{3+}$）溶液逐滴加入强碱溶液中至过量，图像如图 3-2-3 乙所示。

① 现象：先无明显现象，然后逐渐产生大量的白色沉淀。

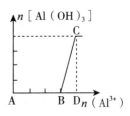

图 3-2-3 乙

② 有关反应的离子方程式：

A→B：$Al^{3+}+4OH^-\text{===}AlO_2^-+2H_2O$

B→C：$Al^{3+}+3AlO_2^-+6H_2O\text{===}4Al(OH)_3\downarrow$

（3）把强酸溶液逐滴加入 $AlO_2^-$ 溶液中至过量，图像如图 3-2-3 丙所示。

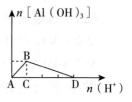

图 3-2-3　丙

① 现象：先生成白色沉淀，随后沉淀逐渐溶解。

② 有关反应的离子方程式：

A→B：$AlO_2^-+H^++H_2O\text{===}Al(OH)_3\downarrow$

B→D：$Al(OH)_3+3H^+\text{===}Al^{3+}+3H_2O$

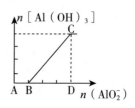

图 3-2-3　丁

（4）向强酸溶液中逐滴加入 $AlO_2^-$ 溶液至过量，图像如图 3-2-3 丁所示。

① 现象：先无明显现象，反应一段时间后逐渐产生白色沉淀。

② 有关反应的离子方程式：

A→B：$4H^++AlO_2^-\text{===}Al^{3+}+2H_2O$

B→C：$Al^{3+}+3AlO_2^-+6H_2O\text{===}4Al(OH)_3\downarrow$

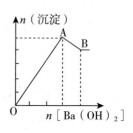

图 3-2-3　戊

（5）把 $Ba(OH)_2$ 溶液逐滴加入明矾溶液中至过量，图像如图 3-2-3 戊所示。

O→A：$2KAl(SO_4)_2+3Ba(OH)_2\text{===}2Al(OH)_3\downarrow+3BaSO_4\downarrow+K_2SO_4$

A→B：$2Al(OH)_3+K_2SO_4+Ba(OH)_2\text{===}BaSO_4\downarrow+2KAlO_2+4H_2O$

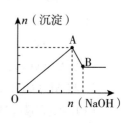

图 3-2-3　己

（6）向等物质的量的 $AlCl_3$、$MgCl_2$ 混合溶液中逐滴加入 NaOH 溶液至过量，图像如图 3-2-3 己所示。

O→A：$Al^{3+}+3OH^-\text{===}Al(OH)_3\downarrow$，$Mg^{2+}+2OH^-\text{===}Mg(OH)_2\downarrow$

A→B：$Al(OH)_3+OH^-\text{===}AlO_2^-+2H_2O$

## 三、铁的重要化合物

### （一）铁的氧化物

$FeO$、$Fe_3O_4$、$Fe_2O_3$

### （二）铁的氢氧化物

氢氧化亚铁：$Fe(OH)_2$，氢氧化铁：$Fe(OH)_3$

## （三）铁盐和亚铁盐

### 1. 常见的亚铁盐（浅绿色）

$FeCl_2$、$FeSO_4$具有强还原性，必须现制现用；保存方法：加入少量铁粉。

常见的铁盐（棕黄色）：$FeCl_3$、$Fe_2(SO_4)_3$具有强氧化性。

### 2. $Fe^{3+}$的检验

$Fe^{3+} + 3SCN^- == Fe(SCN)_3$（血红色）

$Fe^{2+} + 2OH^- == Fe(OH)_2\downarrow$（白色絮状沉淀）

$4Fe(OH)_2 + O_2 + 2H_2O == 4Fe(OH)_3$

白色——灰绿色——红褐色

$Fe^{3+} + 3OH^- == Fe(OH)_3\downarrow$（红褐色沉淀）

### 3. $Fe^{3+}$的氧化性：亚铁盐和铁盐之间可以相互转化（图3-2-4）

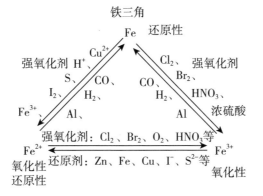

图3-2-4

（1）$Fe \longrightarrow Fe^{2+}$：铁与氧化剂反应，如S、$Cu^{2+}$、非氧化性酸（$H^+$）变为$Fe^{2+}$。

$Fe + H_2SO_4 == FeSO_4 + H_2\uparrow$

$Fe + CuCl_2 == Cu + FeCl_2$

$Fe + 2HCl == FeCl_2 + H_2\uparrow$

（2）$Fe \longrightarrow Fe^{3+}$：铁与强氧化剂反应，如$Br_2$、$HNO_3$、$KMnO_4$等。

$2Fe + 3Cl_2 \xrightarrow{\triangle} 2FeCl_3$

（3）$Fe^{2+} \longrightarrow Fe$：$Fe^{2+}$与还原剂反应，如C、Al、CO、$H_2$等。

$FeO + C \xrightarrow{高温} Fe + CO\uparrow$

$FeO + H_2 \xrightarrow{\triangle} Fe + H_2O$

（4）$Fe^{2+} \longrightarrow Fe^{3+}$：$Fe^{2+}$具有还原性，当遇到强氧化剂时，如$O_2$、$Cl_2$、

$Br_2$、$KMnO_4$、$HNO_3$、浓 $H_2SO_4$、$HClO$、$K_2Cr_2O_7$ 等均可生成 +3 价铁。

$$2FeCl_2 + Cl_2 == 2FeCl_3$$

$$(2Fe^{2+} + Cl_2 == 2Fe^{3+} + 2Cl^-)$$

$$4Fe(OH)_2 + O_2 + 2H_2O == 4Fe(OH)_3$$

（5）$Fe^{3+} \longrightarrow Fe$：$Fe^{3+}$ 与还原剂反应，如 CO、$H_2$、C、Al 等可以将 $Fe^{3+}$ 还原为 Fe。

$$Fe_2O_3 + 3H_2 \xrightarrow{\triangle} 2Fe + 3H_2O$$

（6）$Fe^{3+} \longrightarrow Fe^{2+}$：$Fe^{3+}$ 与还原剂反应，如 Zn、Fe、Cu、$I^-$ 等可以将 $Fe^{3+}$ 还原为 $Fe^{2+}$。

$$2FeCl_3 + Fe == 3FeCl_2$$

# 第四章　非金属及其化合物

## 第一节　无机非金属材料的主角——硅

### 一、二氧化硅（$SiO_2$）

**（一）物理性质**

熔点高、硬度大的固体，不溶于水，纯净的 $SiO_2$ 晶体无色透明。

**（二）存　在**

$SiO_2$ 是硅的重要化合物。地球上存在的天然二氧化硅约占地壳质量的 12%，其存在形态有结晶形和无定形两大类，通称硅石。

$$硅石\begin{cases}结晶形：玛瑙、石英、水晶 \\ 无定形：硅藻土\end{cases}$$

**（三）用　途**

1. 制光导纤维。

2. 石英玻璃制化学仪器。

3. 石英表、石英钟。

4. 水晶制光学仪器和工艺品。

5. 玛瑙制精密轴承和装饰品。

**（四）结构：空间网状结构**

二氧化硅中氧原子与硅原子个数比为 2:1，通常用 $SiO_2$ 来表示二氧化硅的组成，没有单个 $SiO_2$ 分子，其结构如图 4-1-1，图 4-1-2 所示。

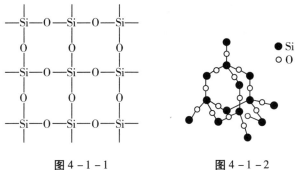

图 4-1-1　　　　　　　图 4-1-2

**（五）化学性质：稳定，不活泼**

**1. 与金属和非金属单质的反应**

$$SiO_2 + 2Mg \xrightarrow{\text{高温}} Si + 2MgO$$

$$3SiO_2 + 4Al \xrightarrow{\text{高温}} 2Al_2O_3 + 3Si$$

$$2C + SiO_2 \xrightarrow{\triangle} Si + 2CO \uparrow \quad (\text{工业上制粗硅})$$

**2. 与酸的反应（只与 HF 反应）**

$$SiO_2 + 4HF === SiF_4 \uparrow + 2H_2O \quad (\text{雕刻玻璃})$$

**思考与交流：**

1. 实验室为什么不用玻璃瓶盛装氢氟酸？

HF 会腐蚀玻璃，因此，盛装氢氟酸不能用玻璃试剂瓶而要用塑料瓶。

2. 实验室盛装 NaOH 溶液的试剂瓶为什么用橡胶塞而不用玻璃塞？

NaOH 溶液能与玻璃中的 $SiO_2$ 反应生成 $Na_2SiO_3$，使瓶塞部分黏结而无法打开。因此盛装 NaOH 溶液的试剂瓶不能用玻璃塞而要用橡胶塞。

3. 具有酸性氧化物的性质：（不溶于水且不和水反应）与强碱反应

$$SiO_2 + 2NaOH === Na_2SiO_3 + H_2O \quad (\text{常温下强碱缓慢腐蚀玻璃})$$

4. 与盐的反应

$$SiO_2 + Na_2CO_3 \xrightarrow{\text{高温}} Na_2SiO_3 + CO_2 \uparrow \quad (\text{制取玻璃})$$

$$SiO_2 + CaCO_3 \xrightarrow{\text{高温}} CaSiO_3 + CO_2 \uparrow \quad (\text{制取玻璃})$$

$$SiO_2 + CaO \xrightarrow{\text{高温}} CaSiO_3 \quad (\text{炼钢造渣})$$

5. 具有酸性氧化物的性质：与碱性氧化物反应

$$SiO_2 + CaO \xrightarrow{\text{高温}} CaSiO_3 \quad (\text{工业上制玻璃的主要反应})(\text{炼钢造渣})$$

# 二、硅 酸（$H_2SiO_3$）

1. 硅酸是一种弱酸，它不溶于水，不能使指示剂变色，是一种白色粉末状的固体。$H_2SiO_3$ 是一种比 $H_2CO_3$ 还要弱的酸。

2. 如何制备硅酸呢？

向饱和 $Na_2SiO_3$ 溶液中滴入酚酞，再滴入稀盐酸（表 4 – 1 – 1）。

表 4 - 1 - 1

| 现 象 | 滴入酚酞溶液显红色，再滴入盐酸红色消失，并有透明胶状物质生成 |
|---|---|
| 结 论 | $Na_2SiO_3$ 溶液呈碱性，与酸反应生成了 $H_2SiO_3$ 且 $H_2SiO_3$ 难溶于水 |
| 化学方程式 | $Na_2SiO_3 + 2HCl =\!=\!= H_2SiO_3 \downarrow + 2NaCl$ |

问：若改向 $Na_2SiO_3$ 溶液中滴加 $H_2SO_4$ 会有什么现象呢？$CO_2$ 通入 $Na_2SiO_3$ 溶液中会有什么现象呢？

$$Na_2SiO_3 + 2HCl =\!=\!= 2NaCl + H_2SiO_3 \downarrow$$

$$Na_2SiO_3 + H_2SO_4 =\!=\!= Na_2SO_4 + H_2SiO_3 \downarrow$$

$$Na_2SiO_3 + CO_2 + H_2O =\!=\!= Na_2CO_3 + H_2SiO_3 \downarrow$$

# 三、硅酸盐

## （一）定 义

硅酸盐是由硅、氧、金属（或 $NH_4^+$）所组成的化合物的总称。$Na_2SiO_3$、$K_2SiO_3$、$(NH_4)_2SiO_3$ 可以溶于水。

## （二）硅酸钠

### 1. 物理性质

白色固体，易溶于水，水溶液俗称水玻璃或泡花碱。

### 2. 化学性质

相对稳定，不能燃烧，不易被腐蚀，热稳定性强。做防火剂、防腐剂、黏合剂；可以制硅胶。

## （三）表示方法

原则：金属氧化物（先排较活泼的，后排较不活泼的）。

方法：①找组成元素；②写成氧化物的形式；③原子个数比不变；④检查有无遗漏。

## （四）传统硅酸盐产品

水泥，玻璃，陶瓷

$$SiO_2 + Na_2CO_3 \xrightarrow{\text{高温}} Na_2SiO_3 + CO_2 \uparrow （制取玻璃）$$

$$SiO_2 + CaCO_3 \xrightarrow{\text{高温}} CaSiO_3 + CO_2 \uparrow （制取玻璃）$$

## （五）具有特殊功能的含硅物质

1. 碳化硅（金刚砂）。

2. 硅钢：含 4% 硅的硅钢具有很好的导磁性，主要用作变压器铁芯。

3. 硅橡胶。

4. 分子筛：具有均匀微孔结构的铝硅酸盐。

5. 生物陶瓷：人造骨。

## 四、硅单质

### （一）存在形态
有晶体硅和无定形硅两种同素异形体。

### （二）晶体结构
正四面体形。

### （三）物理性质
灰黑色具有金属光泽的固体、熔点高、硬度大、质脆，导电性介于导体和绝缘体之间，是良好的半导体材料。

### （四）化学性质
**1. 与非金属、金属单质的反应**

$$Si + 2F_2 =\!=\!= SiF_4$$

$$Si + 2Cl_2 \xrightarrow{\text{高温}} SiCl_4$$

$$Si + O_2 \xrightarrow{\text{高温}} SiO_2$$

$$Si + 2Mg \xrightarrow{\text{高温}} Mg_2Si$$

**2. 与酸的反应**

$$Si + 4HF =\!=\!= SiF_4\uparrow + 2H_2\uparrow$$

**3. 与碱的反应**

$$Si + 2NaOH + H_2O =\!=\!= Na_2SiO_3 + 2H_2\uparrow \quad (Si + 2OH^- + H_2O =\!=\!= SiO_3^{2-} + 2H_2\uparrow)$$

**4. 与氧化物的反应**

$$Si + 2FeO \xrightarrow{\text{高温}} SiO_2 + 2Fe$$

### （五）硅的制备
**1. 工业上制粗硅**

$$SiO_2 \quad + \quad 2C \quad \xrightarrow{\text{高温}} \quad Si + 2CO\uparrow$$

石英砂　　　焦炭　　电炉中　　粗硅

**2. 由粗硅制纯硅**

$$Si + 2Cl_2 \xrightarrow{\text{高温}} SiCl_4 \qquad\qquad 分馏提纯得到 SiCl_4$$

$$SiCl_4 + 2H_2 \xrightarrow{\text{高温}} Si + 4HCl$$

# 第二节　富集在海水中的元素——氯

## 一、活泼的黄绿色气体——氯气

### （一）物理性质

通常情况下，黄绿色、气体、有剧烈的刺激性气味、能溶于水、有毒、密度比空气大；易液化。

### （二）化学性质

氯原子结构示意图（如图 4 - 2 - 1 所示），氯原子很容易得到一个电子而形成氯离子，表现为典型的非金属性。

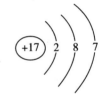

图 4 - 2 - 1

**1. 与金属反应**

$2Na + Cl_2 \xrightarrow{\text{点燃}} 2NaCl$（产生大量白烟）

$2Fe + 3Cl_2 \xrightarrow{\text{点燃}} 2FeCl_3$

$Cu + Cl_2 \xrightarrow{\text{点燃}} CuCl_2$

**2. 与某些非金属反应**

$H_2 + Cl_2 \xrightarrow{\text{点燃}} 2HCl$  　　　　　　　$H_2 + Cl_2 \xrightarrow{\text{光照}} 2HCl$

$2P + 3Cl_2 \xrightarrow{\text{点燃}} 2PCl_3$（在空气中形成白雾）

$2P + 5Cl_2 \xrightarrow{\text{点燃}} 2PCl_5$（在空气中形成白烟）

**3. 与水反应**

$Cl_2 + H_2O \Longrightarrow HClO + HCl$（HClO：次氯酸）

$2HClO \xrightarrow{\text{光照}} 2HCl + O_2 \uparrow$

次氯酸是弱酸，是一种强氧化剂、杀菌剂、漂白剂。

HClO 的性质：

（1）弱酸性：$H_2CO_3 > HClO$。

（2）不稳定性，见光受热均易分解。

（3）强氧化性，具有漂白作用。

如表 4 - 2 - 1 所示，液氯、新制的氯水和久置的氯水对比。

表 4-2-1

| | 液　氯 | 新制的氯水 | 久置的氯水 |
|---|---|---|---|
| 分　类 | 纯净物 | 混合物 | 混合物 |
| 成　分 | 只有 $Cl_2$ 分子 | 分子：$Cl_2$、$H_2O$、$HClO$<br>离子：$H^+$、$Cl^-$、$ClO^-$、极少量的 $OH^-$ | 分子：$H_2O$<br>离子：$H^+$、$Cl^-$ |
| 性　质 | 有氧化性，无酸性和漂白性 | 有酸性、强氧化性，能漂白、杀毒、光照时 $HClO$ 分解 | 只有酸性，相当于盐酸溶液 |

**4. 与酸反应**

$Cl_2 + 2HBr \!=\!\!=\!\! 2HCl + Br_2$

$Cl_2 + 2HI \!=\!\!=\!\! 2HCl + I_2$

$Cl_2 + H_2SO_3 + H_2O \!=\!\!=\!\! H_2SO_4 + 2HCl$

$Cl_2 + H_2S \!=\!\!=\!\! 2HCl + S\downarrow$

**5. 与碱液反应**

$Cl_2 + 2NaOH \!=\!\!=\!\! NaCl + NaClO + H_2O$

$2Cl_2 + 2Ca(OH)_2 \!=\!\!=\!\! Ca(ClO)_2 + CaCl_2 + 2H_2O$

用消石灰或石灰乳就能制得漂白粉，主要成分为 $Ca(ClO)_2$ 和 $CaCl_2$，有效成分为 $Ca(ClO)_2$。

漂白粉漂白原理：$Ca(ClO)_2 + CO_2 + H_2O \!=\!\!=\!\! CaCO_3\downarrow + 2HClO$

次氯酸盐与强酸反应的离子方程式：$ClO^- + H^+ \!=\!\!=\!\! HClO$

漂白粉失效的原理：$Ca(ClO)_2 + CO_2 + H_2O \!=\!\!=\!\! CaCO_3\downarrow + 2HClO$

$$2HClO \xrightarrow{\text{光照}} 2HCl + O_2\uparrow$$

**6. 与盐溶液反应**

$2Fe^{2+} + Cl_2 \!=\!\!=\!\! 2Fe^{3+} + 2Cl^-$ （溶液由浅绿色变成棕黄色）

$2Br^- + Cl_2 \!=\!\!=\!\! 2Cl^- + Br_2$

$2I^- + Cl_2 \!=\!\!=\!\! I_2 + 2Cl^-$ （可使湿润的淀粉碘化钾试纸变蓝）

**（三）氯气的用途：略**

## 二、氯离子（$Cl^-$）的检验

$Ag^+ + Cl^- \!=\!\!=\!\! AgCl\downarrow$

1. 在被检验的溶液中加入稀硝酸酸化，再滴入 $AgNO_3$ 溶液，若产生白色沉淀，则被检液中含有 $Cl^-$。

2. 在被检验的溶液中滴入 $AgNO_3$ 溶液，若产生白色沉淀，再加入稀硝酸，沉淀不溶，则被检液中含有 $Cl^-$。

## 三、成盐元素——卤素

### （一）与金属反应

$3Br_2 + 2Fe \xrightarrow{\quad\quad} 2FeBr_3$

$I_2 + Fe \xrightarrow{\quad\quad} FeI_2$

### （二）卤素单质与非金属的反应

卤素单质与 $H_2$ 化合的难易关系：$F_2 > Cl_2 > Br_2 > I_2$

卤化氢的稳定性关系：$HF > HCl > HBr > HI$

### （三）卤素与水的反应

$2F_2 + 2H_2O \xrightarrow{\quad\quad} 4HF + O_2\uparrow$ （特例）

通式：$X_2 + H_2O \xrightarrow{\quad\quad} HX + HXO$（X：Cl、Br、I）

### （四）卤素单质间的置换反应

氧化性：$Cl_2 > Br_2 > I_2$

还原性：$I^- > Br^- > Cl^-$

## 四、氯气及氯化氢的实验室制法（图4－2－2）

**实验原理：**

$4HCl（浓）+ MnO_2 \xlongequal{\triangle} MnCl_2 + 2H_2O + Cl_2\uparrow$

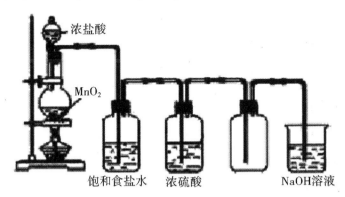

图4－2－2

## 五、氯化氢

### （一）物理性质

$HCl$ 是一种无色、有刺激性气味的气体，密度大于同条件下的空气，熔沸点较低，极易溶于水。

**（二）HCl 制备原理（图 4 – 2 – 3）**

$$H_2SO_4（浓）+NaCl \xrightarrow{微热} NaHSO_4 + HCl\uparrow$$

$$H_2SO_4（浓）+2NaCl \xrightarrow{强热} Na_2SO_4 + 2HCl\uparrow$$

图 4 – 2 – 3

# 第三节　硫和氮的氧化物

## 一、二氧化硫和三氧化硫

### （一）硫俗称硫黄

**1. 硫的物理性质**

淡黄色固体，难溶于水，微溶于酒精，易溶于 $CS_2$，熔沸点都很低。

存在形式：游离态，火山口附近或地壳的岩石。

化合态：硫化物和硫酸盐，如硫铁矿（$FeS_2$）、黄铜（$CuFeS_2$）、石膏（$CaSO_4 \cdot 2H_2O$）、芒硝（$Na_2SO_4 \cdot 10H_2O$）。

**2. 硫的化学性质**

（1）与绝大多数金属反应

$$S + 2Na = Na_2S$$

$$\left. \begin{array}{l} S + Fe \xrightarrow{\triangle} FeS \\ S + 2Cu \xrightarrow{\triangle} Cu_2S \end{array} \right\} \text{氧化性弱}$$

（2）与非金属反应

$$H_2 + S \xrightarrow{\triangle} H_2S \qquad\qquad 2S + C \xrightarrow{高温} CS_2$$

$$S + O_2 \xrightarrow{点燃} SO_2$$

（3）与酸反应

$$2H_2SO_4（浓）+ S \xrightarrow{\triangle} 3SO_2\uparrow + 2H_2O$$

$$6HNO_3（浓）+ S \xrightarrow{\triangle} H_2SO_4 + 6NO_2\uparrow + 2H_2O$$

（4）与碱反应

$$3S + 6NaOH \xrightarrow{\triangle} 2Na_2S + Na_2SO_3 + 3H_2O$$

（5）与盐反应

$$S + 3C + 2KNO_3 \xrightarrow{\triangle} K_2S + N_2 \uparrow + 3CO_2 \uparrow$$

### （二）二氧化硫

#### 1. 物理性质

二氧化硫是一种无色、有刺激性气味、易溶于水的气体（1:40），有毒、容易液化、比空气重。

#### 2. 化学性质

酸性氧化物——亚硫酐，强还原性，弱氧化性。

可逆反应：在同一条件下，既能向正反应方向进行，同时又能向逆反应方向进行的反应，叫可逆反应。

（1）与金属反应

$$SO_2 + 2Mg \xrightarrow{点燃} 2MgO + S$$

（2）与某些非金属反应

$$2SO_2 + O_2 \xrightarrow[加热]{催化剂} 2SO_3$$

$2SO_2 + O_2 + 2H_2O =\!=\!= 2H_2SO_4$（$SO_2$在大气中缓慢发生的环境化学反应）

$SO_2 + Cl_2 + 2H_2O =\!=\!= H_2SO_4 + 2HCl$（$Cl_2 + SO_2 + 2H_2O =\!=\!= 4H^+ + SO_4^{2-} + 2Cl^-$）

$SO_2 + Br_2 + 2H_2O =\!=\!= H_2SO_4 + 2HBr$（$Br_2 + SO_2 + 2H_2O =\!=\!= 4H^+ + SO_4^{2-} + 2Br^-$）

$SO_2 + I_2 + 2H_2O =\!=\!= H_2SO_4 + 2HI$（$I_2 + SO_2 + 2H_2O =\!=\!= 4H^+ + SO_4^{2-} + 2I^-$）

（3）与水反应

$SO_2 + H_2O =\!=\!= H_2SO_3$（亚硫酸）

（4）与酸反应

$SO_2 + 2H_2S =\!=\!= 3S \downarrow + 2H_2O$

$SO_2 + 2HNO_3$（浓）$=\!=\!= H_2SO_4 + 2NO_2 \uparrow$

（5）与碱液反应

$SO_2 + 2NaOH$（过）$=\!=\!= Na_2SO_3 + H_2O$

$SO_2 + NaOH$（少）$=\!=\!= NaHSO_3$

$SO_2 + Ca(OH)_2 =\!=\!= CaSO_3 \downarrow + H_2O$（不能用澄清石灰水鉴别$SO_2$和$CO_2$，可用品红鉴别）

$SO_2 + 2NH_3 + H_2O =\!=\!= (NH_4)_2SO_3$

（6）与盐溶液反应

$2KMnO_4 + 2H_2O + 5SO_2 =\!=\!= K_2SO_4 + 2MnSO_4 + 2H_2SO_4$

$SO_2 + 2FeCl_3 + 2H_2O =\!=\!= H_2SO_4 + 2FeCl_2 + 2HCl$

$$SO_2 + （NH_4）_2SO_3 + H_2O =\!=\!= 2NH_4HSO_3$$

（7）与氧化物反应

$$SO_2 + CaO =\!=\!= CaSO_3 \qquad\qquad SO_2 + Na_2O_2 =\!=\!= Na_2SO_4$$

$$SO_2 + H_2O_2 =\!=\!= H_2SO_4 \qquad\qquad SO_2 + NO_2 =\!=\!= SO_3 + NO$$

（8）漂白性：可以漂白品红、纸浆、毛、丝、麦秆等。

如表 4 - 3 - 1 所示，为常见漂白剂及其原理比较。

表 4 - 3 - 1

| 漂白剂 | $HClO$、$Na_2O_2$、$O_3$、$H_2O_2$ | $SO_2$ | 活性炭 |
|---|---|---|---|
| 原　理 | 具有强氧化性，将有色物质氧化成无色 | 与某些有色物质化合成不稳定的无色物质 | 吸附有色物质 |
| 特　点 | 不可逆，褪色后颜色不再复原 | 可逆，受热或放置一段时间可复原 | —— |
| 变　化 | 化学 | 化学 | 物理 |

$A + SO_2 = A - SO_2$（A 代表有色有机物）　　　　$A - SO_2 \xrightarrow{\triangle} A + SO_2$

### 3. 用　途

制 $H_2SO_4$；作漂白剂；杀菌，消毒。

### 4. $SO_2$的实验室制法

（1）反应原理：$Na_2SO_3 + H_2SO_4$（浓）$=\!=\!= Na_2SO_4 + SO_2\uparrow + H_2O$

（2）制备装置：固体和液体不加热制备气体的装置。

（3）净化干燥装置：盛放浓硫酸的洗气瓶。

（4）收集方法：向上排空气法或排饱和 $NaHSO_3$ 溶液。

（5）检验：湿润的蓝色石蕊试纸——变红；湿润的品红试纸——褪色。

（6）尾气处理：用 $NaOH$ 溶液和倒扣漏斗装置防倒吸。

### 5. $SO_2$的污染

酸雨：空气中 $SO_x$ 和 $NO_x$ 随雨水下降成为酸雨，$pH < 5.6$。

### （三）三氧化硫

### 1. 物理性质

又名硫酸酐，是一种无色易挥发的晶体（标准状况），熔沸点都很低（熔点 $16.8\ ℃$，沸点 $44.8\ ℃$）。

### 2. 化学性质

具有酸性氧化物的通性，与水反应放出大量的热。

（1）与水反应：$SO_3 + H_2O =\!=\!= H_2SO_4$（放出大量的热）

（2）与碱性氧化物反应：$SO_3 + CaO \xlongequal{\phantom{aa}} CaSO_4$

（3）与碱反应：$SO_3 + Ca(OH)_2 \xlongequal{\phantom{aa}} CaSO_4 + H_2O$

### （四）硫化氢

**1. $H_2S$ 的物理性质**

无色、有臭鸡蛋气味的气体，可溶于水（1∶2.6），有剧毒，不易液化，密度比空气大。

**2. 实验室制法**

由强酸制弱酸的原理

$FeS + H_2SO_4（稀）\xlongequal{\phantom{aa}} FeSO_4 + H_2S\uparrow$

$FeS + 2HCl（稀）\xlongequal{\phantom{aa}} FeCl_2 + H_2S\uparrow$

$FeS + 2H^+ \xlongequal{\phantom{aa}} Fe^{2+} + H_2S\uparrow$

固 + 液 —→ 气体；可选用和制取 $H_2$、$CO_2$ 相同的装置；也可用启普发生器。

用湿润的 $Pb(CH_3COO)_2$ 试纸检验：$Pb(CH_3COO)_2 + H_2S \xlongequal{\phantom{aa}} PbS\downarrow + 2CH_3COOH$，试纸变黑。

**3. 化学性质**

（1）与金属反应

$H_2S + Mg \xlongequal{\phantom{aa}} MgS + H_2\uparrow$

$H_2S + 2Ag \xlongequal{\phantom{aa}} Ag_2S + H_2\uparrow$（银器在空气中变黑的原因）

（2）与某些非金属反应

$2H_2S（气）+ 3O_2 \xlongequal{点燃} 2H_2O + 2SO_2$（完全燃烧）

$2H_2S（气）+ O_2 \xlongequal{点燃} 2H_2O + 2S\downarrow$（不完全燃烧）

$H_2S + X_2 \xlongequal{\phantom{aa}} 2HX + S\downarrow$（X = Cl、Br、I）

（3）与水不反应

$H_2S$ 气体的水溶液——氢硫酸。

（4）与酸反应

$3H_2S + 2HNO_3（稀）\xlongequal{\phantom{aa}} 3S\downarrow + 2NO\uparrow + 4H_2O$

$H_2S + 2HNO_3（浓）\xlongequal{\phantom{aa}} 2H_2O + 2NO_2\uparrow + S\downarrow$

$H_2S + H_2SO_4（浓）\xlongequal{\phantom{aa}} 2H_2O + SO_2\uparrow + S\downarrow$

$H_2SO_3 + 2H_2S \xlongequal{\phantom{aa}} 3S\downarrow + 3H_2O$

（5）与碱液反应

$H_2S + NaOH \xlongequal{\phantom{aa}} NaHS + H_2O$

$H_2S + 2NaOH \xlongequal{\phantom{aa}} Na_2S + 2H_2O$

（6）与盐溶液反应

$$H_2S + Pb(NO_3)_2 == 2HNO_3 + PbS\downarrow \text{（棕黑色）}$$

$$H_2S + CuSO_4 == H_2SO_4 + CuS\downarrow \text{（黑色）}$$

$$H_2S + 2FeCl_3 == 2FeCl_2 + S\downarrow + 2HCl$$

$$H_2S + Fe_2(SO_4)_3 == 2FeSO_4 + S\downarrow + H_2SO_4$$

$$5H_2S + 3H_2SO_4 + 2KMnO_4 == K_2SO_4 + 2MnSO_4 + 8H_2O + 5S\downarrow$$

$$3H_2S + 8HCl + K_2Cr_2O_7 == 2CrCl_3 + 7H_2O + 3S\downarrow + 2KCl$$

（7）与氧化物反应

$$2H_2S + SO_2 == 3S\downarrow + 2H_2O$$

（8）不稳定性

$$H_2S \xrightarrow{\text{点燃}} H_2\uparrow + S$$

# 二、NO 和 NO$_2$

## （一）NO 和 NO$_2$的生成

$$N_2 + O_2 \xrightarrow[\text{高温}]{\text{放电或}} 2NO \qquad\qquad 2NO + O_2 == 2NO_2$$

实验室制法：

$$Cu + 4HNO_3\text{（浓）} == Cu(NO_3)_2 + 2NO_2\uparrow + 2H_2O$$

$$3Cu + 8HNO_3\text{（稀）} == 3Cu(NO_3)_2 + 2NO\uparrow + 4H_2O$$

## （二）物理性质

NO 是一种无色、无味的气体，难溶于水，有毒。

NO$_2$是一种红棕色、有刺激性气味的有毒气体，易液化，密度比空气大。

## （三）化学性质

1. NO 与氧气反应

$$2NO + O_2 == 2NO_2$$

2. NO$_2$的聚合反应

$$2NO_2 \rightleftharpoons N_2O_4$$

3. NO$_2$的氧化性

$$4NO_2 + 2KI == 2NO + 2KNO_3 + I_2$$

$$NO_2 + SO_2 + H_2O == H_2SO_4 + NO$$

$$NO_2 + SO_2 == SO_3 + NO$$

4. 与碱反应

$$NO + NO_2 + 2NaOH == 2NaNO_2 + H_2O$$

$2NO_2 + 2NaOH =\!=\!= NaNO_3 + NaNO_2 + H_2O$

**5. $NO_2$ 与水反应**

$3NO_2 + H_2O =\!=\!= 2HNO_3 + NO$

$4NO_2 + O_2 + 2H_2O =\!=\!= 4HNO_3$

$4NO + 3O_2 + 2H_2O =\!=\!= 4HNO_3$

# 三、$NO_2$、$NO$ 和 $O_2$ 的混合气体跟 $H_2O$ 反应的相关计算

## (一) $NO_2$ 溶于水的问题

例1：将 20 mL 充满 $NO$ 和 $NO_2$ 混合气体的试管倒立于盛有水的水槽中，充分反应后，剩余气体体积变为 10 mL，求原混合气体中 $NO$ 和 $NO_2$ 各占多少毫升？

解法一：设 $NO$ 体积为 $x$ mL，$NO_2$ 体积为 $y$ mL

$x + y = 20$

$3NO_2 + H_2O =\!=\!= 2HNO_3 + NO$

3                               1

$y$                               $y/3$

$x + y/3 = 10$              解之得，$x = 5$    $y = 15$

讲：利用差量法可帮助快速解题，可在题中寻找体积差。

解法二：设 $NO_2$ 体积为 $x$ mL

$3NO_2 + H_2O =\!=\!= 2HNO_3 + NO$       $\triangle V$

3                             1         2

$x$                               $20 - 10 = 10$

$x = 15$

## (二) $NO$ 和 $O_2$ 的混合气体通入 $H_2O$

例2：一支试管中充有 20 mL $NO$ 气体，倒置于水槽中，现向其中通入一定量的 $O_2$，试管内最终有 4 mL 气体，则通入 $O_2$ 的体积可能是多少？

解：设通入的 $O_2$ 体积是 $x$ mL

若最终余下气体的成分为 $NO$，则与水反应的 $NO$ 为 20 mL $-$ 4 mL $=$ 16 mL

$4NO + 3O_2 + 2H_2O =\!=\!= 4HNO_3$

4       3

16     $x$            $x = 12$ mL

若最终余下气体的成分为 $O_2$，则 20 mL $NO$ 均与水反应：

$4NO + 3O_2 + 2H_2O =\!=\!= 4HNO_3$

4       3

20     $x$          $x = 15$ mL

此时，通入 $O_2$ 的体积为 15 mL + 4 mL = 19 mL

∴ 通入 $O_2$ 的体积可能是 12 mL 或 19 mL。

**（三）$NO_2$ 和 $O_2$ 的混合气体通入 $H_2O$**

例3：在一支容积为 30 mL 的试管内充满 $NO_2$ 和 $O_2$ 的混合气体，把试管倒置于盛有水的水槽中，充分反应后余 5 mL 气体，则原混合气体中 $NO_2$ 和 $O_2$ 的体积各是多少？

解：设原混合气体中 $NO_2$ 的体积为 $x$ mL，$O_2$ 的体积为 $y$ mL

则 $x + y = 30$

若 $O_2$ 过量，则余下 5 mL 气体为 $O_2$，则所有的 $NO_2$ 全部参加反应，而参加反应的 $O_2$ 的体积为 $(y-5)$ mL

$$4NO_2 + O_2 + 2H_2O =\!=\!= 4HNO_3$$

4    1

$x$    $y-5$    $x = 4(y-5)$

解之得，$x = 20$ mL；$y = 10$ mL

若 $NO_2$ 过量，则 $O_2$ 全部参加反应，而过量的 $NO_2$ 还会和 $H_2O$ 继续反应，余下的 5 mL 气体为 NO，

$$4NO_2 + O_2 + 2H_2O =\!=\!= 4HNO_3$$

4    1

$4y$    $y$

则过量的 $NO_2$ 体积为 $(x-4y)$ mL

$$3NO_2 + H_2O =\!=\!= 2HNO_3 + NO$$

3                    1

$(x-4y)$                    5

则 $x - 4y = 15$

解之得，$x = 27$ mL    $y = 3$ mL

∴ $NO_2$ 和 $O_2$ 的体积是 20 mL 和 10 mL 或 27 mL 和 3 mL。

# 第四节　氨、硫酸、硝酸

合成氨工业：

$$N_2 + 3H_2 \xrightarrow[\text{催化剂}]{\text{高温高压}} 2NH_3$$

# 一、氨（$NH_3$）

## （一）氨的物理性质

无色，有特殊刺激性气味的气体，极易溶于水（1:700）（图4-4-1），易液化，密度比空气小。氨水密度比水小。液氨汽化时要吸收大量热，可用作制冷剂。

## （二）氨的化学性质

### 1. 与金属反应

$$2NH_3（1）+2Na \Longrightarrow 2NaNH_2+H_2\uparrow$$

### 2. 与某些非金属反应

氨气的还原性：

若$NH_3$不足，则 $2NH_3+3Cl_2 \Longrightarrow 6HCl+N_2$

若$NH_3$充足，则 $8NH_3+3Cl_2 \Longrightarrow 6NH_4Cl+N_2$

$$4NH_3+3O_2（纯）\xrightarrow{点燃} 2N_2+6H_2O$$

$$4NH_3+5O_2 \xrightarrow[\triangle]{催化剂} 4NO+6H_2O$$

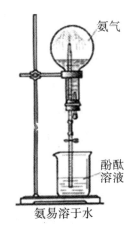

氨气

酚酞溶液

氨易溶于水

图4-4-1

### 3. 与$H_2O$反应

$$NH_3+H_2O \Longrightarrow NH_3 \cdot H_2O \Longrightarrow NH_4^+ + OH^-$$ （推导出氨气是碱性气体）

$$NH_3 \cdot H_2O \xrightarrow{\triangle} NH_3\uparrow + H_2O$$

### 4. 与酸反应

$$NH_3+HCl \Longrightarrow NH_4Cl$$（产生白烟，如图4-4-2所示，可用于检验$NH_3$）

$$NH_3+HNO_3 \Longrightarrow NH_4NO_3$$（产生白烟）

$$2NH_3+H_2SO_4 \Longrightarrow （NH_4）_2SO_4$$（吸收$NH_3$的方法）

$$NH_3+H_2O+CO_2 \Longrightarrow NH_4HCO_3$$（俗称碳铵）

$NH_3$ $NH_4Cl$ $HCl$

氨与氯化氢的反应

图4-4-2

### 5. 与盐溶液反应

$$MgCl_2+2NH_3 \cdot H_2O \Longrightarrow Mg（OH）_2\downarrow +2NH_4Cl$$

$$Mg^{2+}+2NH_3 \cdot H_2O \Longrightarrow Mg（OH）_2\downarrow +2NH_4^+$$

$$AlCl_3+3NH_3 \cdot H_2O \Longrightarrow Al（OH）_3\downarrow +3NH_4Cl$$

$$Al^{3+}+3NH_3 \cdot H_2O \Longrightarrow Al（OH）_3\downarrow +3NH_4^+$$

$$FeCl_3+3NH_3 \cdot H_2O \Longrightarrow Fe（OH）_3\downarrow +3NH_4Cl$$

$$Fe^{3+}+3NH_3 \cdot H_2O \Longrightarrow Fe（OH）_3\downarrow +3NH_4^+$$

$$Cu（OH）_2+4NH_3 \cdot H_2O \Longrightarrow Cu（NH_3）_4（OH）_2+4H_2O$$

$$Cu(OH)_2 + 4NH_3 \cdot H_2O == [Cu(NH_3)_4]^{2+} + 2OH^- + 4H_2O \quad 铜氨溶液$$

$$Zn(OH)_2 + 4NH_3 \cdot H_2O == Zn(NH_3)_4(OH)_2 + 4H_2O$$

$$ZnSO_4 + 4NH_3 \cdot H_2O（足）== Zn(NH_3)_4SO_4 + 4H_2O$$

$$Zn^{2+} + 4NH_3 \cdot H_2O == [Zn(NH_3)_4]^{2+} + 4H_2O$$

$$CuSO_4 + 2NH_3 \cdot H_2O（不足）== Cu(OH)_2 \downarrow + (NH_4)_2SO_4$$

$$Cu^{2+} + 2NH_3 \cdot H_2O == Cu(OH)_2 \downarrow + 2NH_4^+$$

$$CuSO_4 + 4NH_3 \cdot H_2O（足）== Cu(NH_3)_4SO_4 + 4H_2O$$

$$Cu^{2+} + 4NH_3 \cdot H_2O == [Cu(NH_3)_4]^{2+} + 4H_2O \quad 铜氨溶液$$

$$AgNO_3 + NH_3 \cdot H_2O == AgOH \downarrow + NH_4NO_3$$

$$2AgOH == Ag_2O（灰黑色）+ H_2O$$

$$Ag_2O + 4NH_3 \cdot H_2O == 2[Ag(NH_3)_2]^+ + 2OH^- + 3H_2O \quad 银氨溶液$$

**6. 与氧化物反应**

$$2NH_3 + 3CuO \xrightarrow{\triangle} 3Cu + N_2 + 3H_2O$$

$$4NH_3 + 6NO \xrightarrow[\triangle]{催化剂} 5N_2 + 6H_2O（用氨清除）$$

**7. 侯氏制碱法**

$$NH_3 + NaCl + H_2O + CO_2 == NaHCO_3 \downarrow + NH_4Cl$$（侯德榜制碱：用于工业制备小苏打，苏打)

**（三）铵 盐**

**1. 物理性质**

无色晶体，易溶于水。

**2. 化学性质**

（1）铵盐受热易分解（图 4 - 4 - 3）

氯化铵受热分解

图 4 - 4 - 3

$$NH_4HCO_3 == NH_3 \uparrow + H_2O + CO_2 \uparrow$$

$$NH_4Cl \xrightarrow{\triangle} NH_3 \uparrow + HCl \uparrow$$

$$(NH_4)_2SO_4 \xrightarrow{\triangle} 2NH_3 \uparrow + H_2SO_4$$

$$5NH_4NO_3 \xrightarrow{\triangle} 2HNO_3 + 4N_2 \uparrow + 9H_2O$$

$$NH_4NO_3 == N_2O \uparrow + 2H_2O（撞击或加热）$$

$$2NH_4NO_3 == 2N_2 \uparrow + O_2 \uparrow + 4H_2O（加热到 500\ ℃）$$

（2）与碱反应（图 4 - 4 - 4）

$$(NH_4)_2SO_4 + 2NaOH \xrightarrow{\triangle} Na_2SO_4 + 2NH_3 \uparrow + 2H_2O$$

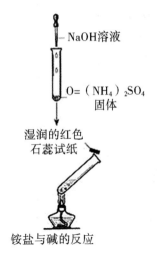

NaOH溶液

O=（NH₄）₂SO₄
固体

湿润的红色
石蕊试纸

铵盐与碱的反应

图 4 - 4 - 4

（3）$NH_4^+$ 的检验

原理：$NH_4^+ + OH^- \xrightarrow{\triangle} NH_3\uparrow + H_2O$

现象：有刺激性气味气体产生，能使湿润的红色石蕊试纸变蓝。

**（四）实验室制 $NH_3$（图 4 - 4 - 5）**

$NH_4Cl$和
$Ca（OH）_2$    棉花

实验室制取氨的
装置示意图

图 4 - 4 - 5

**1. 实验原理**

$2NH_4Cl + Ca（OH）_2 \xrightarrow{\triangle} CaCl_2 + 2NH_3\uparrow + 2H_2O$

**2. 干燥剂**

碱石灰。

**3. 收集方法**

向下排空气法。

**4. 检 验**

（1）湿润的红色石蕊试纸——变蓝。

（2）蘸有浓盐酸的玻璃棒接近瓶口——白烟。

**5. 棉花团的作用**

防止试管内的 $NH_3$ 与管外空气形成对流。

## 二、硫　酸

### （一）稀硫酸

具有酸的通性。

### （二）浓硫酸物理性质

浓硫酸是一种无色油状液体，常见的浓硫酸的质量分数为 98%，密度为 1.84 $g/cm^3$，其物质的量浓度为 18.4 mol/L。

$H_2SO_4$ 是一种高沸点、难挥发性的强酸，易溶于水，能与 $H_2O$ 以任意比互溶，$H_2SO_4$ 溶解时放出大量的热。

### （三）浓硫酸的特性

**1. 吸水性**

指的是浓硫酸分子跟水分子强烈结合，生成一系列稳定的水合物，并放出大量的热。可以吸自由水和结晶水。

**2. 脱水性**

浓硫酸可以按水中 H、O 原子个数比 2:1 夺取有机物中的 H、O，脱水后生成碳。浓硫酸的脱水性导致了它的强腐蚀性。

**3. 强氧化性**

（1）与金属反应

$$Cu + 2H_2SO_4（浓）\xrightarrow{\triangle}CuSO_4 + SO_2\uparrow + 2H_2O$$

① 加热条件下，浓 $H_2SO_4$ 可氧化绝大多数金属，但不产生 $H_2$，一般生成 $SO_2$。

② 常温下，浓 $H_2SO_4$ 可使 Fe、Al 钝化（表现生成一层致密的氧化膜，阻止反应进一步进行，起到保护的作用）；加热反应照常进行。

$$6H_2SO_4（浓）+ 2Fe\xrightarrow{\triangle}Fe_2（SO_4）_3 + 3SO_2\uparrow + 6H_2O$$

（2）与某些非金属反应

$$C + 2H_2SO_4（浓）\xrightarrow{\triangle}CO_2\uparrow + 2SO_2\uparrow + 2H_2O$$

$$2H_2SO_4（浓）+ S\xrightarrow{\triangle}3SO_2\uparrow + 2H_2O$$

（3）与酸反应

$H_2SO_4（浓）+ 2HBr\xrightarrow{\quad\quad}SO_2\uparrow + Br_2 + 2H_2O$（不能用浓硫酸与 NaBr 制取

HBr)

$H_2SO_4$（浓）$+2HI\Longrightarrow SO_2\uparrow +I_2+2H_2O$（不能用浓硫酸与 NaI 制取 HI）

$H_2S+H_2SO_4$（浓）$\Longrightarrow S\downarrow +SO_2\uparrow +2H_2O$

（4）与碱液反应

$4H_2SO_4$（浓）$+2Fe(OH)_2\Longrightarrow Fe_2(SO_4)_3+SO_2\uparrow +6H_2O$

（5）与盐溶液反应

$6H_2SO_4$（浓）$+2FeS\xrightarrow{\triangle}Fe_2(SO_4)_3+3SO_2\uparrow +2S\downarrow +6H_2O$

（6）与氧化物反应

$4H_2SO_4$（浓）$+2FeO\Longrightarrow Fe_2(SO_4)_3+SO_2\uparrow +4H_2O$

**（四）硫酸的用途**

硫酸是基本化学工业中重要产品之一，它不仅作为许多化工产品的原料，而且还广泛地应用于其他的国民经济部门。

**（五）$SO_4^{2-}$ 的检验方法**

先加盐酸酸化，再加入 $BaCl_2$ 溶液，若产生白色沉淀，则证明有 $SO_4^{2-}$ 的存在。

**（六）常见的硫酸盐（表 4 - 4 - 1）**

表 4 - 4 - 1

| 硫酸盐 | 俗　名 | 颜　色 | 用　途 |
|---|---|---|---|
| $CaSO_4\cdot 2H_2O$ | 生石膏 | 白 | 医疗上作石膏绷带，工业上作水泥添料，可调节水泥凝结时间 |
| $2CaSO_4\cdot H_2O$ | 熟石膏 | 白 | |
| $ZnSO_4\cdot 7H_2O$ | 皓矾 | 白 | 医疗上的收敛剂，木材的防腐剂，印染工业的媒染剂，制白色染料 |
| $FeSO_4\cdot 7H_2O$ | 绿矾 | 浅绿色 | 作补血剂、净水剂，制蓝墨水 |
| $CuSO_4\cdot 5H_2O$ | 胆矾、蓝矾 | 蓝色 | 变色可检验 $H_2O$，常用作杀菌剂，工业上用来精炼铜、镀铜 |
| $BaSO_4$ | 重晶石 | 白 | 医疗上作钡餐，射线不能穿透，也可作白色染料 |
| $Na_2SO_4\cdot 10H_2O$ | 芒硝 | 白 | |
| $KAl(SO_4)_2\cdot 12H_2O$ | 明矾 | 白 | 净水剂 |
| $MgSO_4$ | 泻盐 | 白 | 泻药 |

## 三、硝 酸

### （一）硝酸的物理性质

纯硝酸是无色、有刺激性气味的液体，能以任意比溶解于水，密度比水大，低沸点（83 ℃），易挥发。质量分数为69%的硝酸为浓硝酸。质量分数为98%以上的硝酸为发烟硝酸。

### （二）硝酸的化学性质

#### 1. 硝酸具有酸的通性

$$HNO_3 \!=\!\!=\!\! H^+ + NO_3^-$$

（1）使指示剂变色

① 稀硝酸中加入紫色石蕊试液：变红。

② 浓硝酸中加入紫色石蕊试液：先变红后褪色（微热）。

（2）与碱反应：$HNO_3 + NaOH \!=\!\!=\!\! NaNO_3 + H_2O$

（3）与碱性氧化物反应：$2HNO_3 + CuO \!=\!\!=\!\! Cu(NO_3)_2 + H_2O$

（4）与某些盐反应：$2HNO_3 + CaCO_3 \!=\!\!=\!\! Ca(NO_3)_2 + H_2O + CO_2 \uparrow$

#### 2. 硝酸的不稳定性

$$4HNO_3（浓）\xrightarrow[\triangle]{光照或} 4NO_2 \uparrow + O_2 \uparrow + 2H_2O$$

#### 3. 强氧化性

（1）与金属反应

$$Cu + 4HNO_3（浓）\!=\!\!=\!\! Cu(NO_3)_2 + 2NO_2 \uparrow + 2H_2O$$

$$3Cu + 8HNO_3（稀）\!=\!\!=\!\! 3Cu(NO_3)_2 + 2NO \uparrow + 4H_2O$$

$HNO_3$与金属反应规律小结：

① 常温下，浓硝酸使铁、铝等金属钝化。

② 硝酸与金属反应不放出氢气。

③ 氧化性：浓硝酸＞稀硝酸（均比浓硫酸强）。

④ 一般情况下：浓硝酸被还原为$NO_2$，稀硝酸被还原为$NO$。

（2）与非金属单质反应

$$C + 4HNO_3（浓）\xrightarrow{\triangle} 2H_2O + 4NO_2 \uparrow + CO_2 \uparrow$$

（3）与低价化合物的反应

$$6HI + 2HNO_3（稀）\!=\!\!=\!\! 3I_2 + 2NO \uparrow + 4H_2O$$

$$3Na_2SO_3 + 2HNO_3（稀）\!=\!\!=\!\! 3Na_2SO_4 + 2NO \uparrow + H_2O$$

#### 4. 王 水

浓硝酸和浓盐酸以体积之比为1∶3混合而成。

### （三）硝酸的用途

用于制炸药、染料、塑料、硝酸盐。

### （四）硝酸盐的性质

1. 硝酸盐均为易溶于水的离子化合物，多数硝酸盐为无色晶体。

2. 由于硝酸盐在高温时受热易分解出 $O_2$，故硝酸盐在高温时是强氧化剂。

3. 酸性条件下，硝酸盐有强氧化性。

4. 硝酸盐受热分解规律：

① 按金属活动性顺序表，排在镁之前的（不包括镁），加热生成亚硝酸盐和氧气

$$2NaNO_3 \xrightarrow{\triangle} 2NaNO_2 + O_2 \uparrow$$

② 镁到铜，加热生成金属氧化物、$NO_2$、$O_2$

$$2Cu(NO_3)_2 \xrightarrow{\triangle} 2CuO + 4NO_2 \uparrow + O_2 \uparrow$$

③ 铜以后，加热时生成金属单质、$NO_2$ 和 $O_2$

$$2AgNO_3 \xrightarrow{\triangle} 2Ag + 2NO_2 \uparrow + O_2 \uparrow$$

第三篇

有机化学选修模块复习

# 第一节　官能团与有机物性质的关系

## 一、官能团

### （一）定义

决定有机化合物化学性质的原子或原子团。

### （二）常见官能团（表 5-1-1）

表 5-1-1

| 官能团 | 化学性质 |
|---|---|
| $\underset{\text{以乙烯为例}}{-\overset{\displaystyle \mid}{C}=\overset{\displaystyle \mid}{C}-}$ | 1. 加成反应：与 $H_2$、$X_2$、$HX$、$H_2O$ 等；<br>2. 氧化反应：燃烧、使酸性 $KMnO_4$ 褪色等；<br>3. 加聚反应：在一定的条件下可以发生加聚反应 |
| $\underset{\text{以乙炔为例}}{-C\equiv C-}$ | 1. 加成反应：与 $H_2$、$X_2$、$HX$、$H_2O$ 等。例如，乙炔使溴水褪色；<br>2. 氧化反应：燃烧、使酸性 $KMnO_4$ 褪色；<br>3. 聚合反应：两分子乙炔在一定条件下可以发生聚合反应；在一定的条件下可以发生加聚反应 |
| 醇羟基（-OH）<br>以乙醇为例 | 1. 与活泼金属（Al 之前）反应；<br>2. 取代反应：（1）与 HX；（2）分子间脱水；<br>3. 氧化反应：（1）燃烧；（2）催化氧化。<br>注意：醇氧化规律<br>（1）$R-CH_2OH \xrightarrow{[O]} R-CHO$；<br>（2）-OH 所连碳上连两个烃基，氧化得酮；<br>（3）-OH 所连碳上连三个烃基，不能被氧化（不完全氧化），但可燃烧；<br>4. 消去反应：在浓硫酸存在，加热到 170 ℃ 条件下；<br>5. 酯化反应：和含氧酸在无机酸催化条件下可以发生酯化反应 |

续 表

| 官能团 | 化学性质 |
|---|---|
| 酚羟基（－OH）<br>以苯酚为例 | 1. 弱酸性：（酸性：$H_2CO_3$ > 酚 – OH > $HCO_3^-$）<br>（1）与活泼金属反应放出 $H_2$；（2）与 NaOH 反应；<br>2. 取代反应：能与卤素发生取代反应；<br>3. 与 $FeCl_3$ 发生显色反应；<br>4. 强还原性，可以被氧化；<br>5. 可以和氢气发生加成反应 |
| —X<br>以溴乙烷为例 | 1. 取代反应：在 NaOH 的水溶液中得到醇；<br>2. 消去反应：（条件：NaOH 的醇溶液、加热） |
| —CHO<br>以乙醛为例 | 1. 加成反应：与 $H_2$ 等；<br>2. 氧化反应<br>（1）能燃烧：在空气或氧气中可以燃烧；<br>（2）催化氧化：在催化剂存在条件下被氧气氧化；<br>（3）被新制的 $Cu(OH)_2$、新制的银氨溶液、酸性高锰酸钾溶液氧化 |
| —COOH<br>以乙酸为例 | 1. 弱酸性：（酸性：R – COOH > $H_2CO_3$ > 酚 – OH > $HCO_3^-$）<br>$RCOOH \rightleftharpoons RCOO^- + H^+$，具有酸的通性；<br>2. 酯化反应：$R – OH + R' – COOH \xrightarrow[\text{加热}]{\text{催化剂}} R'COOR + H_2O$ |
| —COOC—<br>以乙酸乙酯为例 | 水解反应：可以在酸性或碱性条件下水解，在碱性条件下水解比较完全 |
| —CONH— | 水解反应。在酶、强酸加热、强碱加热条件下水解 |

**（三）常见无官能团的有机物烷烃，环烷烃**

烷烃以甲烷为例：

1. 取代反应：如能与卤族元素单质在光照的条件下发生取代反应。

2. 氧化反应：可以燃烧。

3. 热分解：隔绝空气加热到一定温度会分解。

## 二、重要有机物的物理性质归纳

### （一）常温下呈气态

分子中含碳原子数小于或等于 4 的烃、新戊烷、$CH_3Cl$、HCHO。

## （二）溶解性

能溶于水的有机物有：低级的醇、醛、酮、酸、糖、氨基酸，部分有机盐。

微溶于水的有机物有：苯酚（在水中溶解度不大）、苯甲酸、苯胺、乙醚、乙炔（苯酚、直链淀粉溶于热水）。

有机物均能溶于有机溶剂。

注意：水溶性规律。有机物是否溶于水与组成该有机物的原子团（包括官能团）有密切关系。在有机物分子常见的官能团中，—OH、—CHO、—COC—、—COOH、—SO$_3$H 等皆为亲水基，—R、—NO$_2$、—X、—COOR—等皆为憎水基。一般来讲，有机物分子中当亲水基占主导地位时，该有机物溶于水；当憎水基占主导地位时，则难溶于水。

由此可推知：

1. 烃类均难溶于水，因其分子内不含亲水基。

2. 含有—OH、—CHO 及—COOH 的各类有机物（如醇、醛、酮、羧酸），其烃基部分碳原子数小于或等于 3 时可溶于水。

3. 活泼金属有机盐一般可溶于水。如 CH$_3$CH$_2$ONa、CH$_3$COONa、C$_6$H$_5$ONa 等。

## （三）密　度

比水轻，不溶于水的液态有机物：

1. 烃（含苯及其同系物、矿物油）。

2. 酯（含油脂）。

3. 一氯烷烃等。

比水重，不溶于水的液态有机物：硝基苯、溴苯、四氯化碳、溴乙烷。

## （四）常见有毒的有机物

1. 苯。

2. 硝基苯。

3. 甲醇。

4. 甲醛。

## （五）常见有特殊气味或香味的有机物

1. 苯。

2. 甲苯。

3. CH$_3$COOC$_2$H$_5$。

4. CH$_3$CH$_2$OH。

## （六）熔、沸点比较

1. 同系物一般碳原子数越多，熔沸点越高。

2. C$_5$H$_{12}$：正 ＞ 异 ＞ 新。

3. 二甲苯：邻＞间＞对。

# 三、几类重要的有机物

## 1. 糖 类

又叫碳水化合物，一般符合 $C_n(H_2O)_m$ 的通式，但是符合该通式的不一定属于糖类，不符合该通式的也可能属于糖类。

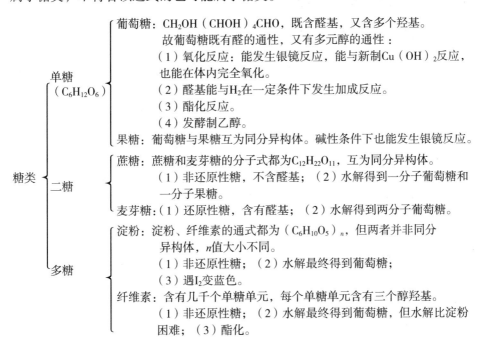

葡萄糖：$CH_2OH(CHOH)_4CHO$，既含醛基，又含多个羟基。
故葡萄糖既有醛的通性，又有多元醇的通性：
（1）氧化反应：能发生银镜反应，能与新制$Cu(OH)_2$反应，也能在体内完全氧化。
（2）醛基能与$H_2$在一定条件下发生加成反应。
（3）酯化反应。
（4）发酵制乙醇。
果糖：葡萄糖与果糖互为同分异构体。碱性条件下也能发生银镜反应。

蔗糖：蔗糖和麦芽糖的分子式都为$C_{12}H_{22}O_{11}$，互为同分异构体。
（1）非还原性糖，不含醛基；（2）水解得到一分子葡萄糖和一分子果糖。
麦芽糖：（1）还原性糖，含有醛基；（2）水解得到两分子葡萄糖。

淀粉：淀粉、纤维素的通式都为$(C_6H_{10}O_5)_n$，但两者并非同分异构体，$n$值大小不同。
（1）非还原性糖；（2）水解最终得到葡萄糖；
（3）遇$I_2$变蓝色。
纤维素：含有几千个单糖单元，每个单糖单元含有三个醇羟基。
（1）非还原性糖；（2）水解最终得到葡萄糖，但水解比淀粉困难；（3）酯化。

## 2. 氨基酸和蛋白质

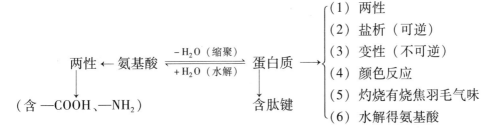

（含 —COOH、—NH₂）

两性 ← 氨基酸 $\underset{+H_2O（水解）}{\overset{-H_2O（缩聚）}{\rightleftharpoons}}$ 蛋白质

含肽键

蛋白质 →
（1）两性
（2）盐析（可逆）
（3）变性（不可逆）
（4）颜色反应
（5）灼烧有烧焦羽毛气味
（6）水解得氨基酸

# 第二节 各类有机物之间的相互关系

## 一、脂肪族有机化合物

### （一）相互关系（图 5 - 2 - 1）

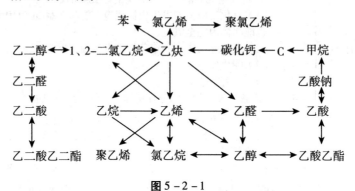

图 5 - 2 - 1

### （二）作 用

1. 反应了各有机物的主要化学性质。

2. 表明了各有机物的主要制取方法。

3. 找出了各有机物的主要制备途径。

### （三）扩 展

1. 适合于"多碳"系列

丙烯——→1 - 氯丙烷——→1 - 丙醇——→丙醛——→丙酸——→丙酸丙酯

2. 适合于"二元"系列

乙烯——→1，2 - 二溴乙烷——→乙二醇——→乙二醛——→乙二酸——→乙二酸乙二酯

3. 适合于"环状"系列

环己烷——→1 - 氯环己烷——→环己烯——→1，2 - 二氯环己烷——→1，3 - 环己二烯——→3，6 - 二氯环己烯——→1，4 - 二氯环己烷——→1，4 - 环己二醇——→二乙酸1，4 - 环己二酯

4. 适合于芳香族系列

甲苯——→1 - 氯甲苯——→苯甲醇——→苯甲醛——→苯甲酸——→苯甲酸苯甲酯

## 二、二烯烃的性质

1. 1，3 - 丁二烯的性质。

2. 异戊二烯的性质。

## 三、芳香族有机化合物

### （一）互转化关系图（图 5 - 2 - 2）

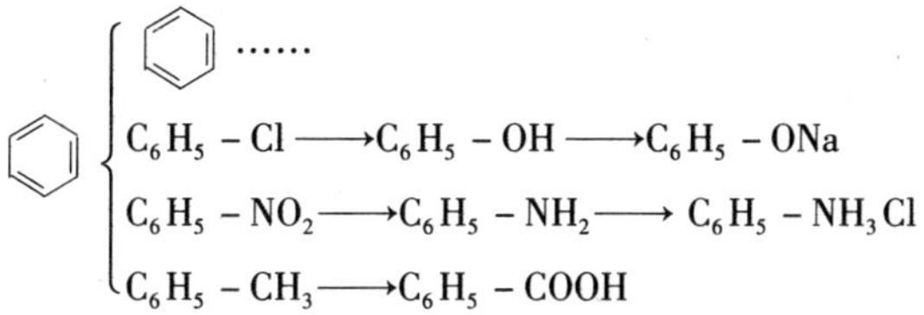

$$
\begin{cases}
C_6H_5\text{——}\cdots\cdots \\
C_6H_5 - Cl \longrightarrow C_6H_5 - OH \longrightarrow C_6H_5 - ONa \\
C_6H_5 - NO_2 \longrightarrow C_6H_5 - NH_2 \longrightarrow C_6H_5 - NH_3Cl \\
C_6H_5 - CH_3 \longrightarrow C_6H_5 - COOH
\end{cases}
$$

图 5 - 2 - 2

### （二）苯酚的性质

1. 与溴水的反应。

2. 与甲醛的反应。

3. 与氢气的反应。

4. 与钠的反应。

5. 在空气中变质。

6. 遇氯化铁溶液变紫色。

7. 溶于氢氧化钠溶液。

### （三）甲苯的性质

1. 与氢气的反应。

2. 制取 TNT。

3. 与氯气的反应。

## 四、油酸甘油酯→硬脂酸甘油酯→硬脂酸钠＋甘油→硝化甘油

## 五、淀粉→麦芽糖→葡萄糖→酒精→乙烯……

## 六、蛋白质→二肽→氨基酸→氨基酸盐

# 第三节　有机化学反应原理分析

有机化学反应原理总体认识：区分有机反应类型主要看有机主体反应物被怎么样就叫什么反应。如有机物被氧化就叫氧化反应；有机物中某些原子或原子团被其他原子或原子团所取代叫取代反应。通常，中学有以下八种重要的有机反应类型。

## 一、取代反应

### （一）定　义
有机物中的某些原子或原子团被其他原子或原子团所代替的反应。

### （二）认　识
1. 所包含的反应主要有：卤代反应、硝化反应、磺化反应、酯化反应、水解反应（部分）、醚化反应等。

2. 凡有烃基的有机物，就有可能发生取代反应，且一般情况下位置不变。

3. 会因取代的数目不同而生成多种产物。

4. 会因取代的位置不同而生成多种同分异构体。

### （三）基本练习
1. 用化学方程式各举一例以上取代反应并说明反应原理。

2. 甲烷、乙烷分别和氯气在光照条件下最多可生成多少种有机物？

3. 甲苯中的一个氢原子被溴原子取代后可能生成的有机物是什么？

### （四）能力训练
1. 已知 $R—Cl + C_6H_6 \rightarrow C_6H_5—R + HCl$（R 代表烃基）。写出由乙烯、苯及其他无机试剂为原料制取乙苯的化学方程式。

2. 卤代烃在氢氧化钠存在的条件下水解，这是一个典型的取代反应。其实质是带负电的原子团取代了卤代烃中的卤原子。

例如 $CH_3CH_2 - Br + OH^- \rightarrow CH_3CH_2 - OH + Br^-$。写出下列反应的化学方程式：①溴乙烷跟 NaHS 反应；②碘甲烷跟 $CH_3COONa$ 反应；③由碘甲烷、无水乙醇和金属钠合成甲乙醚。

## 二、氧化反应

### （一）定　义
有机物加氧或脱氢的反应。

### （二）认　识

#### 1. 有机物燃烧
除少数有机物外（如 $CCl_4$），绝大多数有机物都能燃烧。

#### 2. 催化氧化
醇（连羟基的碳原子上有氢）在催化剂作用下可以发生脱氢氧化，醛基在催化剂的作用下可发生得氧氧化。

#### 3. 与其他氧化剂反应
苯酚可以在空气中被氧气氧化。碳碳双键、碳碳三键、苯的同系物、醛基能够被酸性高锰酸钾溶液氧化。碳碳双键、碳碳三键能被溴水或溴的四氯化碳溶液氧化。醛基能够被氧气、新制的银氨溶液或新制的氢氧化铜悬浊液氧化成含羧基的物质。

#### 4. 连续氧化的情况
醇→醛→羧酸；烯烃→醛→羧酸。

多个官能团的氧化：如乙二醇→乙二醛→乙二酸。

#### 5. 醇中羟基位置不同的氧化情况
在连接羟基的碳原子上，有两个氢原子就氧化为醛，如乙醇；有一个氢原子就氧化为酮，如 2－丙醇；没有氢原子就不能发生一般性氧化，如 2－甲基—2－丙醇。

### （三）基本练习
1. 乙烯→乙醛→乙酸。
2. 苯甲醇→苯甲醛→苯甲酸。
3. 乙二醇氧化为乙二醛。

### （四）能力训练
1. 已知 1－丁烯与水发生加成反应生成 A，A 与氧化铜共热生成 B，而 B 与新制氢氧化铜共热不能生成红色沉淀。试写出 A、B 的结构简式及有关的反应方程式。

2. 已知 R－CH＝CH－R′ 在一定条件下被氧化，其中 C＝C 双键断裂，生成 RCHO 和 R′CHO，则氧化后可以得到乙醛和丁醛的烯烃是_____。

## 三、加成反应

### （一）定 义

有机物分子里的不饱和碳原子跟其他原子或原子团直接结合生成别的有机物的反应。

### （二）认 识

1. 所加物质通常有 $H_2$、$H_2O$、$X_2$、$HX$ 等。

2. 会因加成的数目不同而可能生成不同的产物。

3. 会因加成的不对称性而可能生成不同的产物。

### （三）基本练习

1. 写出 2 – 丁烯与水加成的化学方程式。

2. 写出苯乙烯分别与等量、足量的氢气反应的化学方程式。

3. 写出 1，3 – 丁二烯与等物质的量的氯气发生反应的化学方程式。

### （四）能力训练

1. 写出 1 – 丁烯与水加成的化学方程式。

2. 写出乙炔与足量氯化氢反应的化学方程式。

## 四、消去反应

### （一）定 义

有机物在适当的条件下，从一个分子中脱去一个小分子（水或卤化氢），而生成不饱和（双键或三键）化合物的反应。

### （二）认 识

1. 卤代烃在氢氧化钠的醇溶液中加热发生消去反应。

2. 醇在浓硫酸中和加热至 170 ℃时发生消去反应。（说明：没有 β 原子和 β 碳原子上没有氢原子的醇不能发生消去反应）

3. 二元醇、二元卤代烃有可能发生二次消去反应生成二烯烃或炔烃。

4. 发生不对称消去反应时，有可能生成二种或三种产物。

5. 有的醇和卤代烃不能发生消去反应，如甲醇、苯甲醇、氯苯、2，2 – 二甲基 –1 – 丙醇。

### （三）基本练习

1. 写出下列有机物发生消去反应的化学方程式，并注明反应条件。

（1）2 – 丙醇。

（2）1 – 溴丁烷。

（3）1，4 – 二氯丁烷。

2. 2 - 溴丁烷与氢氧化钠醇溶液共热时，能生成两种产物，它们分别是_____和_____。你能否写出一种一溴代烷，在发生消去反应时生成三种产物？

**（四）能力训练**

以环己烷为原料，制取 1，4 - 二溴环己烷的过程是：

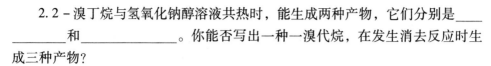→A→B→C→D→E→1，4 - 二溴环己烷，写出 A、B、C、D、E 的结构简式。

## 五、酯化反应

**（一）定 义**

酸和醇起作用，生成酯和水的反应叫酯化反应。

**（二）认 识**

1. 具有醇羟基的物质（如各种醇、葡萄糖、纤维素等）与羧酸、硝酸等含氧酸有可能发生酯化反应。

2. 反应原理是酸脱羟基，醇脱氢。

3. 分子中有几个羟基（或几个羧基）就可能发生几次酯化。

4. 分子中有两个羟基或羧基，就可能通过酯化反应形成环状化合物，也可能通过酯化方式的缩聚反应生成高分子化合物。

**（三）基本练习**

**1. 写出下列物质间发生酯化反应的化学方程式**

（1）乙酸和甲醇。

（2）乙二醇和甲酸。

（3）甘油和硝酸。

（4）苯甲酸和苯甲醇。

**2. 下列物质能发生成环酯化反应，写出化学方程式**

（1）两分子 2 - 羟基丙酸之间的反应。

（2）乙二醇和乙二酸。

（3）$CH_2OH（CH_2）_4COOH$ 分子内反应。

**（四）能力训练**

1. 用化学方程式表示以乙烯为原料制取乙二酸乙二酯的合理过程，无机物和催化剂自选。

2. A 是一种酯，分子式是 $C_{14}H_{12}O_2$，A 可以由醇 B 和羧酸 C 发生酯化反应得到。A 不能使 $Br_2$（$CCl_4$ 溶液）褪色，氧化 B 可以得到 C。

（1）写出 A、B、C 的结构简式。

（2）写出 B 的两种同分异构体的结构简式，它们都可以和 NaOH 反应。

## 六、水解反应

### （一）定  义

一般指有机化合物在一定条件下跟水作用生成两种或多种物质的化学反应。水解反应包括卤代烃水解、酯水解、糖类水解、蛋白质水解。（其中皂化反应也属于水解反应）。皂化反应：油脂在有碱存在的条件下水解，生成高级脂肪酸钠和甘油的反应。

### （二）认  识

1. 卤代烃水解断裂的是 C—X，在碱性条件下进行。

2. 酯和油脂水解时断裂的是酯基中的 C—O 单键，在酸性或碱性条件下都能进行。

3. 糖类水解时断裂的是 C—O 单键，在酸性条件下进行。

4. 蛋白质水解时断裂的是 C—N 单键。

5. 上述物质中，有几个能水解的官能团，就有可能发生几次水解反应（注意反应条件）。

### （三）基本练习

写出下列物质水解的方程式，并注明反应条件：

1. 2 - 氯丙烷。

2. 甲酸乙酯。

3. 淀粉。

4. 1，2 - 二溴乙烷与氢氧化钠溶液共热。

### （四）能力训练

某酯 A，分子式为 $C_6H_8O_4Cl_2$，与有机物 B、C、D、E 的变化关系如图 5 - 3 - 1 所示。

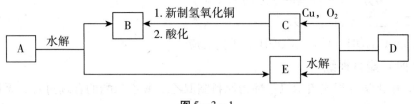

图 5 - 3 - 1

1. 写出 A、B、C、D、E 的结构简式。

2. 写出有关化学方程式。

## 七、加聚反应

### （一）定 义

含有碳碳双键、碳碳三键的不饱和化合物在催化剂的作用下生成高分子化合物的反应。

### （二）认 识

1. 一般含碳碳双键的物质的加聚方式为：

$n\text{CHA}=\text{CHB}\rightarrow\text{+CHA}-\text{CHB+}_n$（A、B 为其他原子或原子团）

2. 含相邻两个碳碳双键（类似 1，3 - 丁二烯）的物质的加聚方式为：

$n\text{CHA}=\text{CH}-\text{CB}=\text{CH}_2\rightarrow\text{+CHA}-\text{CH}=\text{CB}-\text{CH}_2\text{+}_n$

3. 两种（或以上）单体的加聚方式为：先按各自的加聚方式进行，然后连接。

4. 加聚反应产物单体的判断：主链上的碳原子在单体时均为不饱和碳原子；一般取两个碳原子为"一节"，复原双键后看结果。若每一节都相同，则只有一种单体，若有两种不同的节，则有两种不同的单体，依此类推；若主链上有双键，则取其左右共四个碳原子为一节，恢复两个双键后看结果。

### （三）基本练习

**1. 写出下列物质发生加聚反应的化学方程式**

（1）氯乙烯。

（2）异戊二烯。

（3）丙烯酸甲酯。

**2. 化合物 A 的结构简式为**

$\text{CH}_3\text{CH}=\text{C（CN）COOC}_2\text{H}_5$，将 A 涂在手术后伤口的表面，在数秒内 A 迅速固化并起黏结作用，以代替通常的缝合。用化学反应方程式说明原因：＿＿＿
＿＿＿＿＿＿＿。

### （四）能力训练

1. 1，3 - 丁二烯与苯乙烯在一定条件下可通过加聚反应生成一种化工产品——丁苯橡胶，试写出丁苯橡胶的结构简式＿＿＿＿＿＿＿。

2. 氯乙烯与丙烯按 1∶1 的物质的量比在一定条件下加聚成高分子化合物时，有 4 种可能的结合方式，试写出 4 种产物的结构简式。

## 八、缩聚反应

### （一）定 义

两个或两个以上官能团的单体之间结合成高分子化合物，同时生成小分子（水或卤化氢）的反应。

### （二）认 识

1. 苯酚与甲醛在浓盐酸的催化作用下水浴加热发生缩聚反应生成酚醛树脂。

2. 二元羧酸与二元醇按酯化反应规律发生缩聚反应生成高分子化合物。

3. 含羟基的羧酸按酯化反应规律发生缩聚反应生成高分子化合物。

4. 氨基酸发生缩聚反应生成高分子化合物。

$$n H_2NCH_2COOH \longrightarrow H\text{-}HNCH_2CO\text{-}_n OH + （n-1）H_2O （一定条件）$$

5. 二元羧酸与二元胺发生缩聚反应生成高分子化合物等。例如，一种二元胺 $H_2N（CH_2）_n NH_2$ 和一种二元酸 $HOOC（CH_2）_n COOH$ 进行的缩聚。

### （三）基本练习

写出下列物质发生缩聚反应的化学方程式：

1. 乙二酸和乙二醇。

2. 氨基乙酸自身缩聚。

### （四）能力训练

1. 苯酚和乙醛发生缩聚反应。

2. Nomex 纤维是一种新型阻燃性纤维，它可由间苯二甲酸和间苯二胺在一定条件下以等物质的量缩聚而成，写出 Nomex 纤维结构简式。

# 第四节　同分异构体和同系物

## 考点一　同系物

### 一、知识点

#### （一）定　义

结构相似，在分子组成上相差一个或若干个 $CH_2$ 原子团的物质互称为同系物。

#### （二）同系物的判断规律

1. 相同通式、同类物质。

2. 结构相似。

3. 分子组成上相差一个或若干个 $CH_2$ 原子团。

同时满足这三个条件的化合物才是互为同系物的关系。

### 二、例　题

例 1：下列各物质互为同系物的是（　　）。

A. ⬡— OH 和 ⬡— $CH_2OH$　　　　B. $CH_3CH_2OH$ 和 $CH_3OCH_3$

C. $CH_3 – CH = CH_2$ 和 $CH_3 – CH_2 – CH_3$　　D. $CH_3CH_2OH$ 和 $CH_3OH$

例 2：下列各组物质中，一定互为同系物的是（　　）。

A. 分子式为 $CH_2O_2$ 和 $C_3H_6O_2$ 的物质

B. 分子式为 $CH_2O$ 和结构简式为 $CH_3CHO$ 的物质

C. 分子式为 $CH_4O$ 和 $C_2H_6O$ 的物质

D. 苯酚和苯甲醇（$C_6H_5CH_2OH$）

### 三、练　习

1. 下列各组物质中一定互为同系物的是（　　）。

A. $C_3H_4$ 与 $C_5H_8$　　　　　　　　B. $C_3H_6$ 与 $C_5H_{10}$

C. $C_3H_8$ 与 $C_5H_{12}$　　　　　　　　D. $C_3H_7Cl$ 与 $C_5H_{10}Cl_2$

2. 下列各组物质中，互为同系物的是（　　）。

A. $CH_3CH_2CH_2CH_3$ 和 $CH_3CH=CHCH_3$

B. 甲苯和苯乙烯

C. $CH\equiv CCH_2CH_3$ 和 $CH_2=CHCH_2CH_3$

D. $CH_2=CHCH_3$ 和 $CH_2=CHCH_2CH_3$

3. 下列各物质中，互为同系物的一组是（　　）。

① $C_2H_5COOH$　② $C_6H_5-COOH$　③ 硬脂酸　④ 油酸　⑤ 丙烯酸
⑥ $CH_3CH_2CHO$

A. ①③　　　　　B. ③⑤　　　　　C. ④⑥　　　　　D. ⑤⑥

# 考点二　　同分异构体

## 一、知识点

### （一）定义

化合物具有相同的分子式，但具有不同的结构的现象叫同分异构现象。具有同分异构现象的化合物互称为同分异构体。

### （二）分析同分异构体通常采取系统分析法

主链碳由大到小，编号分析数目（快速、防漏），注意对称重复。

## 二、同分异构体的类型

### （一）碳链异构

1. 烷烃：通过练习掌握方法

（1）$CH_4$、$C_2H_6$、$C_3H_8$ 均只有一种结构。

（2）$C_4H_{10}$ 有_____种。

（3）$C_5H_{12}$ 有_____种。

（4）$C_6H_{14}$ 有_____种。

（5）$C_7H_{16}$ 有_____种。

（6）甲基、乙基均只有一种结构，丙基有_____种，丁基有_____种，戊基有_____种。

2. 环烷烃：学会键线式写法

（1）$C_3H_6$ 有_____种。

（2）$C_4H_8$ 有_____种。

（3）$C_5H_{10}$ 有＿＿＿＿＿＿种。

（4）$C_6H_{12}$ 有＿＿＿＿＿＿种。

### 3. 苯的同系物：注意苯环特有的位置（邻、间、对）

（1）$C_7H_8$ 有＿＿＿＿＿＿种。

（2）$C_8H_{10}$ 有＿＿＿＿＿＿种。

（3）$C_9H_{12}$ 有＿＿＿＿＿＿种。

（4）$C_{10}H_{14}$ ①含有 $C_6H_5$—结构有机物有＿＿＿＿＿＿种；②在苯环上有两个支链的有机物有＿＿＿＿种；③支链上一氯代物只有一种的结构为＿＿＿＿种。

### （二）位置异构

位置异构是指官能团在链的不同位置上形成的异构现象。例如，1－氯丙烷，2－氯丙烷。

常见的官能团有：卤原子、碳碳双键、碳碳三键、羟基、氨基、硝基等。分析方法：先写出碳链排列方式，再分析官能团位置。

### 1. 烯烃

（1）$C_2H_4$、$C_3H_6$ 均只有一种结构。

（2）$C_4H_8$ 有＿＿＿＿＿＿种。

（3）$C_5H_{10}$ 有＿＿＿＿＿＿种。

（4）$C_6H_{12}$ 主链碳为五个的有＿＿＿＿＿＿种结构，主链碳为四个的有＿＿＿＿＿＿种结构，一氯代物只有一种的是＿＿＿＿＿＿。

### 2. 一元饱和卤代烃（一元饱和醇、一元饱和醛、一元饱和羧酸相似）

（1）$C_3H_7Cl$ 有＿＿＿＿＿＿种结构。

（2）$C_4H_9Cl$ 有＿＿＿＿＿＿种结构。

（3）$C_4H_{10}O$ 的醇、$C_5H_{10}O$ 的醛、$C_5H_{10}O_2$ 的羧酸均有四种结构，原因是＿＿＿＿＿＿。

（4）在 $C_6H_{14}$ 可能结构中，一氯代物为三种的是＿＿＿＿＿＿。

（5）在小于二十个碳原子的烷烃中，一氯代物只有一种的是＿＿＿＿＿＿。

（6）某有机物的分子式为 $C_5H_{12}O$，在其结构中含一个—OH，两个 $CH_3$—，两个—$CH_2$—和一个 —CH— ，写出该有机物可能的结构简式＿＿＿＿＿＿＿＿＿＿＿＿＿＿＿＿＿＿。

### 3. 醚和酯（从官能团的两边考虑碳原子的分配）

（1）醚：①$C_2H_6O$、$C_3H_8O$ 均只有一种结构；②$C_4H_{10}O$ 有＿＿＿＿种；③$C_5H_{12}O$ 有＿＿＿＿种。

（2）酯：①$C_2H_4O_2$ 有＿＿＿种；②$C_3H_6O_2$ 有＿＿＿种；③$C_4H_8O_2$ 有＿＿＿种。

(3) 在 $C_5H_{10}O_2$ 可能结构中,水解产物中的醇经氧化后不能发生银镜反应的有_____种。

练习:书写满足下列条件的同分异构体的结构简式。

① 分子式为 $C_5H_{10}$ 且能使溴水褪色的同分异构体的结构简式_____。

② 分子式为 $C_5H_{12}O$ 的醇类且能氧化成醛的同分异构体的结构简式_____。

③ 写出符合 $C_5H_{10}O$ 属于醛的同分异构体的结构简式_____。

④ 写出符合 $C_5H_{10}O_2$ 属于羧酸的同分异构体的结构简式_____。

⑤ 写出符合 $C_4H_8O_2$ 属于酯的同分异构体的结构简式_____。

## (三)种类异构

如表 5-4-1 所示,官能团的类别不同引起的异构现象:

表 5-4-1

| | | 种类异构现象 | 举例书写结构简式 |
|---|---|---|---|
| (1) | | 单烯烃与_____ | |
| (2) | | 炔烃与_____ | |
| (3) | | 饱和一元醇与_____ | |
| (4) | | 芳香醇与_____ | |
| (5) | | 饱和一元醛与_____ | |
| (6) | | 饱和一元羧酸与_____ | |
| (7) | | 氨基酸与_____ | |
| (8) | | 果糖与_____,蔗糖与_____ | |

**练习:**

1. 实验室将化学式为 $C_8H_{16}O_2$ 的酯水解,得到 A 和 B 两种物质,A 氧化可转变为 B,符合上述性质的酯的结构种类有( )。

A. 2 种　　　　　B. 1 种　　　　　C. 4 种　　　　　D. 3 种

2. (2008 海南卷)分子式为 $C_4H_{10}O$ 并能与金属钠反应放出氢气的有机化合物有( )。

A. 3 种　　　　　B. 4 种　　　　　C. 5 种　　　　　D. 6 种

3. 乙酸苯甲酯对花香和果香的香韵具有提升作用,故常用于化妆品工业和食品工业。乙酸苯甲酯可以用下面的设计方案(图 5-4-1)合成。

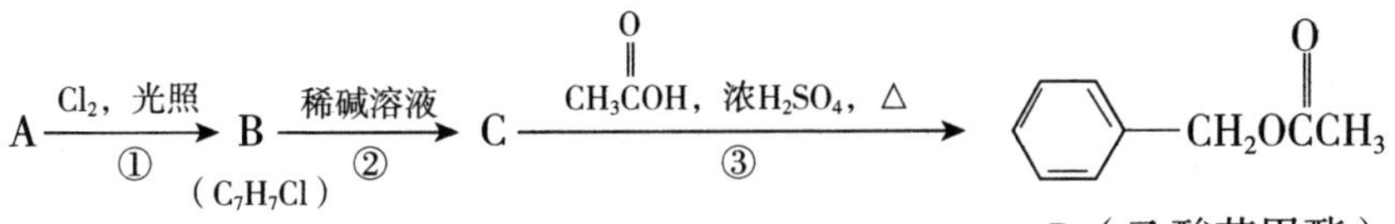

$$A \xrightarrow[①]{Cl_2,\ 光照} B \xrightarrow[②]{稀碱溶液} C \xrightarrow[③]{CH_3\overset{O}{\overset{\|}{C}}OH,\ 浓H_2SO_4,\ \triangle}$$

（图右侧结构）苯环—$CH_2O\overset{O}{\overset{\|}{C}}CH_3$

D（乙酸苯甲酯）

（$C_7H_7Cl$）

图 5－4－1

（1）写出 A 和 C 的结构简式：A _____ ，C _____ 。

（2）D 有很多同分异构体，含有酯基和一取代苯结构的同分异构体有五个，其中三个的结构简式是：

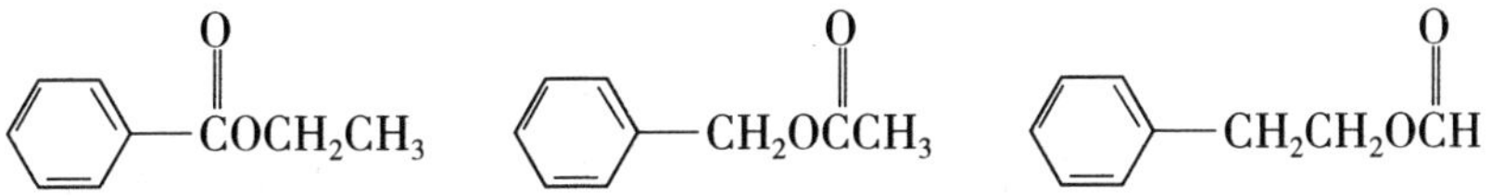

苯环—$C\overset{O}{\overset{\|}{C}}OCH_2CH_3$ 　　苯环—$CH_2O\overset{O}{\overset{\|}{C}}CH_3$ 　　苯环—$CH_2CH_2O\overset{O}{\overset{\|}{C}}H$

请写出另外两个同分异构体的结构简式：_____ 和 _____ 。

**（四）含两个（种）官能团的有机物同分异构体分析**

1. $C_4H_8Cl_2$ 的同分异构体有 _____ 种。

2. $C_4H_7Br$ 且含双键的结构有 _____ 种。

3. 分子式为 $C_5H_{12}O_2$ 且含两个羟基的有机物，若一个碳原子上不能同时连接两个羟基，则主链碳为三个有 _____ 种，主链碳为四个有 _____ 种，主链碳为五个有 _____ 种。

4. 萘的二氯代物有 _____ 种，蒽的二氯代物有 _____ 种。

5. 连苯的二氯代物有 _____ 种。

**（五）有机物结构变异的思维方法**

例 1：$C_6H_{10}$

1. 作为炔烃。

2. 作为二烯烃。

3. 作为环烯烃。

4. 含双环结构。

例 2：$C_4H_8O$

1. 作为醛。

2. 作为酮。

3. 作为烯醇。

4. 作为环醇。

5. 作为烯醚。

6. 作为环醚。

**思维训练：**

1.（2007 宁夏卷）根据下表中烃的分子式排列规律，判断空格中烃的同分异构体数目有（　　）。

| 1 | 2 | 3 | 4 | 5 | 6 | 7 | 8 |
|---|---|---|---|---|---|---|---|
| $CH_4$ | $C_2H_4$ | $C_3H_8$ | $C_4H_8$ | | $C_6H_{12}$ | $C_7H_{16}$ | $C_8H_{16}$ |

A. 3 种　　　　B. 4 种　　　　C. 5 种　　　　D. 6 种

2.（2009 宁夏卷）3 - 甲基戊烷的一氯代产物有（不考虑立体异构）（　　）。

A. 3 种　　　　B. 4 种　　　　C. 5 种　　　　D. 6 种

3.（2010 宁夏卷）分子式为 $C_3H_6Cl_2$ 的同分异构体共有（不考虑立体异构）（　　）。

A. 3 种　　　　B. 4 种　　　　C. 5 种　　　　D. 6 种

4.（2011 新课标卷）分子式为 $C_5H_{11}Cl$ 的同分异构体共有（不考虑立体异构）（　　）。

A. 6 种　　　　B. 7 种　　　　C. 8 种　　　　D. 9 种

# 第五节　有机合成与推断

## 一、官能团的引入

1. 引入—OH 的方法：卤代烃的水解、酯的水解、醛酮羰基加氢、碳碳双键加水、葡萄糖的发酵。

2. 引入—X 的方法：烷烃取代，碳碳双键三键与 HX、$X_2$ 的加成，芳香烃的取代。

3. 引入碳碳不饱和键的方法：卤代烃的消去、醇的消去。

4. 引入—COOH 的方法：醛的氧化、酯的水解。

## 二、官能团消除

1. 加成消除不饱和键。

2. 消去、氧化、酯化消除羟基。

3. 加成、氧化消去醛基。

## 三、有机推断常用方法

### （一）紧扣官能团性质

1. 能使溴水褪色的有机物通常含有"—C＝C—""—C≡C—"或"—CHO"。

2. 能使酸性高锰酸钾溶液褪色的有机物通常含有"—C＝C—"或"—C≡C—""—CHO"或为"苯的同系物"。

3. 能发生加成反应的有机物通常含有"—C＝C—""—C≡C—""—CHO"或"苯环"。

4. 能发生银镜反应或能与新制的 $Cu(OH)_2$ 悬浊液反应的有机物必含有"—CHO"。

5. 能与钠反应放出 $H_2$ 的有机物必含有"—OH""—COOH"。

6. 能与 $Na_2CO_3$ 或 $NaHCO_3$ 溶液反应放出 $CO_2$ 或使石蕊试液变红的有机物中必含有"—COOH"。

7. 能发生消去反应的有机物为醇或卤代烃。

8. 能发生水解反应的有机物为卤代烃、酯、糖或蛋白质。

9. 遇 $FeCl_3$ 溶液显紫色的有机物必含有酚羟基。

10. 能发生连续氧化的有机物是伯醇，即具有"—CH_2OH"的醇。比如有机物 A 能发生如下反应：A→B→C，则 A 应是具有"—CH_2OH"的醇，B 就是醛，C 应是酸。

### （二）注重反应条件

1. 当反应条件为 NaOH 醇溶液并加热时，必定为卤代烃的消去反应。

2. 当反应条件为 NaOH 水溶液并加热时，通常为卤代烃或酯的水解反应。

3. 当反应条件为浓 $H_2SO_4$ 并加热时，通常为醇脱水生成醚或不饱和化合物，或者是醇与酸的酯化反应。

4. 当反应条件为稀酸并加热时，通常为酯或淀粉的水解反应。

5. 当反应条件为催化剂并有氧气时，通常是醇氧化为醛或醛氧化为酸。

6. 当反应条件为催化剂存在下的加氢反应时，通常为碳碳双键、碳碳三键、苯环或醛基的加成反应。

7. 当反应条件为光照且与 $X_2$ 反应时，通常是 $X_2$ 与烷或苯环侧链烃基上的 H 原子发生的取代反应，而当反应条件为催化剂存在且与 $X_2$ 的反应时，通常为苯环上的 H 原子直接被取代。

### （三）查找反应数据

1. 根据与 $H_2$ 加成时所消耗 $H_2$ 的物质的量进行突破：1 mol—C＝C—加成时需 1 mol $H_2$，1 mol—C≡C—完全加成时需 2 mol $H_2$，1 mol—CHO 加成时需 1 mol $H_2$，而 1 mol 苯环加成时需 3 mol $H_2$。

2. 1 mol—CHO 完全反应时生成 2 mol Ag 或 1 mol $Cu_2O$。

3. 2 mol—OH 或 2 mol—COOH 与活泼金属反应放出 1 mol $H_2$。

4. 1 mol—COOH 与碳酸氢钠溶液反应放出 1 mol $CO_2$；2 mol—COOH 与碳酸钠溶液反应放出 1 mol $CO_2$。

5. 1 mol 一元醇与足量乙酸反应生成 1 mol 酯时，其相对分子质量将增加 42，1 mol 二元醇与足量乙酸反应生成酯时，其相对分子质量将增加 84。

6. 1 mol 某酯 A 发生水解反应生成 B 和乙酸时，若 A 与 B 的相对分子质量相差 42，则生成 1 mol 乙酸，若 A 与 B 的相对分子质量相差 84 时，则生成 2 mol 乙酸。

### （四）不忘物质结构

1. 具有 4 原子共线的可能含碳碳三键。

2. 具有 4 原子共面的可能含醛基。

3. 具有 6 原子共面的可能含碳碳双键。

4. 具有 12 原子共面的应含有苯环。

### （五）巧用物质通式

符合 $C_nH_{2n+2}$ 为烷烃，符合 $C_nH_{2n}$ 为烯烃，符合 $C_nH_{2n-2}$ 为炔烃，符合 $C_nH_{2n-6}$（$n \geqslant 6$）为苯或苯的同系物，符合 $C_nH_{2n+2}O$ 为醇或醚，符合 $C_nH_{2n}O$ 为醛或酮，符合 $C_nH_{2n}O_2$ 为一元饱和脂肪酸或其与一元饱和醇生成的酯。

### （六）物理性质

在通常状况下为气态的烃，其碳原子数均小于或等于 4，而烃的衍生物中只有 $CH_3Cl$、$CH_2＝CHCl$、$HCHO$ 在通常情况下是气态。

第四篇

化学基础知识、化学
反应原理

# 第六章　化学物质及其变化

## 第一节　物质的分类

### 一、简单分类法及其应用

**（一）微粒、元素、物质间的关系**

**1. 物质的组成与构成**

宏观上物质是由元素组成的，微观上物质是由分子、原子或离子构成的。

**2. 元素与物质类别的关系**

元素→组成单质：只由一种元素组成的纯净物。

元素→组成化合物：由多种元素组成的纯净物。

**3. 元素在物质中的存在形态**

（1）游离态：元素以单质形式存在的状态。

（2）化合态：元素以化合物形式存在的状态。

**4. 微粒、元素及物质间的关系图（图6－1－1）**

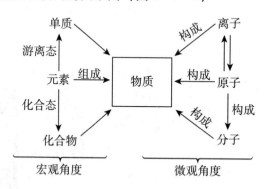

图6－1－1

**（二）物质组成与化学式**

**1. 化学式**

（1）化学式既表示一种物质，又表示一种物质的元素组成。

（2）只有纯净物才能用化学式表示其组成，且一种物质只有一个化学式。

（3）一种物质的化学式并不一定代表物质含有这种分子，如 NaOH 中只存

在 $Na^+$ 和 $OH^-$ 离子，无 $NaOH$ 分子存在；但在 $SO_3$、$CO_2$ 等物质中，确实存在这些分子。

**2. 表示微粒、元素、物质的其他几种图示（表 6 - 1 - 1）**

表 6 - 1 - 1

| 原子结构示意图 | 电子式 | 分子式 | 结构式 | 结构简式 | 最简式 |
|---|---|---|---|---|---|
| F: (+9) 2 7 | $H_2O$: H : Ö : H | $C_2H_4$ | HClO: H—O—Cl | $CH_2 = CH_2$ | 苯：CH |

**（三）同素异形体与同分异构体**

**1. 同素异形体**

（1）同种元素形成的不同单质互为同素异形体。

（2）同素异形体的形成有两种方式：①原子个数不同，如 $O_2$ 和 $O_3$；②原子排列方式不同，如金刚石和石墨。

（3）同素异形体之间的转化属于化学变化。

**2. 同分异构体**

（1）具有相同的分子式，但具有不同结构的化合物互称为同分异构体。

（2）同分异构体的最简式相同，但最简式相同的化合物不一定是同分异构体。

（3）同分异构体的相对分子质量相同，但相对分子质量相同的化合物不一定是同分异构体。

**（四）常见的混合物**

**1. 气体混合物（表 6 - 1 - 2）**

表 6 - 1 - 2

| | 空气 | 水煤气 | 爆鸣气 | 天然气 | 焦炉气 | 高炉煤气 | 石油气 | 裂解气 |
|---|---|---|---|---|---|---|---|---|
| 主要成分 | $N_2$、$O_2$ 等 | CO、$H_2$ | $H_2$、$O_2$ | $CH_4$ | $H_2$、$CH_4$ 等 | CO、$CO_2$、$N_2$ 等 | 丙烷、$H_2$ 等 | 烷烃、$H_2$ 等 |

**2. 液体混合物（表 6 - 1 - 3）**

表 6 - 1 - 3

| | 氨水 | 氯水 | 王水 | 硬水 | 软水 | 水玻璃 | 福尔马林 | 汽油 |
|---|---|---|---|---|---|---|---|---|
| 主要成分 | $NH_3$、$H_2O$ | $Cl_2$、$H_2O$ | 盐酸硝酸 | 含 $Ca^{2+}$、$Mg^{2+}$ 多 | 含 $Ca^{2+}$、$Mg^{2+}$ 少 | $Na_2SiO_3$ 溶液 | 甲醛水溶液 | $C_5 \sim C_{11}$ 的烃 |

### 3. 固体混合物（表6-1-4）

表6-1-4

|  | 碱石灰 | 漂白粉 | 玻璃 | 水泥 | 合金 | 铝热剂 |
|---|---|---|---|---|---|---|
| 主要成分 | $CaO$、$NaOH$ | $Ca(ClO)_2$、$CaCl_2$ | $Na_2O \cdot CaO \cdot 6SiO_2$ | $3CaO \cdot SiO_2$、$2CaO \cdot SiO_2$、$3CaO \cdot Al_2O_3$ | 不同金属或金属与非金属 | $Al$、金属氧化物 |

### （五）物质的分类

#### 1. 交叉分类法

按照多种标准对某一事物进行分类的方法，如图6-1-2所示。

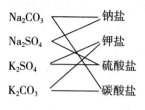

图6-1-2

#### 2. 树状分类法

按照一种标准对事物进行再分类的方法，如图6-1-3所示。

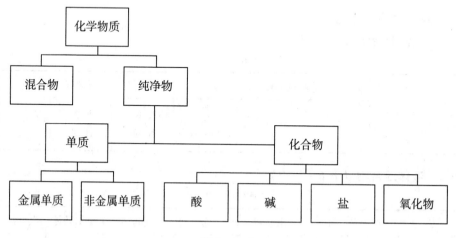

图6-1-3

## （六）物质常见的分类情况（图6-1-4）

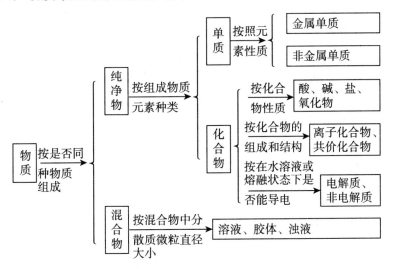

图6-1-4

## （七）熟记常见无机化合物的分类（图6-1-5）

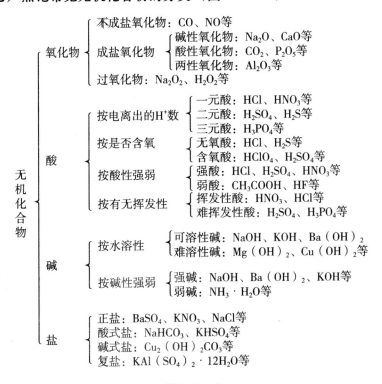

图6-1-5

## 二、分散系及其分类

### (一) 分散系

**1. 分散系**

将一种或几种物质以粒子形式分散到另一种物质里所形成的混合物，称为分散系。

**2. 分散质和分散剂**

分散系中分散成粒子的物质叫做分散质，另一种物质叫做分散剂。

**3. 分 类**

(1) 按照分散质粒子的大小，如图 6-1-6 所示。

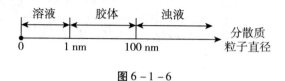

图 6-1-6

(2) 按照分散质和分散剂的状态，如图 6-1-7 所示、表 6-1-5 所示。

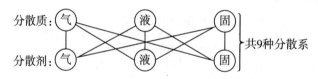

图 6-1-7

表 6-1-5

| 分散质 | 分散剂 | 实 例 |
|:---:|:---:|:---:|
| 气 | 气 | 空气 |
| 液 | 气 | 云、雾 |
| 固 | 气 | 烟、灰尘 |
| 气 | 液 | 泡沫 |
| 液 | 液 | 酒精 |
| 固 | 液 | 油漆 |
| 气 | 固 | 泡沫塑料 |
| 液 | 固 | 珍珠 |
| 固 | 固 | 有色玻璃、合金 |

## （二）三种分散系比较（表6-1-6）

表6-1-6

| 分散系 | 溶液 | 胶体 | 浊液 |
|---|---|---|---|
| 分散质微粒直径大小 | <1 nm | 1~100 nm | >100 nm |
| 分散质微粒成分 | 离子或小分子 | 大分子或分子集合体 | 大量分子集合体 |
| 外观特征 | 均匀、透明 | 均匀、透明或半透明 | 不均匀、不透明 |
| 稳定性 | 稳定，静置无沉淀 | 较稳定 | 不稳定，静置有沉淀 |
| 分散质能否透过滤纸 | 能 | 能 | 不能 |
| 分散质能否透过半透膜 | 能 | 不能 | 不能 |
| 分类 | 饱和溶液、不饱和溶液 | 固溶胶、液溶胶、气溶胶 | 悬浊液、乳浊液 |
| 实例 | 食盐水、蔗糖溶液 | Fe（OH）$_3$胶体 | 泥水 |

# 三、胶体

## （一）胶体的分类

固溶胶，如有色玻璃；气溶胶，如空气；液溶胶，如牛奶、氢氧化铁胶体。

## （二）胶体的制备

Fe（OH）$_3$胶体的制备。

### 1. 过程

将烧杯中的蒸馏水加热至沸腾，向沸水中逐滴加入1~2 mL 饱和氯化铁溶液，继续煮沸至溶液呈红褐色，停止加热，即制得 Fe（OH）$_3$胶体。

### 2. 化学方程式

$$FeCl_3 + 3H_2O \xrightarrow{\triangle} Fe（OH）_3（胶体）+ 3HCl。$$

## （三）胶体的性质

### 1. 丁达尔效应

光束通过胶体，形成光亮"通路"的现象叫丁达尔效应。

应用：鉴别溶液和胶体。

### 2. 布朗运动

胶体分散质粒子做不停的、无规则运动，这种现象叫做布朗运动。

### 3. 电泳

在外加电场作用下，胶体粒子在分散剂里向电极做定向移动的现象。如带正电荷的 Fe（OH）₃胶体粒子向阴极移动。

应用：工厂静电除尘。

**4. 胶体的聚沉**

分散质粒子相互聚集而下沉的现象，称为胶体的聚沉。

使胶体聚沉的方法有：①加入电解质；②加入与胶粒带相反电荷的胶体；③加热。

应用：三角洲的形成；明矾、铁盐溶液净水；盐卤制豆腐。

**（四）胶体的应用**

1. 工业除杂、除尘。

2. 土壤的保肥作用。

3. 明矾的净水作用。

4. 江河入海口处形成三角洲。

5. 豆腐的制作原理。

# 第二节　离子反应

## 一、酸、碱、盐在水溶液中的电离

**（一）电　离**

1. 概　念

电解质在水溶液中或熔融状态下，离解成自由移动的离子的过程。

2. 电离条件

酸的电离条件是溶于水，盐和碱的电离条件是溶于水或熔融。

**（二）化合物分类**

1. 电解质和非电解质的比较（表 6 - 2 - 1）

表 6 - 2 - 1

| | 定　义 | 相同点 | 不同点 | 实　例 |
|---|---|---|---|---|
| 电解质 | 在水溶液里或熔融状态下能够导电的化合物 | 都是化合物 | 一定条件下能够电离产生离子、能导电 | NaCl、H₂SO₄、NaOH |
| 非电解质 | 在水溶液里和熔融状态下都不导电的化合物 | | 不能电离、不能导电 | 蔗糖、酒精 |

## 2. 强电解质和弱电解质的比较（表 6 - 2 - 2）

表 6 - 2 - 2

| | 强电解质 | 弱电解质 |
|---|---|---|
| 定　义 | 在水溶液中能完全电离的电解质 | 在水溶液中只能部分电离的电解质 |
| 电离平衡 | 不存在 | 存在 |
| 溶液中存在微粒种类 | 水合离子、水分子 | 水合离子、水分子、弱电解质分子 |
| 电离过程 | 不可逆、不存在电离平衡 | 可逆、存在电离平衡 |
| 举　例 | 强酸：$H_2SO_4$、$HNO_3$、$HClO_4$ 等<br>气体：HCl、HBr、HI 等<br>强碱：KOH、NaOH、Ba(OH)$_2$、Ca(OH)$_2$ 等<br>绝大部分盐：除 Pb(CH$_3$COO)$_2$、Hg$_2$Cl$_2$ | 弱酸：$CH_3COOH$、HF、$H_2S$、$H_2CO_3$ 等<br>弱碱：$NH_3 \cdot H_2O$、Cu(OH)$_2$ 等<br>水：$H_2O$ |

## （三）电离方程式的书写

### 1. 强电解质：完全电离，用═══表示

如 $H_2SO_4$、NaOH、$(NH_4)_2SO_4$ 的电离方程式分别为 $H_2SO_4 \xrightarrow{\phantom{aa}} 2H^+ + SO_4^{2-}$、NaOH $\xrightarrow{\phantom{aa}}$ $Na^+ + OH^-$、$(NH_4)_2SO_4 \xrightarrow{\phantom{aa}} 2NH_4^+ + SO_4^{2-}$。

### 2. 弱电解质：部分电离，用⇌表示

（1）多元弱酸分步电离，且电离程度逐步减弱，以第一步电离为主。如 $H_2S$ 的电离方程式为 $H_2S \rightleftharpoons H^+ + HS^-$；$HS^- \rightleftharpoons H^+ + S^{2-}$。

（2）多元弱碱分步电离，一步写出。

如 Cu(OH)$_2 \rightleftharpoons Cu^{2+} + 2OH^-$。

（3）两性氢氧化物双向电离，如 Al(OH)$_3$ 的电离方程式：

$H^+ + AlO_2^- + H_2O \rightleftharpoons Al(OH)_3 \rightleftharpoons Al^{3+} + 3OH^-$。

### 3. 酸式盐

（1）强酸酸式盐完全电离，一步写出，如 $NaHSO_4$ 在水溶液中的电离方程式为：$NaHSO_4 \xrightarrow{\phantom{aa}} Na^+ + H^+ + SO_4^{2-}$，在熔融状态下的电离方程式为：$NaHSO_4 \xrightarrow{\phantom{aa}} Na^+ + HSO_4^-$。

（2）多元弱酸酸式盐，第一步完全电离，其余部分电离。

如 $NaHCO_3 \xrightarrow{\phantom{aa}} Na^+ + HCO_3^-$，$HCO_3^- \rightleftharpoons H^+ + CO_3^{2-}$。

### （四）影响电解质溶液导电的因素

电解质溶液之所以导电，是由于溶液中有自由移动的离子存在。电解质溶液导电能力的大小，取决于溶液中自由移动离子的浓度和离子所带电荷数，和电解质的强弱没有必然联系。但温度升高时，弱电解质电离程度增大、离子浓度增大，导电性会增强。

## 二、离子反应及其发生条件

### （一）离子反应

#### 1. 概 念

有离子参加或离子生成的反应统称为离子反应。

#### 2. 离子反应发生的条件

（1）发生复分解反应：

生成难溶性的物质，如 $Al(OH)_3$、$BaSO_4$ 等。

生成难电离的物质，如弱酸、弱碱、水等。

生成易挥发性的物质，如 $CO_2$、$SO_2$、$NH_3$ 等。

（2）发生氧化还原反应：强氧化性物质 + 强还原性物质——→弱氧化性物质 + 弱还原性物质。如 $Fe^{3+}$ 和 $I^-$、$S^{2-}$ 等发生氧化还原反应。

（3）发生络合反应：生成稳定的络合物或络合离子，如 $Fe^{3+}$ 与 $SCN^-$。

（4）发生双水解反应：如 $Al^{3+}$ 与 $CO_3^{2-}$、$HCO_3^-$、$S^{2-}$、$HS^-$、$AlO_2^-$；$Fe^{3+}$ 与 $CO_3^{2-}$、$HCO_3^-$、$AlO_2^-$ 等。

### （二）离子方程式

用实际参与反应的离子符号来表示离子间反应的方程式。

### （三）离子方程式的书写："写、拆、删、查"四个步骤

书写步骤：以 $BaCl_2$ 溶液与 $CuSO_4$ 溶液为例。

1. 写——根据客观事实，正确书写化学方程式，如 $BaCl_2 + CuSO_4 == BaSO_4\downarrow + CuCl_2$。

2. 拆——将易溶于水且易电离的物质（强电解质）拆成离子形式，把难溶于水的物质或难电离的物质以及气体、单质、氧化物仍用化学式表示，如 $Ba^{2+} + 2Cl^- + Cu^{2+} + SO_4^{2-} == BaSO_4\downarrow + Cu^{2+} + 2Cl^-$。

3. 删——对方程式两边都有的相同离子，把其中不参加反应的离子，应按数消掉，如 $Ba^{2+} + SO_4^{2-} == BaSO_4\downarrow$。

4. 查——检查方程式两边各元素、原子个数和电荷数是否守恒，离子方程式两边的系数是否为最简比。

**（四）离子方程式的意义**

1. 揭示反应的实质。

2. 不仅表示一定物质间的某一个反应，而且表示所有同一类型的反应。

**（五）书写离子方程式应注意的问题**

1. 离子方程式书写时，非水溶液条件下不写离子方程式。特殊情况，浓硫酸和固体反应也不写离子方程式。

2. 易溶、易电离的强电解质（可溶性强电解质，包括强酸、强碱、可溶性盐）以实际参加反应的离子符号表示；非电解质、弱电解质、难溶物、气体、单质、氧化物均用化学式表示。

3. 微溶性强电解质，量多写分子形式，量少写离子形式。

4. 多元弱酸的酸式酸根不能拆写成离子形式，如 $NaHCO_3$ 不能拆写成 "$Na^+ + H^+ + CO_3^{2-}$"。

5. 氨水作为反应物写为 $NH_3 \cdot H_2O$；作为生成物，若有加热条件或浓度很大时，写为 "$NH_3 \uparrow + H_2O$"。

**（六）与量有关的离子方程式的正确书写，一定要注意反应的先后顺序**

1. 二元或多元弱酸盐与强酸反应时，应注意反应物的用量。

如在 $Na_2CO_3$ 溶液中滴加少量盐酸，离子方程式为 $CO_3^{2-} + H^+ \Longrightarrow HCO_3^-$；若盐酸过量，离子方程式为 $CO_3^{2-} + 2H^+ \Longrightarrow CO_2 \uparrow + H_2O$。

2. 二元或二元以上弱酸或它们的酸酐 $CO_2$（或 $SO_2$）与强碱溶液反应时，应注意弱酸或 $CO_2$（或 $SO_2$）是否过量。

若 $CO_2$（或 $SO_2$）少量，产物为碳酸盐（或亚硫酸盐）；若 $CO_2$（或 $SO_2$）过量，产物为碳酸氢盐（或亚硫酸氢盐）。

如将少量 $CO_2$ 气体通入澄清石灰水中，离子方程式为 $CO_2 + Ca^{2+} + 2OH^- \Longrightarrow CaCO_3 \downarrow + H_2O$；若通入过量的 $CO_2$，离子方程式为 $CO_2 + OH^- \Longrightarrow HCO_3^-$。

3. 酸式盐与碱反应时，应注意物质之间"量"的关系。

一般先假定少量物质的化学计量数为 1，根据少量物质的化学式，写出参加反应的离子数目，然后根据少量物质的离子数目来确定过量物质的离子数目。

如少量的 $NaHCO_3$ 溶液与 $Ba(OH)_2$ 溶液反应，把 $HCO_3^-$ 的量定为 "1"，离子方程式为：$HCO_3^- + OH^- + Ba^{2+} \Longrightarrow BaCO_3 \downarrow + H_2O$；若 $NaHCO_3$ 溶液过量，把 $Ba(OH)_2$ 的量定为 "1"，那就是 "$Ba^{2+} + 2OH^-$"，离子方程式为 $Ba^{2+} + 2OH^- + 2HCO_3^- \Longrightarrow BaCO_3 \downarrow + 2H_2O + CO_3^{2-}$。

再如 $NaHSO_4$ 溶液与 $Ba(OH)_2$ 溶液的反应，$NaHCO_3$ 溶液与 $Ca(OH)_2$ 溶液的反应，$Ca(HCO_3)_2$ 溶液与 $NaOH$ 溶液的反应等，均可采用该方法。

4. 强氧化剂遇到两种还原性离子时，应注意氧化剂是否过量。

如将少量的 $Cl_2$ 通入 $FeBr_2$ 溶液中，$Cl_2$ 先氧化还原性更强的 $Fe^{2+}$，离子方程式为：$2Fe^{2+} + Cl_2 =\!=\!= 2Fe^{3+} + 2Cl^-$；若 $Cl_2$ 过量，则离子方程式为 $2Fe^{2+} + 4Br^- + 3Cl_2 =\!=\!= 2Fe^{3+} + 2Br_2 + 6Cl^-$。

5. 对于定量反应，要注意产物是否与反应物的量有关。

比如 $CO_2$ 气体与 $NaOH$ 溶液的反应，当 $n(CO_2):n(NaOH)=\dfrac{1}{2}$ 时，离子方程式为 $CO_2 + 2OH^- =\!=\!= CO_3^{2-} + H_2O$；当 $n(CO_2):n(NaOH)=1$ 时，离子方程式为 $CO_2 + OH^- =\!=\!= HCO_3^-$；当 $\dfrac{1}{2} < n(CO_2):n(NaOH) < 1$ 时，则产物中既有 $Na_2CO_3$ 又有 $NaHCO_3$。

## 三、离子共存问题

### （一）以下条件离子不能共存

**1. 离子间发生复分解反应**

（1）离子间相互结合生成难溶物或微溶物，如 $Ba^{2+}$（或 $Ca^{2+}$）与 $SO_4^{2-}$、$SO_3^{2-}$、$CO_3^{2-}$ 等。

（2）离子间相互结合生成气态物质，如 $H^+$ 与 $CO_3^{2-}$、$HCO_3^-$、$S^{2-}$、$HS^-$、$SO_3^{2-}$、$HSO_3^-$ 等。

（3）离子间相互作用生成弱电解质，如 $H^+$ 与 $OH^-$、$CH_3COO^-$、$F^-$；$OH^-$ 与 $NH_4^+$ 等。

**2. 离子间发生氧化还原反应**

如 $I^-$（或 $Fe^{2+}$、$SO_3^{2-}$）与 $MnO_4^-$、$NO_3^-$（$H^+$）等氧化性离子不共存。

**3. 离子间发生双水解相互促进的反应**

如 $Al^{3+}$ 与 $CO_3^{2-}$、$HCO_3^-$、$S^{2-}$、$HS^-$、$AlO_2^-$；$Fe^{3+}$ 与 $CO_3^{2-}$、$HCO_3^-$、$AlO_2^-$ 等。

**4. 离子间形成配合物**

如 $Fe^{3+}$ 与 $SCN^-$，$Ag^+$ 与 $NH_3 \cdot H_2O$ 等。

### （二）有附加条件的离子共存

**1. 把溶液有无颜色作为附加条件**

常见有颜色的离子：$MnO_4^-$（紫色）、$Cu^{2+}$（蓝色）、$Fe^{2+}$（浅绿色）、$Fe^{3+}$（棕黄色）、$Cr_2O_7^{2-}$（橙红色）、$CrO_4^{2-}$（黄色）。

**2. 把溶液酸、碱性作为附加条件**

（1）酸性溶液：pH < 7（常温）；能使 pH 试纸呈红色的溶液；能使甲基橙

呈红色或橙色的溶液；能使石蕊试液呈红色的溶液。

（2）碱性溶液：pH＞7（常温）；能使 pH 试纸呈蓝色的溶液；能使石蕊试液呈蓝色的溶液；能使酚酞试液呈红色的溶液。

（3）呈酸性或碱性的溶液：和 Al 反应放出 $H_2$ 的溶液（$HNO_3$ 除外）；能使甲基橙呈黄色的溶液；$c_水（H^+）$ 或 $c_水（OH^-）$ 等于 $10^{-a}mol \cdot L^{-1}$（$a＞7$）的溶液。

**3. 其他单个或多个条件附加**

例如：无色溶液因为发生氧化还原反应而不能共存。

# 第三节　氧化还原反应

## 一、氧化还原反应

1. 氧化反应：元素化合价升高的反应。

还原反应：元素化合价降低的反应。

氧化还原反应：凡有元素化合价升降的化学反应。

2. 氧化还原反应的判断依据——有元素化合价变化。

失电子总数 = 化合价升高总数 = 得电子总数 = 化合价降低总数。

3. 氧化还原反应的实质——电子的转移（电子的得失或共用电子对的偏移）。

口诀：化合价升高，失电子，被氧化；化合价降低，得电子，被还原。

## 二、氧化剂和还原剂

### （一）氧化剂和还原剂（反应物）

氧化剂：得电子（或电子对偏向）的物质——氧化性。

还原剂：失电子（或电子对偏离）的物质——还原性。

氧化产物：氧化后的生成物。

还原产物：还原后的生成物。

化合价降低，得电子，被还原

氧化剂 + 还原剂＝＝＝还原产物 + 氧化产物

化合价升高，失电子，被氧化

## （二）氧化还原反应中电子转移的表示方法

### 1. 双线桥法——表示电子得失结果

$$失\ e^-\ \times 2$$

例：$\overset{+4}{Mn}O_2 + 4H\overset{-1}{Cl}$ （浓）$\xrightarrow{\triangle} \overset{+2}{Mn}Cl_2 + \overset{0}{Cl_2}\uparrow + 2H_2O$

$$得\ 2e^-$$

### 2. 单线桥法——表示电子转移情况

$$e^-\ \times 2\ （或\ 2e^-）$$

例：$\overset{+4}{Mn}O_2 + 4H\overset{-1}{Cl}$ （浓）$\xrightarrow{\triangle} \overset{+2}{Mn}Cl_2 + \overset{0}{Cl_2}\uparrow + 2H_2O$

## （三）氧化还原反应与四种基本类型反应间的关系（图6-3-1）

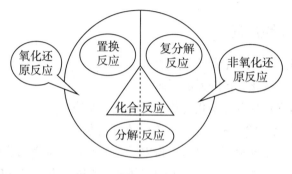

图6-3-1

## （四）常见的氧化剂和还原剂

### 1. 常见的氧化剂（表6-3-1）

表6-3-1

| 物质类型 | | 举 例 | 对应还原产物 |
|---|---|---|---|
| 活泼的非金属单质 | | $X_2$（卤素） | $X^-$ |
| | | $O_2$、$O_3$ | $H_2O$ 或 $OH^-$ 或 $O^{2-}$ 或 $O_2^{2-}$ |
| 元素处于高化合价时的化合物或离子 | 氧化物 | $MnO_2$ | $Mn^{2+}$ |
| | 含氧酸 | $H_2SO_4$ | $SO_2$ |
| | | $HNO_3$ | $NO$ 或 $NO_2$ |
| | | $HClO$ | $Cl^-$ |

续 表

| 物质类型 | | 举　例 | 对应还原产物 |
|---|---|---|---|
| 元素处于高化合价时的化合物或离子 | 盐 | $KMnO_4$（$H^+$） | $Mn^{2+}$ |
| | | $Fe^{3+}$ | $Fe^{2+}$、Fe |
| | | NaClO | $Cl^-$ |
| 过氧化物 | | $Na_2O_2$、$H_2O_2$ | $H_2O$ 或 $OH^-$ |

## 2. 常见的还原剂（表 6-3-2）

表 6-3-2

| 物质类型 | | 举　例 | 对应氧化产物 |
|---|---|---|---|
| 活泼的金属单质 | | Na、Fe、Al | $Na^+$、$Fe^{2+}$ 或 $Fe^{3+}$、$Al^{3+}$ |
| 某些非金属单质 | | $H_2$、C、S | $H^+$、CO 或 $CO_2$、$SO_2$ |
| 变价元素中低价态化合物或离子 | 氧化物 | CO | $CO_2$ |
| | | $SO_2$ | $SO_3$ 或 $SO_4^{2-}$ |
| | 氢化物 | $NH_3$ | $N_2$ 或 NO |
| | | $H_2S$ | S 或 $SO_2$ |
| | 离　子 | $SO_3^{2-}$ | $SO_4^{2-}$ |
| | | $Fe^{2+}$ | $Fe^{3+}$ |
| | | $I^-$ | $I_2$、$IO_3^-$ |

## （五）氧化性、还原性强弱的判断

### 1. 根据氧化还原反应规律判断

氧化性强弱比较：氧化剂 > 氧化产物 > 还原产物 > 还原剂。

还原性强弱比较：还原剂 > 还原产物 > 氧化产物 > 氧化剂。

### 2. 根据氧化还原反应规律得出的具体表现判断

（1）根据金属活动性顺序表判断：

K Ca Na Mg Al Zn Fe Sn Pb （H） Cu Hg Ag

──────────────────────────────────→

失电子能力逐渐减弱，还原性逐渐减弱

$K^+$ $Ca^{2+}$ $Na^+$ $Mg^{2+}$ $Al^{3+}$ $Zn^{2+}$ $Fe^{2+}$ $Sn^{2+}$ $Pb^{2+}$ （$H^+$） $Cu^{2+}$ $Hg^{2+}$ $Ag^+$

──────────────────────────────────→

得电子能力逐渐增强，氧化性逐渐增强

（2）根据非金属活动性顺序表判断：

$$F_2\ O_2\ Cl_2\ Br_2\ I_2\ S$$

得电子能力逐渐减弱，氧化性逐渐减弱

$$F^-\ Cl^-\ Br^-\ I^-\ S^{2-}$$

失电子能力逐渐增强，还原性逐渐增强

（3）根据元素周期表判断：

金属单质的还原性增强　　非金属单质的氧化性增强

对应阳离子的氧化性减弱　　对应阴离子的还原性减弱

**3. 根据反应条件和反应剧烈程度来判断**

（1）不同的氧化剂＋同一还原剂反应时，若氧化产物价态相同，可依据反应条件的难易程度来判断氧化剂氧化性的相对强弱，一般来说反应条件越苛刻，说明反应越难发生（即氧化剂得电子越困难），则对应氧化剂的氧化性越弱，如 $Cu + 4HNO_3$（浓）$=\!=\!=Cu(NO_3)_2 + 2NO_2\uparrow + 2H_2O$

$Cu + 2H_2SO_4$（浓）$\overset{\triangle}{=\!=\!=}CuSO_4 + SO_2\uparrow + 2H_2O$

氧化性：浓硝酸＞浓硫酸。

（2）不同的还原剂＋同一氧化剂反应时，若还原产物价态相同，可依据反应条件的难易程度来判断还原剂还原性的相对强弱，一般来说反应条件越苛刻，说明反应越难发生（即还原剂失电子越困难），则对应还原剂的还原性越弱。如，表面积几乎相同的 $Mg$、$Al$ 分别和同浓度同体积的盐酸反应：

$Mg + 2H^+ =\!=\!= Mg^{2+} + H_2\uparrow$；$2Al + 6H^+ =\!=\!= 2Al^{3+} + 3H_2\uparrow$。

**4. 依据反应的能量变化判断**

（1）当 $H_2 + X_2 =\!=\!= 2HX$　$\Delta H_1 = -Q_1$，$H_2 + Y_2 =\!=\!= 2HY$　$\Delta H_2 = -Q_2$，$Q_1 > Q_2$，$X_2$ 氧化性更强。

（2）当原子得电子（相同数目）形成稳定结构的阴离子时，放出的能量越多，生成的离子越稳定，其原子氧化性越强。

（3）当元素原子失去相同数目电子形成阳离子时，吸收的能量越少，越易失电子，其还原性越强。

**5. 同一元素处于不同价态时的判断**

当元素处于最高价态时只具有氧化性，如 $KMnO_4$ 中的 $Mn$。当元素处于中间价态时既有氧化性又有还原性，如 $MnO_2$ 中的 Mn。当元素处于最低价态时只具有还原性，如 Mn。

### （六）影响氧化性、还原性强弱的因素

#### 1. 浓度（$c$）

一般情况下，浓度越大，氧化剂的氧化性（或还原剂的还原性）越强，如 $HNO_3$（浓）的氧化性强于 $HNO_3$（稀）的氧化性。

#### 2. 温度（$T$）

一般情况下，温度越高，氧化剂的氧化性（或还原剂的还原性）越强，如 $HNO_3$（热）的氧化性强于 $HNO_3$（冷）的氧化性。

#### 3. 酸碱度

酸碱度是影响氧化性强弱的重要因素。例如，$KMnO_4$ 在酸性条件下具有较强的氧化性，常温下即可和浓盐酸反应制取氯气。

### （七）氧化还原反应方程式的配平

#### 1. 配平原则

电子守恒：氧化剂得电子总数和还原剂失电子总数相等。

质量守恒：反应前后原子的种类和个数不变。

电荷守恒：离子反应前后，阴、阳离子所带电荷总数相等。

#### 2. 配平方法

比如配平以下化学方程式：

Ⅰ. $CO + Fe_3O_4 \rightarrow Fe + CO_2$；

Ⅱ. $Al + Fe_3O_4 \rightarrow Fe + Al_2O_3$；

Ⅲ. $O_2 + FeS_2 \rightarrow Fe_2O_3 + SO_2$

（1）观察法。

观察 Ⅰ：$CO \rightarrow CO_2$ 每个分子增加一个 O 原子；O 原子是由 $Fe_3O_4$ 提供的，且总共能提供 4 个，所以 CO 前配 4，得答案 $4CO + Fe_3O_4 \xmapsto{\text{高温}} 3Fe + 4CO_2$。

观察 Ⅱ：只有 $Fe_3O_4$ 和 $Al_2O_3$ 化学式中有 O 原子；反应前后 O 原子要守恒，左右两边 O 原子最小公倍数是 12，所以 $Fe_3O_4$ 前配 3，$Al_2O_3$ 前配 4，得答案 $8Al + 3Fe_3O_4 \xmapsto{\text{高温}} 9Fe + 4Al_2O_3$。

观察 Ⅲ：化学方程式左边 O 原子个数为偶数，右边 $Fe_2O_3$ 中 O 原子个数为奇数；反应前后 O 原子要守恒，左右两边 O 原子数必须是偶数，所以先将 $Fe_2O_3$ 前配 2，再补平其他系数，得答案 $11O_2 + 4FeS_2 \xmapsto{\text{高温}} 2Fe_2O_3 + 8SO_2$。

（2）电子得失法。

Ⅰ. $CO + Fe_3O_4 \rightarrow Fe + CO_2$：化合价只有 C 和 Fe 发生改变。

$$\left.\begin{array}{l} \left.\text{CO：C：}+2\rightarrow+4\ \text{失}1\times2e^- \right\}\times4 \\ \left.\boxed{\text{Fe}_3\text{O}_4\ (\text{FeO}\cdot\text{Fe}_2\text{O}_3)}\right\{\begin{array}{l}\text{FeO：Fe }+2\rightarrow0\ \text{得}1\times2e^- \\ \text{Fe}_2\text{O}_3\text{：Fe }+3\rightarrow0\ \text{得}2\times3e^-\end{array}\right\} \boxed{\text{共得}8e^-} \right\}\times1 \end{array}\right.$$

得失最小公倍数为 8，所以在 CO 前配 4，$Fe_3O_4$ 前配 1。

Ⅱ. $Al + Fe_3O_4 \rightarrow Fe + Al_2O_3$。（同上）

Ⅲ. $O_2 + FeS_2 \rightarrow Fe_2O_3 + SO_2$：O、Fe、S 化合价均发生改变。

$$\left.\begin{array}{l} \left.\text{O}_2\text{：}2\text{个 O：}0\rightarrow-2\ \text{每个 O 得}2e^-\text{，共得}2\times2e^-。\right\}\times11 \\ \left.\boxed{\text{FeS}_2}\right\{\begin{array}{l}\text{Fe：}+2\rightarrow+3\ \text{失}1e^- \\ 2\text{S：}-1\rightarrow+4\ \text{每个失}5e^-\end{array}\right\} \boxed{\text{共失}1\times1e^-+2\times5e^-=11e^-} \right\}\times4 \end{array}\right.$$

得失最小公倍数为 44，所以在 $O_2$ 前配 11，$FeS_2$ 前配 4。

（3）氧化数法：适用于物质元素化合价看起来不成整数的氧化还原反应。

比如配平Ⅰ. $CO + Fe_3O_4 \rightarrow Fe + CO_2$。

$$\left.\begin{array}{l} \text{CO：C：}+2\rightarrow+4\ \text{失}1\times2e^- \\ \text{Fe}_3\text{O}_4\text{：}3\text{Fe（氧化数）：}+8/3\rightarrow0\ \text{变化}8/3\times3e^-=8e^- \end{array}\right\}\begin{array}{l}\times4\\\times1\end{array}$$

得失最小公倍数为 8，所以在 CO 前配 4，$Fe_3O_4$ 前配 1。

（4）零价法：适用于物质元素化合价难以判断的氧化还原反应。

比如，$Fe_3C + HNO_3$（浓）$\rightarrow Fe(NO_3)_3 + CO_2\uparrow + NO_2\uparrow + H_2O$。Fe 和 C 的化合价难以确认；把 $Fe_3C$ 中 Fe 和 C 的化合价均当 0 价处理。

$$\left.\begin{array}{l} \text{HNO}_3\text{：N：}+5\rightarrow+4\ \text{得}1\times e^-\ (\text{HNO}_3\text{中 N 化合价部分发生改变}) \\ \left.\text{Fe}_3\text{C}\right\{\begin{array}{l}3\text{Fe：}0\rightarrow+3\ \text{失}3\times3e^- \\ \text{C：}0\rightarrow+4\ \text{失}1\times4e^-\end{array}\ \text{共失 }13\ e^- \end{array}\right\}\begin{array}{l}\times13\\\times1\end{array}$$

得失最小公倍数为 13，所以在 $NO_2$（$NO_2$ 中 N 化合价均发生改变）前配 13，$Fe_3C$ 前配 1。得 $Fe_3C + 22HNO_3$（浓）$=\!=\!=3Fe(NO_3)_3 + CO_2\uparrow + 13NO_2\uparrow + 11H_2O$

（5）待定系数法。

比如，$Fe(NO_3)_2 \rightarrow Fe_2O_3 + NO_2\uparrow + O_2\uparrow$。

令 $Fe(NO_3)_2$ 系数为 1；设 $Fe_2O_3$ 和 $NO_2$、$O_2$ 系数分别为 $x$、$y$、$z$。

求得：$x=1/2$、$y=2$、$z=1/4$；取系数 1、1/2、2、1/4 最小公倍数得 $4Fe(NO_3)_2 \xrightarrow{\triangle} 2Fe_2O_3 + 8NO_2\uparrow + O_2\uparrow$。

## 第七章

**物质结构 元素周期律**

# 第一节 原子结构

## 一、原子结构

### （一）原子构成

**1. 构成原子的微粒及作用**

（1）构成原子的微粒——电子、质子和中子的基本数据，如表 7-1-1 所示。

表 7-1-1

| 微 粒 | 电 子 | 质 子 | 中 子 |
|---|---|---|---|
| 质量（kg） | $9.109 \times 10^{-31}$ | $1.673 \times 10^{-27}$ | $1.675 \times 10^{-27}$ |
| 相对质量 | 质子质量的 1/1836 | 1.007 | 1.008 |
| 电量（C） | $1.602 \times 10^{-19}$ | $1.602 \times 10^{-19}$ | 0 |
| 电荷 | -1 | +1 | 0 |

（2）构成原子的微粒的作用。

$$
\text{原子}\ (^{A}_{Z}X)\ \begin{cases} \text{原子核}\begin{cases} \text{质子}\ (Z)\text{——决定元素的种类} \\ \text{中子}\ (A-Z)\ \dfrac{\text{在质子数确定}}{\text{后决定原子种类}}\text{同位素} \end{cases} \\ \text{核外电子}\ (Z)\text{——最外层电子数决定元素的化学性质} \end{cases}
$$

**2. 原子内的等量关系**

（1）质量数（$A$）＝质子数（$Z$）＋中子数（$N$）。

（2）质子数（$Z$）＝原子序数＝核电荷数＝核外电子数。

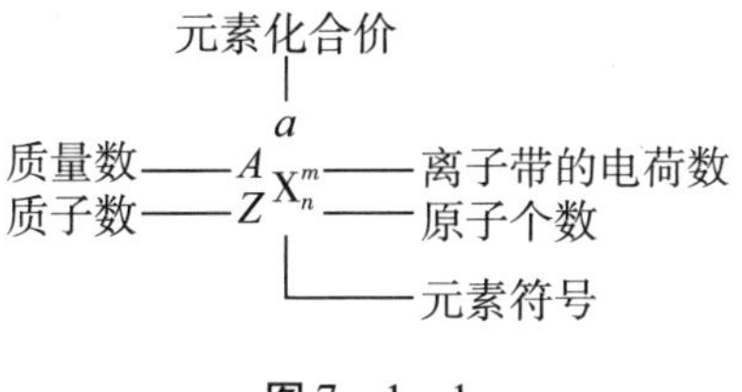

$$
\begin{array}{c}
\text{元素化合价} \\
\big\downarrow a \\
\text{质量数}\!-\!\!-\!\!A \\
\text{质子数}\!-\!\!-\!\!Z
\end{array}\ X^{m}_{n}
\begin{array}{l}
\!\!-\!\!-\!\!\text{离子带的电荷数} \\
\!\!-\!\!-\!\!\text{原子个数} \\
\!\!-\!\!-\!\!\text{元素符号}
\end{array}
$$

图 7-1-1

## （二）元素、核素、同位素（图 7 - 1 - 2）

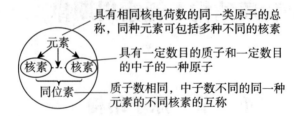

**图 7 - 1 - 2**

### 1. 元素、核素、同位素的概念及相互关系

### 2. 同位素的特征

（1）相同存在形态的同位素，化学性质几乎完全相同，物理性质存在不同。

（2）天然存在的同一元素各核素所占的原子百分数一般不变。

### 3. 几种常见的重要核素及其应用（表 7 - 1 - 2）

表 7 - 1 - 2

| 核　素 | $^{235}_{92}U$ | $^{14}_{6}C$ | $^{2}_{1}H$ | $^{3}_{1}H$ | $^{18}_{8}O$ |
|---|---|---|---|---|---|
| 用　途 | 核燃料 | 用于考古断代 | 制氢弹 | | 示踪原子 |

## （三）总　结

### 1. 理解元素、同位素、核素概念时的 4 个易错点

（1）一种元素可以有多种核素，也可能只有一种核素。

（2）有多少种核素就有多少种原子。

（3）不同的核素可能具有相同的质子数，如 $^{1}_{1}H$ 与 $^{3}_{1}H$；也可能具有相同的中子数，如 $^{14}_{6}C$ 与 $^{16}_{8}O$；也可能具有相同的质量数，如 $^{14}_{6}C$ 与 $^{14}_{7}N$；也可能质子数、中子数、质量数均不相同，如 $^{1}_{1}H$ 与 $^{12}_{6}C$。

（4）同位素："位"即核素的位置相同，在元素周期表中占同一个位置。

### 2. 同位素、同素异形体、同分异构体、同系物（表 7 - 1 - 3）

表 7 - 1 - 3

| | 同位素 | 同素异形体 | 同分异构体 | 同系物 |
|---|---|---|---|---|
| 概念 | 质子数相同，中子数不同的同一种元素的不同原子之间互为同位素 | 同种元素组成的结构不同的单质之间互为同素异形体 | 分子式相同，结构不同的化合物互为同分异构体 | 结构相似，在分子组成上相差一个或若干个 $CH_2$ 原子团的物质互称同系物 |

续 表

| | 同位素 | 同素异形体 | 同分异构体 | 同系物 |
|---|---|---|---|---|
| 对象 | 原子之间 | 单质之间 | 一般为有机化合物之间 | 有机化合物之间 |
| 化学性质 | 几乎完全相同 | 相似，一定条件下可以相互转变 | 可能相似也可能不同 | 相似 |
| 实例 | $^1_1H$、$^2_1H$、$^3_1H$ | 金刚石与石墨、$C_{60}$；红磷与白磷 | $CH_3COOH$ 与 $HCOOCH_3$ | 甲烷、乙烷；乙烯、丙烯；甲酸、乙酸 |

### （四）相对原子质量和元素的相对原子质量

#### 1. 相对原子质量

以 $^{12}C$ 原子质量的 $\frac{1}{12}$ 作为标准，其他原子的质量跟它比较所得的值。

#### 2. 原子质量

指原子的真实质量，也称绝对质量，是通过精密的实验测得的。如一个氧原子的质量 $m$（O）$= 2.657 \times 10^{-26}$ kg。

#### 3. 核素的相对原子质量

各核素的质量与 $^{12}C$ 质量的 $\frac{1}{12}$ 的比值。一种元素有几种同位素，就应有几种不同核素的相对原子质量，如 $^{35}Cl$ 为 34.969，$^{37}Cl$ 为 36.966。

#### 4. 元素的相对原子质量

按该元素各种天然同位素原子所占的原子百分比算出的平均值。例如，$A_r$（Cl）$= A_r$（$^{35}Cl$）$\times a\% + A_r$（$^{37}Cl$）$\times b\%$。

## 二、核外电子排布

电子的运动具有区别于宏观物体的几大特征：

1. 质量很小（$9.109 \times 10^{-31}$ kg）。

2. 带负电荷。

3. 运动空间范围小（直径约 $10^{-10}$ m）。

4. 运动速度快（接近光速）。

因此，电子的运动特征就与宏观物体的运动有着极大的不同——它没有确定的轨道。

### （一）核外电子排布规律

**1. 电子与原子核距离远近、能量高低之间的关系**

| 电子层 | 1 | 2 | 3 | 4 | $n$ |
|---|---|---|---|---|---|
| 电子层符号 | K | L | M | N | …… |
| 离核距离 | 近 ——————————→ 远 | | | | |
| 电子的能量 | 低 ——————————→ 高 | | | | |
| 最多能容纳的电子数 | 2 | 8 | 18 | 32 | $2n^2$ |

**2. 核外电子排布的规律**

（1）电子是在原子核外距核由近及远、能量由低至高的不同电子层上分层排布。

（2）每层最多容纳的电子数为 $2n^2$（$n$ 代表电子层数）。

（3）电子一般总是尽先排在能量最低的电子层里，即最先排第一层，当第一层排满后，再排第二层，等等。

（4）最外层电子数则不超过 8 个（第一层为最外层时，电子数不超过 2 个）。

### （二）排出钠原子核外的电子，并用原子结构示意图加以表示（图 7 – 1 – 3）

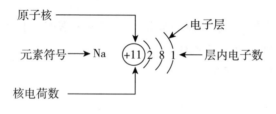

图 7 – 1 – 3

### （三）1 ~ 18 号元素原子结构的特点归纳

1. 原子核中无中子的原子：H。

2. 最外层有 1 个电子的元素：H、Li、Na。

3. 最外层有 2 个电子的元素：Be、Mg、He。

4. 最外层电子数等于次外层电子数的元素：Be、Ar。

5. 最外层电子数是次外层电子数 2 倍的元素：C；最外层电子数是次外层电子数 3 倍的元素：O；最外层电子数是次外层电子数 4 倍的元素：Ne。

6. 电子层数与最外层电子数相等的元素：H、Be、Al。

7. 电子总数为最外层电子数 2 倍的元素：Be。

8. 次外层电子数是最外层电子数 2 倍的元素：Li、Si。

9. 内层电子总数是最外层电子数 2 倍的元素：Li、P。

10. 电子层数是最外层电子数 2 倍的元素：Li。

11. 最外层电子数是电子层数 2 倍的元素：He、C、S。

12. 最外层电子数是电子层数 3 倍的元素：O。

**（四）寻找 10 电子微粒和 18 电子微粒的思维方法**

（1）10 电子微粒

（2）18 电子微粒

# 第二节　元素周期表和元素周期律

## 一、元素周期表

### （一）原子序数

按照元素在周期表中的顺序给元素所编的序号。

原子序数 ＝ 核电荷数 ＝ 质子数 ＝ 核外电子数。

### （二）编排原则

**1. 周　期**

把电子层数相同的元素按原子序数递增顺序从左到右排列成一横行。

**2. 族**

把不同横行中最外层电子数相同的元素，按电子层数递增的顺序从上到下排成一纵行。

### （三）元素周期表的结构

**1. 周期（7个横行，7个周期）**

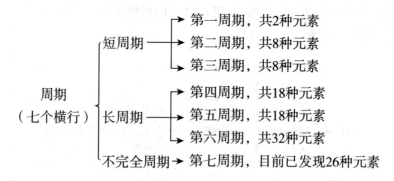

$$
\text{周期} \left(\text{七个横行}\right)
\begin{cases}
\text{短周期} \longrightarrow
\begin{cases}
\text{第一周期，共2种元素} \\
\text{第二周期，共8种元素} \\
\text{第三周期，共8种元素}
\end{cases} \\
\text{长周期} \longrightarrow
\begin{cases}
\text{第四周期，共18种元素} \\
\text{第五周期，共18种元素} \\
\text{第六周期，共32种元素}
\end{cases} \\
\text{不完全周期} \longrightarrow \text{第七周期，目前已发现26种元素}
\end{cases}
$$

**2. 族（18个纵行，16个族）（表7-2-1）**

$$
\text{族} \left(\text{18个纵行}\right)
\begin{cases}
\text{主族（A）：共7个主族，包括长周期和短周期元素} \\
\text{副族（B）：共7个副族，只包括长周期元素} \\
\text{第Ⅷ族：包括8、9、10三个纵行的元素} \\
\text{0族：稀有气体元素}
\end{cases}
$$

表7-2-1

| 主 族 | 列 | 1 | 2 | 13 | 14 | 15 | 16 | 17 |
|---|---|---|---|---|---|---|---|---|
| | 族 | ⅠA | ⅡA | ⅢA | ⅣA | ⅤA | ⅥA | ⅦA |
| 副 族 | 列 | 3 | 4 | 5 | 6 | 7 | 11 | 12 |
| | 族 | ⅢB | ⅣB | ⅤB | ⅥB | ⅦB | ⅠB | ⅡB |
| Ⅷ族 | | 第8、9、10，共3个纵行 | | | | | | |
| 0 族 | | 第18纵行 | | | | | | |

### （四）元素周期表中元素的分区

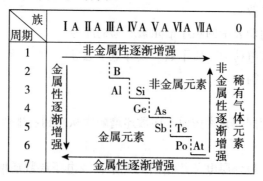

图7-2-1

1. 分界线：如图 7 - 2 - 1 所示，沿着元素周期表中 B、Si、As、Te、At 与 Al、Ge、Sb、Po 的交界处画一条斜线，即为金属元素和非金属元素的分界线（氢元素除外）。

（1）金属元素：位于分界线的左面区域，包括所有的过渡元素和部分主族元素（H 除外）。

（2）非金属元素：位于分界线的右面区域，包括氢元素、部分主族元素和 0 族元素。

2. 分界线附近的元素，既能表现出一定的金属性，又能表现出一定的非金属性。

**（五）元素周期表中的特殊位置**

**1. 过渡元素**

元素周期表中部从第ⅢB 族到第ⅡB 族 10 个纵行共六十多种元素，这些元素都是金属元素。

**2. 镧系**

元素周期表第六周期中，57 号元素镧到 71 号元素镥共 15 种元素。

**3. 锕系**

元素周期表第七周期中，89 号元素锕到 103 号元素铹共 15 种元素。

**4. 超铀元素**

在锕系元素中 92 号元素铀（U）以后的各种元素。

**（六）原子序数与元素周期表的族序数之间的关系**

**1. 同周期第ⅡA 族和第ⅢA 族元素原子序数差的关系（表 7 - 2 - 2）**

表 7 - 2 - 2

| 所在周期 | 1 | 2 | 3 | 4 | 5 | 6 | 7 |
|---|---|---|---|---|---|---|---|
| 原子序数差 | 无 | 1 | 1 | 11 | 11 | 25 | 25 |
| 原　因 | — | | | 增加了过渡元素 | | 增加了过渡元素和镧系或锕系元素 | |

**2. 同主族元素的原子序数差的关系**

（1）位于过渡元素左侧的主族元素，即第ⅠA 族、第ⅡA 族，同主族、邻周期元素原子序数之差为上一周期元素所在周期所含元素种数。

（2）位于过渡元素右侧的主族元素，即第ⅢA ～ⅦA 族，同主族、邻周期元素原子序数之差为下一周期元素所在周期所含元素种数。例如，氯和溴的原子序数之差为 35 - 17 = 18（溴所在第四周期所含元素的种数）。

**3. 原子序数的奇偶关系**

（1）原子序数是奇数的主族元素，其所在主族序数必为奇数。

（2）原子序数是偶数的主族元素，其所在主族序数必为偶数。

**（七）推断元素在周期表位置的常用方法**

**1. 根据核外电子排布规律**

（1）最外层电子数等于或大于3（小于8）的一定是主族元素。

（2）最外层有1个或2个电子，则可能是第ⅠA、第ⅡA族元素，也可能是副族、第Ⅷ族元素或0族元素氦。

（3）最外层电子数比次外层电子数多的元素一定位于第二周期。

（4）某元素阴离子最外层电子数与次外层相同，该元素位于第三周期；若为阳离子，则位于第四周期。

（5）电子层结构相同的离子，若电性相同，则位于同周期，若电性不同，则阳离子位于阴离子的下一周期——"阴上阳下"规律。

**2. 根据稀有气体元素的原子序数**

第一～七周期稀有气体元素的原子序数依次为2、10、18、36、54、86、118（第七周期若排满），可利用元素的原子序数与最相近稀有气体元素原子序数的差值来推断元素在元素周期表中的位置，遵循"比大小，定周期；比差值，定族数"的原则。如53号元素，由于36 < 53 < 54，则53号元素位于第五周期，54 - 53 = 1，所以53号元素位于54号元素左侧第一格，即第ⅦA族，故53号元素在元素周期表中的位置是第五周期第ⅦA族。

# 二、元素周期律及其应用

**（一）元素周期律的定义**

元素的性质随着原子序数递增而呈周期性变化的规律。

**（二）元素周期律的实质**

元素原子核外电子排布的周期性变化。

**（三）主族元素的周期性变化规律（表7 - 2 - 3）**

表7 - 2 - 3

| 项　目 | | 同周期（左→右） | 同主族（上→下） |
|---|---|---|---|
| 原子结构 | 核电荷数 | 逐渐增大 | 逐渐增大 |
| | 电子层数 | 相同 | 逐渐增多 |
| | 原子半径 | 逐渐减小 | 逐渐增大 |
| | 离子半径 | 阳离子逐渐减小，阴离子逐渐减小 $r$（阴离子）$>r$（阳离子） | 逐渐增大 |

续 表

| 项 目 | | 同周期（左→右） | 同主族（上→下） |
|---|---|---|---|
| 性 质 | 化合价 | 最高正化合价由 +1 → +7 （O、F 除外），负化合价 = -（8-主族序数） | 相同，最高正化合价 = 主族序数（O、F 除外） |
| | 元素的金属性和非金属性 | 金属性逐渐减弱 非金属性逐渐增强 | 金属性逐渐增强 非金属性逐渐减弱 |
| | 离子的氧化性、还原性 | 阳离子氧化性逐渐增强 阴离子还原性逐渐减弱 | 阳离子氧化性逐渐减弱 阴离子还原性逐渐增强 |
| | 气态氢化物稳定性 | 逐渐增强 | 逐渐减弱 |
| | 最高价氧化物对应水化物的酸碱性 | 碱性逐渐减弱 酸性逐渐增强 | 碱性逐渐增强 酸性逐渐减弱 |

## （四）元素金属性和非金属性的比较（表7-2-4）

表7-2-4

| 金属性比较 | 本 质 | 原子越易失电子，金属性越强 |
|---|---|---|
| | 判断依据 | 1. 在金属活动性顺序中位置越靠前，金属性越强 |
| | | 2. 单质与水或非氧化性酸反应越剧烈，金属性越强 |
| | | 3. 单质还原性越强或离子氧化性越弱，金属性越强 |
| | | 4. 最高价氧化物对应水化物的碱性越强，金属性越强 |
| | | 5. 若 $X^{n+} + Y \rightarrow X + Y^{m+}$，则 Y 金属性比 X 强 |
| 非金属性比较 | 本 质 | 原子越易得电子，非金属性越强 |
| | 判断依据 | 1. 与 $H_2$ 化合越容易，气态氢化物越稳定，非金属性越强 |
| | | 2. 单质氧化性越强，阴离子还原性越弱，非金属性越强 |
| | | 3. 最高价氧化物对应水化物的酸性越强，非金属性越强 |
| | | 4. $A^{n-} + B \rightarrow B^{m-} + A$，则 B 非金属性比 A 强 |

## （五）元素周期表、元素周期律的应用

1. 为新元素的发现及预测它们的原子结构和性质提供线索。

2. 预测元素的性质（由递变规律推测）。

（1）比较不同周期、不同主族元素的性质：

如金属性 Mg > Al、Ca > Mg，则碱性 Mg（OH）$_2$ > Al（OH）$_3$、Ca（OH）$_2$ > Mg（OH）$_2$。

（2）推测未知元素的某些性质：

例如，已知 Ca（OH）$_2$ 微溶，Mg（OH）$_2$ 难溶，可推知 Be（OH）$_2$ 难溶。再如，已知卤族元素的性质递变规律，可推知元素砹（At）应为黑色固体，与氢难化合，HAt 不稳定，水溶液呈酸性，AgAt 难溶于水等。

3. 启发人们在一定区域内寻找新物质。

（1）半导体元素在金属与非金属分界线附近，如 Si、Ge、Ga 等。

（2）农药中常用元素在右上方，如 F、Cl、S、P、As 等。

（3）催化剂和耐高温、耐腐蚀合金材料主要在过渡元素中找，如 Fe、Ni、Rh、Pt、Pd 等。

### （六）原子半径、离子半径大小的比较（图 7-2-2）

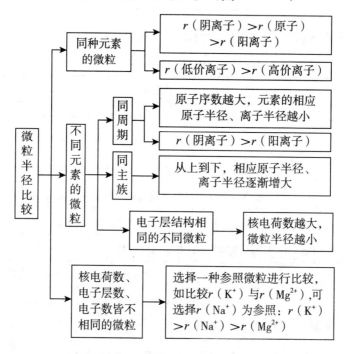

图 7-2-2

1. 比较电子层结构相同的微粒半径时容易出错。电子层结构相同的微粒半径看核电荷数，核电荷数越大，半径越小；不是核电荷数越大，半径越大。

2. 第三周期从左到右，原子半径依次减小，而离子半径大小顺序为 $r$（P$^{3-}$）> $r$（S$^{2-}$）> $r$（Cl$^-$）> $r$（Na$^+$）> $r$（Mg$^{2+}$）> $r$（Al$^{3+}$），故第三周期中离

化学基础知识、化学反应原理

子半径最小的离子为 $Al^{3+}$。

3. 不是同周期或同主族元素的微粒，比较半径大小时要借助于参照物。

## 三、"位""构""性"关系及其应用

同一元素的"位""构""性"关系可表示为如图 7 - 2 - 3 所示。

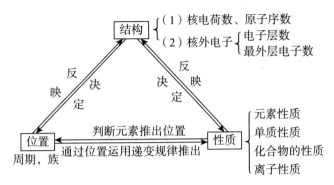

图 7 - 2 - 3

**（一）位置与性质的互推**

1. 根据元素的性质可以推知元素在周期表中的位置。如同周期元素 A、B、C 的金属性逐渐增强，则可知 A、B、C 在同周期中按 C、B、A 的顺序从左向右排列。

2. 根据元素在周期表中的位置关系，可以推断元素的性质，如 A、B、C 三元素在同一主族中从上往下排列，则 A、B、C 的单质氧化性依次减弱或还原性依次增强。

**（二）结构与性质的互推**

1. 若元素的最外层电子数小于 4，则该元素容易失电子；若该元素的最外层电子数大于 4，则该元素容易得电子。

2. 若某元素容易得电子，则可推知该元素的最外层电子数大于 4；若某元素容易失电子，则可推知该元素的最外层电子数小于 4。

**（三）结构与位置的互推**

由原子序数确定主族元素位置方法：

只要记住了稀有气体元素的原子序数（He—2、Ne—10、Ar—18、Kr—36、Xe—54、Rn—86），就可确定主族元素的位置。

1. 若比相应的稀有气体元素多 1 或 2，则应处在下周期的第 I A 族或第 Ⅱ A 族，如 88 号元素：88 - 86 = 2，则应在第七周期第 Ⅱ A 族。

2. 若比相应的稀有气体元素少 1 ~ 5 时，则应处在同周期的第Ⅶ A 族 ~ 第Ⅲ A 族，如 84 号元素应在第六周期第Ⅵ A 族。

3. 若预测新元素，可与未发现的稀有气体元素（118 号）比较，按上述方法推测知：114 号元素应为第七周期第ⅣA 族。

# 第三节　化 学 键

## 一、离子键和共价键

### （一）离子键

**1. 概 念**

带相反电荷的阴、阳离子之间强烈的相互作用。

**2. 成键粒子**

阴、阳离子。

**3. 成键实质**

静电作用。

**4. 形成条件**

当阴、阳离子之间达到一定距离时，就能形成稳定的离子键。通常，活泼金属元素与活泼非金属元素的原子之间容易形成离子键。

**5. 表示方法**

（1）用电子式表示

$Na_2O_2$：$Na^+ \left[ : \ddot{O} : \ddot{O} : \right]^{2-} Na^+$

$Na_2O$：$Na^+ \left[ : \ddot{O} : \right]^{2-} Na^+$

$MgCl_2$：$\left[ : \ddot{Cl} : \right]^- Mg^{2+} \left[ : \ddot{Cl} : \right]^-$

$NaOH$：$Na^+ \left[ : \ddot{O} : H \right]^-$

$NH_4Cl$：$\left[ \begin{matrix} & H & \\ H : & \ddot{N} : & H \\ & H & \end{matrix} \right]^+ \left[ : \ddot{Cl} : \right]^-$

（2）用电子式表示离子化合物的形成过程

$CaCl_2$：$\ddot{Cl} \cdot \overset{\curvearrowright}{+} \times Ca \times \overset{\curvearrowleft}{+} \cdot \ddot{Cl} : \longrightarrow \left[ : \ddot{Cl} \times \right]^- Ca^{2+} \left[ : \ddot{Cl} \times \right]^-$

### （二）共价键

**1. 概 念**

原子间通过共用电子对形成的相互作用。

**2. 成键粒子**

原子。

**3. 成键实质**

静电作用。

**4. 形成条件**

通常是非金属元素的原子通过共用电子对（或电子云的重叠）形成。

**5. 分 类**

根据共用电子对是否发生偏移将共价键分为非极性键和极性键。

共用电子对不发生偏移的共价键叫非极性键。

共用电子对发生偏移的共价键叫极性键。

**6. 表示方法**

（1）用电子式表示：

| $Cl_2$ | $N_2$ | $H_2O$ | $CO_2$ |
|---|---|---|---|
| $:\overset{..}{Cl}:\overset{..}{Cl}:$ | $:N \vdots N:$ | $H:\overset{..}{\underset{..}{O}}:H$ | $:\overset{..}{O}::C::\overset{..}{O}:$ |

（2）用结构式表示：

| $Cl_2$ | $N_2$ | $H_2O$ | $CO_2$ |
|---|---|---|---|
| $Cl—Cl$ | $N \equiv N$ | $\underset{H \quad\quad H}{\overset{O}{\diagup \diagdown}}$ | $O = C = O$ |

（3）用电子式表示共价化合物的形成过程：

$$H_2O: \quad H^\times + \cdot \overset{..}{\underset{..}{O}} \cdot + {}^\times H \longrightarrow H \overset{\times}{\underset{..}{\overset{..}{O}}} {}^\times H$$

## （三）离子键和共价键的比较（表7-3-1）

表7-3-1

| 键 型 | 离子键 | 共价键 | |
|---|---|---|---|
| | | 非极性键 | 极性键 |
| 特 点 | 阴、阳离子间的相互作用 | 共用电子对不发生偏移 | 共用电子对偏向吸引电子能力强的原子一方 |
| 成键粒子 | 阴、阳离子 | 原 子 | |
| 成键条件 | 活泼金属元素和活泼非金属元素 | 同种元素的原子 | 不同种元素的原子 |
| 存在 | 离子化合物 | 非金属单质、某些化合物 | 共价化合物、某些离子化合物 |

## （四）电子式书写时常见的错误

1. 漏写未参与成键的电子，如 $N_2$：N⫶⫶N，应写为：:N⫶⫶N: 。

2. 化合物类型不清楚，漏写或多写 [ ] 及错写电荷数，如 NaCl：$Na^+$ :C̈l: ; HF：$H^+[:\ddot{F}:]^-$ 。

3. 书写不规范，错写共用电子对，如 $N_2$ 的电子式：:N⫶⫶N: ，不能写成：N⫶⫶⫶N: 。

4. 不考虑原子间的结合顺序，如 HClO 的结构式为 H—O—Cl 而非 H—Cl—O。

5. 不考虑 $AB_2$ 型离子化合物中 2 个 B 是分开写还是一起写，如 $CaBr_2$、$CaC_2$ 的电子式分别为 $[:\ddot{B}r:]^-\ Ca^{2+}\ [:\ddot{B}r:]^-$、$Ca^{2+}[:C⫶⫶C:]^{2-}$。

## （五）8 电子结构的判断

**方法一：经验规律法**

凡符合：最外层电子数 + ∣化合价∣ = 8 的皆为 8 电子结构。

**方法二：试写结构法**

判断某化合物中的某元素最外层是否达到 8 电子稳定结构，应从其结构式或电子式结合原子最外层电子数进行判断，如：①$H_2O$ 中 O 最外层有 8 个电子，而 H 最外层只有 2 个电子；②$N_2$ 中 N 原子最外层有 5 个电子，N 与 N 之间形成三个共价键，所以 $N_2$ 中的 N 原子最外层达到 8 电子稳定结构。

# 二、化学键与物质类别的关系

## （一）化学键

### 1. 概 念

相邻的两个或多个原子之间强烈的相互作用。

### 2. 分 类

根据成键微粒和微粒间相互作用力不同将化学键分为：离子键、共价键和金属键。

### 3. 化学反应的本质

旧化学键断裂，新化学键形成，如图 7 - 3 - 1 所示。

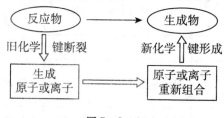

图 7 - 3 - 1

**（二）化学键对物质性质的影响**

**1. 对物理性质的影响**

金刚石、晶体硅、石英、金刚砂等物质硬度大、熔点高，是因为其中的共价键很强，破坏时需消耗很多的能量。NaCl 等部分离子化合物，有很强的离子键，故熔点也较高。

**2. 对化学性质的影响**

$N_2$ 分子中有很强的共价键，故在通常状况下，$N_2$ 很稳定。$H_2S$、HI 等分子的共价键较弱，故它们受热时易分解。

**（三）化学键与物质类别的关系**

**1. 化学键的存在（图 7 - 3 - 2）**

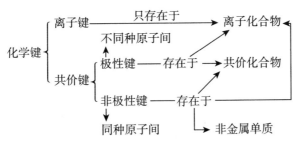

图 7 - 3 - 2

**2. 化学键与物质的类别**

除稀有气体内部无化学键外，其他物质内部都存在化学键。化学键与物质的类别之间的关系可概括为：

（1）只含有极性共价键的物质一般是不同种非金属元素形成的共价化合物，如 $SiO_2$、HCl、$CH_4$ 等。

（2）只含有非极性共价键的物质是同种非金属元素形成的单质，如 $Cl_2$、$P_4$、金刚石等。

（3）既有极性键又有非极性键的共价化合物一般由多个原子组成，如 $H_2O_2$、$C_2H_4$ 等。

（4）只含离子键的物质主要是由活泼非金属元素与活泼金属元素形成的化合物，如 $Na_2S$、$CaCl_2$、NaCl 等。

（5）既有离子键又有极性共价键的物质，如 NaOH、$K_2SO_4$ 等；既有离子键又有非极性共价键的物质，如 $Na_2O_2$ 等。

（6）仅由非金属元素形成的离子化合物，如 $NH_4Cl$、$NH_4NO_3$ 等。

（7）金属元素和非金属元素间可能存在共价键，如 $AlCl_3$ 等。

### 3. 离子化合物和共价化合物的判断方法

（1）根据化学键的类型判断：凡含有离子键的化合物，一定是离子化合物；只含有共价键的化合物，是共价化合物。

（2）根据化合物的类型来判断：大多数碱性氧化物、强碱和盐都属于离子化合物；非金属氢化物、非金属氧化物、含氧酸都属于共价化合物。

（3）根据化合物的性质来判断：一般熔点、沸点较低的化合物是共价化合物。熔融状态下能导电的化合物是离子化合物，如 NaCl；不能导电的化合物是共价化合物，如 HCl。

## （四）物质的溶解或熔化与化学键变化的关系

### 1. 离子化合物的溶解或熔化过程

离子化合物溶于水或熔化后均电离成自由移动的阴、阳离子，离子键被破坏。

### 2. 共价化合物的溶解过程

（1）有些共价化合物溶于水后，能与水反应，其分子内共价键被破坏，如 $CO_2$、$SO_2$ 等。

（2）有些共价化合物溶于水后，与水分子作用形成水合离子，从而发生电离，形成阴、阳离子，其分子内的共价键被破坏，如 HCl、$H_2SO_4$ 等。

（3）某些共价化合物溶于水后，其分子内的共价键不被破坏，如蔗糖（$C_{12}H_{22}O_{11}$）、酒精（$C_2H_5OH$）等。

### 3. 单质的溶解过程

某些活泼的非金属单质溶于水后，能与水反应，其分子内的共价键被破坏，如 $Cl_2$、$F_2$ 等。

## （五）化学键与物质类别的判断方法

1. 当一个化合物中只存在离子键时，该化合物是离子化合物。

2. 当一个化合物中同时存在离子键和共价键时，该化合物是离子化合物。

3. 当化合物中只存在共价键时，该化合物才是共价化合物。

4. 在离子化合物中一般既含有金属元素又含有非金属元素（铵盐除外）；共价化合物一般只含有非金属元素，但个别含有金属元素，如 $AlCl_3$；只含有非金属元素的化合物不一定是共价化合物，如铵盐。

5. 非金属单质只有共价键（稀有气体除外）。

6. 气态氢化物是共价化合物，只含共价键，而金属氢化物（如 NaH）是离子化合物，含离子键。

# 第八章　化学反应与能量

# 第一节　化学能与热能

## 一、焓变和反应热

### （一）焓变和反应热

1. 反应热

化学反应中放出或吸收的热量。

2. 焓变

生成物与反应物的内能差，$\Delta H = H$（生成物）$- H$（反应物）。在恒压条件下化学反应的热效应，其符号为 $\Delta H$，单位是 $kJ \cdot mol^{-1}$。

### （二）吸热反应和放热反应

1. 反应特点

（1）从能量高低角度理解。

放热反应：体系 $\xrightarrow{能量}$ 环境，体系将能量释放给环境，体系的能量降低，因此，放热反应的 $\Delta H < 0$，为"–"。

吸热反应：环境 $\xrightarrow{能量}$ 体系，体系吸收了环境的能量，体系的能量升高，因此，吸热反应的 $\Delta H > 0$，为"+"。

化学变化过程中的能量变化，如图 8 – 1 – 1 所示。

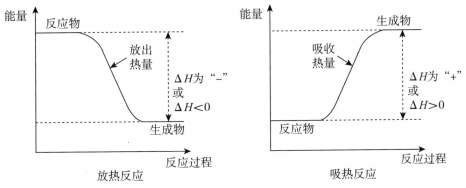

图 8 – 1 – 1

$\Delta H$ = 生成物的总能量 – 反应物的总能量

（2）从化学键角度理解。

根据质量守恒定律和能量守恒定律，特定反应的反应热等于反应物分子化学键断裂时所吸收的总能量与生成物分子化学键形成时所释放的总能量之差。即 $\Delta H = E_{反应物分子化学键总键能} - E_{生成物分子化学键总键能}$。

（3）$\Delta H$ = 化学键断裂所吸收的总能量 – 化学键生成所释放的总能量。

注意：正确理解活化能与反应热的关系，如图 8 – 1 – 2 所示。

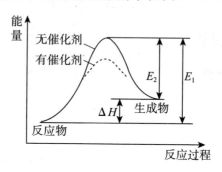

图 8 – 1 – 2

a. $E_1$ 为正反应活化能，$E_2$ 为逆反应活化能，$\Delta H = E_1 - E_2$。

b. 催化剂能降低反应所需活化能，但不影响焓变的大小。

**2. 常见的吸热反应和放热反应**

（1）放热反应：中和反应、金属与酸的反应、物质和氧气的反应（除氮气和氧气反应，包括所有的燃烧反应）、铝热反应、大多数化合反应。

（2）吸热反应：盐的水解反应、$Ba(OH)_2 \cdot 8H_2O$ 和 $NH_4Cl$ 反应、C 与 $H_2O$（g）反应、C 与 $CO_2$ 反应、大多数分解反应。

（3）NaOH 固体、浓 $H_2SO_4$ 溶于水时都放出热量，$NH_4NO_3$ 固体溶于水时吸热，这些过程都不属于放热反应、吸热反应，因为这两个过程中都没有生成新物质，即没有发生化学反应。

## 二、热化学方程式

**（一）概 念**

表示参与化学反应的物质的物质的量和反应热的关系的化学方程式。

**（二）意 义**

表明了化学反应中的物质变化和能量变化。例如，$2H_2$（g）+ $O_2$（g）$\Longrightarrow 2H_2O$（l） $\Delta H = -571.6 \ kJ \cdot mol^{-1}$，表示在 25 ℃、101 kPa 条件下，2 mol 气态氢气和 1 mol 气态氧气反应生成 2 mol 液态水时放出 571.6 kJ 的热量。

## （三）书写热化学方程式的注意点

1. 需注明反应的温度和压强；因反应的温度和压强不同时，其 $\Delta H$ 也不同。对于 25 ℃、101 kPa 时进行的反应可以不注明。

2. 要注明反应物和生成物的状态。（不同物质中贮存的能量不同）

如：$H_2$（g）$+1/2O_2$（g）$\Longrightarrow H_2O$（g）　$\Delta H = -241.8$ kJ/mol

$H_2$（g）$+1/2O_2$（g）$\Longrightarrow H_2O$（l）　$\Delta H = -285.8$ kJ/mol

3. 热化学方程式各物质前的化学计量数不表示分子个数，它可以是整数也可以是分数。对于相同物质的反应，当化学计量数不同时，其 $\Delta H$ 也不同。

## 三、燃烧热与中和热、能源

### （一）燃烧热

**1. 定　义**

在 25 ℃，101 kPa 时，1 mol 纯物质完全燃烧生成稳定的氧化物时所放出的热量，叫做该物质的燃烧热。

**2. 理解要点**

（1）条件：25 ℃，101 kPa。

（2）反应程度：完全燃烧，产物是稳定的氧化物。

（3）燃烧物的物质的量：1 mol。

（4）放出的热量。（$\Delta H < 0$，单位 kJ/mol）

（5）在无特别说明，外界条件一般指 25 ℃，101 kPa。所谓完全燃烧也是完全氧化，它是指物质中的元素完全转变成对应的稳定氧化物（状态稳定）。例如，$C \to CO_2$（g）；$H \to H_2O$（l）；$S \to SO_2$（g）。

**3. 表示的意义**

例如，$CH_4$ 的燃烧热为 890.3 kJ/mol（正值）用 $\Delta H$ 表示时，为负值。

含义：在 101 kPa 时，1 mol $CH_4$ 完全燃烧时，放出 890.3 kJ 的热量。

**4. 表示燃烧热的热化学方程式的书写**

应以 1 mol 物质的标准来配平其余物质的化学计量数（常出现分数）。如表示氢气燃烧热的热化学方程式为：$H_2$（g）$+1/2O_2$（g）$\Longrightarrow H_2O$（l）$\Delta H = -285.8$ kJ/mol。

**5. 一定量可燃物完全燃烧时放出的热量：$Q_{放} = n$（可燃物）$\times \Delta H$**

$H_2$（g）$+1/2O_2$（g）$\Longrightarrow H_2O$（l）$\Delta H = -285.8$ kJ/mol；可知 1 g 氢气完全燃烧放出的热量为：$\dfrac{1 \text{ g}}{2 \text{ g/mol}} \times 285.8$ kJ/mol $= 142.9$ kJ。

## （二）中和热

### 1. 定 义

在稀溶液中，强酸跟强碱发生中和反应而生成 1 mol $H_2O$，这时的反应热叫做中和热。

### 2. 在理解中和热的概念时，要注意以下几点

（1）条件：稀溶液（常用 aq 来表示稀溶液）。

（2）反应物：强酸与强碱。

（3）生成物及其物质的量：1 mol $H_2O$。

（4）放出热量：$\Delta H < 0$；单位：kJ/mol；$\Delta H = -57.3$ kJ/mol。

## （三）中和反应反应热的测定

### 1. 实验原理

在稀溶液中，强酸跟强碱发生中和反应生成 1 mol $H_2O$，这时的反应热叫做中和热。本实验通过测定酸碱中和反应前后溶液温度的变化来计算反应过程中所放出的热量，并由此求得中和热。

### 2. 实验仪器及试剂

仪器：大烧杯（500 mL），小烧杯（100 mL），环形玻璃搅拌棒，温度计，量筒（50 mL）两个，碎泡沫塑料或纸条，泡沫塑料板或硬纸板（中心有两个小孔）；

药品：盐酸（0.50 mol·$L^{-1}$）、氢氧化钠溶液（0.55 mol·$L^{-1}$）。

图 8 - 1 - 3

### 3. 实验步骤

（1）制作简易的量热器，如图 8 - 1 - 3 所示。

（2）用量筒准确量取反应溶液，准确测量温度（精确到 0.1 ℃）。

（3）将溶液混合反应，记录终止温度。

（4）重复实验步骤（2）～（3）两到三次，把数据记录在表 8 - 1 - 1 中。

表 8 - 1 - 1

| 实验次数 | 起始温度 $t_1$ / ℃ | | | 终止温度 $t_2$ / ℃ | 温度差（$t_2 - t_1$）/ ℃ |
|---|---|---|---|---|---|
| | HCl | NaOH | 平均值 | | |
| 1 | | | | | |
| 2 | | | | | |
| 3 | | | | | |

## （四）实验数据的处理

$$\Delta H = -\frac{Q}{n\ (\mathrm{H_2O})},\ \text{其中}\ Q = c \cdot m \cdot \Delta t。$$

中和热测定实验中的注意事项：

### 1. 注意温度相同

必须确保酸、碱两种溶液的温度相同。

### 2. 注意酸、碱的浓度大小

为使测得的中和热更准确，所用盐酸和 NaOH 溶液的浓度宜小不宜大，一般为 $0.5\ \mathrm{mol \cdot L^{-1}}$ 左右。

### 3. 注意保温

必须确保实验过程中酸、碱中和反应放出的热量不能扩散到测定仪器以外。

### 4. 注意温度计的使用

实验宜使用精确度为 0.1 ℃的温度计，且测量时应尽可能读准。温度计的水银球要完全浸没在溶液中，而且要稳定一段时间后再读数，以提高所测温度的精度。

### 5. 注意两个近似

一是体系的比热容近似等于水的比热容，二是酸、碱溶液的密度近似等于水的密度。

## （五）能 源

1. 能源就是能提供能量的自然资源，包括化石燃料（煤、石油、天然气）、阳光、风力、流水、潮汐以及柴草等。

能源的开发和利用可以用来衡量一个国家或地区的经济发展和科学技术水平。

2. 能源分类

（1）按转换过程分：一级能源与二级能源。

一级能源：从自然界直接取得的能源，如煤、石油、天然气等；

二级能源：一级能源经过加工转化后得到的能源，如煤气、电力、沼气、氢能等。

（2）按性质分：可再生能源与非可再生能源。

可再生能源：可连续再生，永久利用的一级能源，如水能、风能等；

非可再生能源：经过亿万年形成，短期内无法恢复的能源，如石油、煤、天然气等。

（3）按利用历史分：常规能源与新能源。

常规能源：已被广泛利用的能源，如煤、天然气、水能等；煤、石油、天然气是当今世界上重要的化石燃料。但它们的蕴藏有限，且不可再生，最终会枯竭。

新能源：才刚开始被人类采用先进的方法加以利用的能源以及新发展的利用先进技术获得的能源，如核聚变能、海洋能、太阳能等。现在探索开发的新能源有：太阳能、氢能、地热能、海洋（潮汐）能、生物质能等，新能源的主要优势是资源丰富，可以再生，污染少。

（4）解决能源危机的办法：开源节流，即开发新的能源和节约现有能源，提高能源的利用率。

**（六）书写燃烧热或中和热的热化学方程式的注意点**

1. 表示燃烧热的热化学方程式，可燃物的物质的量必须是 1 mol，生成物必须是状态稳定的氧化物，如 $C \rightarrow CO_2$（g）、$H \rightarrow H_2O$（l）、$S \rightarrow SO_2$（g）等。

2. 表示中和热的热化学方程式，生成物水的物质的量必须是 1 mol，57.3 $kJ \cdot mol^{-1}$ 必须对应的是强酸、强碱的稀溶液。

**（七）反应热的比较方法**

1. 吸热反应的 $\Delta H$ 肯定比放热反应的大（前者大于 0，后者小于 0）。

2. 物质燃烧时，可燃物物质的量越大，燃烧放出的热量越多。

3. 等量的可燃物完全燃烧所放出的热量肯定比不完全燃烧所放出的热量多。

4. 产物相同时，同种气态物质燃烧放出的热量比等量的固态物质燃烧放出的热量多；反应物相同时，生成同种液态物质放出的热量比生成等量的气态物质放出的热量多。

5. 生成等量的水时，强酸和强碱的稀溶液反应比弱酸和强碱（或弱碱和强酸，或弱酸和弱碱）的稀溶液反应放出的热量多。

6. 对于可逆反应，因反应不能进行完全，实际反应过程中放出或吸收的热量要小于相应热化学方程式中的反应热数值。

## 四、反应热的计算

**（一）利用热化学方程式进行有关计算**

注意事项：

1. 热化学方程式中化学计量数表示物质的量与已知物质的量之间的比例关系。

2. 列比例时注意上下单位一致。

**（二）根据燃烧热，计算反应放出的热量**

计算公式：$Q = $ 燃烧热 $\times n$（可燃物的物质的量），如 $H_2$ 的燃烧热为 $\Delta H =$

$-285.8$ kJ · mol$^{-1}$，燃烧 2 mol H$_2$ 放出的热量为 2 mol × 285.8 kJ · mol$^{-1}$ = 571.6 kJ。

### （三）根据键能计算

根据化学键断裂和形成过程中的能量变化计算反应热时，需注意断键和成键的总数，必须是断键和成键时吸收或放出的总能量。

如已知：C（s）+ H$_2$O（g）=== CO（g）+ H$_2$（g）　$\Delta H = a$ kJ · mol$^{-1}$，

2C（s）+ O$_2$（g）=== 2CO（g）　$\Delta H = -220$ kJ · mol$^{-1}$

H－H、O＝O 和 O－H 键的键能分别为 436 kJ · mol$^{-1}$、496 kJ · mol$^{-1}$ 和 462 kJ · mol$^{-1}$，则 $a$ 为（　　）。

A. $-332$　　　　B. $-118$　　　　C. $+350$　　　　D. $+130$

解析：选 D。根据盖斯定律由题给的两个热化学方程式可得：2H$_2$O（g）=== 2H$_2$（g）+ O$_2$（g）　$\Delta H = +（2a+220）$ kJ · mol$^{-1}$，则有：4 × 462 kJ · mol$^{-1}$ － 2 × 436 kJ · mol$^{-1}$ － 496 kJ · mol$^{-1}$ =（2a+220）kJ · mol$^{-1}$，解得 $a = +130$，故选项 D 正确。

### （四）利用盖斯定律计算

盖斯定律是指化学反应不管是一步完成还是分几步完成，其反应热是相同的，即化学反应的反应热只与反应体系的始态和终态有关，而与反应的途径无关。

如：

（1）国际奥运会火炬使用的燃料通常是丙烷（C$_3$H$_8$）或丙烯（C$_3$H$_6$）；丙烷脱氢可得丙烯。

已知：C$_3$H$_8$（g）→ CH$_4$（g）+ HC≡CH（g）+ H$_2$（g）　$\Delta H_1 = +156.6$ kJ · mol$^{-1}$

CH$_3$CH＝CH$_2$（g）→ CH$_4$（g）+ HC≡CH（g）　$\Delta H_2 = +32.4$ kJ · mol$^{-1}$

则相同条件下，丙烷脱氢得丙烯的热化学方程式为

_____。

（2）已知：Na$_2$CO$_3$ · 10H$_2$O（s）=== Na$_2$CO$_3$（s）+ 10H$_2$O（g）　$\Delta H_1 = +532.36$ kJ · mol$^{-1}$

Na$_2$CO$_3$ · 10H$_2$O（s）=== Na$_2$CO$_3$ · H$_2$O（s）+ 9H$_2$O（g）　$\Delta H_2 = +473.63$ kJ · mol$^{-1}$

写出 Na$_2$CO$_3$ · H$_2$O（s）脱水反应的热化学方程式：_____。

解析：（1）由 C$_3$H$_8$（g）→ CH$_4$（g）+ HC≡CH（g）+ H$_2$（g）　$\Delta H_1 = +156.6$ kJ · mol$^{-1}$　①

$CH_3CH = CH_2$（g）$\rightarrow CH_4$（g）$+ HC \equiv CH$（g）　　$\Delta H_2 = +32.4$ kJ・mol$^{-1}$　②

①－②可得：$C_3H_8$（g）$\rightarrow CH_3CH = CH_2$（g）$+ H_2$（g）　　$\Delta H = \Delta H_1 -$ $\Delta H_2 = +156.6$ kJ・mol$^{-1}$ $- 32.4$ kJ・mol$^{-1}$ $= +124.2$ kJ・mol$^{-1}$。

（2）根据盖斯定律，将题中反应第一个式子减去第二个式子得：$Na_2CO_3 \cdot H_2O$（s）$=== Na_2CO_3$（s）$+ H_2O$（g）　　$\Delta H = +58.73$ kJ・mol$^{-1}$。

答案：（1）$C_3H_8$（g）$\rightarrow CH_3CH = CH_2$（g）$+ H_2$（g）　　$\Delta H = +124.2$ kJ・mol$^{-1}$

（2）$Na_2CO_3 \cdot H_2O$（s）$=== Na_2CO_3$（s）$+ H_2O$（g）　　$\Delta H = +58.73$ kJ・mol$^{-1}$

# 第二节　原电池　化学电源

## 一、原电池及其工作原理

### （一）定　义

原电池是把化学能转化为电能的装置，其产生电流的本质原因是发生氧化还原反应，有电子转移。

### （二）构成条件

1. 活泼性不同的两电极。

2. 电解质溶液或熔融的电解质。

3. 形成闭合回路（两电极直接或间接用导线连接且电极插入电解质溶液或熔融的电解质）。

4. 自发的氧化还原反应（本质条件）。

### （三）工作原理

如图 8 - 2 - 1 所示是 Cu - Zn 原电池示意图。

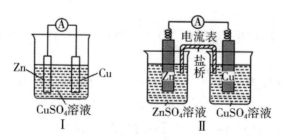

图 8 - 2 - 1

以 Ⅱ 为例，它的反应原理是在 $ZnSO_4$ 溶液中，锌片逐渐溶解，即 Zn 被氧化，失去电子，形成 $Zn^{2+}$ 进入溶液，电极反应式为 $Zn - 2e^- \!=\!=\! Zn^{2+}$；从锌片释放出的电子，经过导线流向铜片；$CuSO_4$ 溶液中的 $Cu^{2+}$ 从铜片上得到电子，被还原成为金属铜并沉积在铜片上，电极反应式为 $Cu^{2+} + 2e^- \!=\!=\! Cu$。

### （四）原电池正极和负极的判断

原电池的正、负极既与电极材料本身性质有关，也与电解质溶液有关，不要形成活泼电极一定作负极的思维定式，如图 8 - 2 - 2 所示。

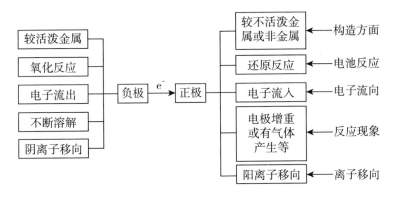

图 8 - 2 - 2

## 二、原电池原理的应用

### （一）比较金属的活动性强弱

原电池中，一般活动性强的金属作负极，而活动性弱的金属（或可导电的非金属）作正极。如有两种金属 A 和 B，用导线将 A 和 B 连接后，插入稀硫酸中，一段时间后，若观察到 A 溶解，而 B 上有气体放出，则说明 A 作负极，B 作正极，即可以断定金属活动性 A > B。但把稀硫酸改为稀氢氧化钠溶液就不一定了。

### （二）加快化学反应速率

由于形成原电池，而使氧化还原反应速率加快。如 Zn 与稀硫酸反应制氢气时，可向溶液中滴加少量 $CuSO_4$ 溶液，形成 Cu - Zn 原电池，加快化学反应速率。

### （三）用于金属的防护

使需要保护的金属制品作原电池正极而受到保护。例如，要保护一个铁质的输水管道或钢铁桥梁，可用导线将其与一块锌块相连，使锌作原电池的负极。

### （四）制作原电池（充当电源）

1. 必须是能自发进行且放热的氧化还原反应。

2. 正、负极材料的选择：根据氧化还原关系找出正、负极材料，一般选择活泼性较强的金属作为负极；活泼性较弱的金属或可导电的非金属（如石墨等）作为正极。

3. 电解质溶液的选择：电解质溶液一般要能够与负极发生反应，或者电解质溶液中溶解的其他物质能与负极发生反应（如溶解于溶液中的空气）。但如果氧化反应和还原反应分别在两个容器中进行（中间连接盐桥），则两个容器中的电解质溶液选择与电极材料相同的阳离子，这样可减少离子极化作用，便于电子和离子的移动，如在 Cu-Zn 构成的原电池中，负极 Zn 浸泡在含有 $Zn^{2+}$ 的电解质溶液中，而正极 Cu 浸泡在含有 $Cu^{2+}$ 的电解质溶液中。

实例：根据 $Cu + 2Ag^+ \!=\!=\!= Cu^{2+} + 2Ag$ 设计电池，如图 8-2-3 所示。

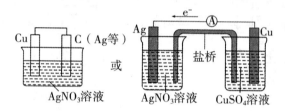

图 8-2-3

## 三、化学电源

### （一）一次电池（图 8-2-4）

#### 1. 碱性锌锰干电池

正极：$MnO_2$；负极：Zn

正极反应：$2MnO_2 + 2H_2O + 2e^- \!=\!=\!= 2MnO(OH) + 2OH^-$；

负极反应：$Zn + 2OH^- - 2e^- \!=\!=\!= Zn(OH)_2$；

总反应：$Zn + 2MnO_2 + 2H_2O \!=\!=\!= 2MnO(OH) + Zn(OH)_2$。

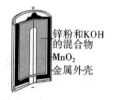

图 8-2-4

#### 2. 锌银电池（图 8-2-5）

图 8-2-5

锌银电池的负极是 Zn，正极是 $Ag_2O$，电解质是 KOH，其电极反应如下：

负极：$Zn + 2OH^- - 2e^- \!=\!=\!= Zn(OH)_2$；

正极：$Ag_2O + H_2O + 2e^- \!=\!=\!= 2Ag + 2OH^-$；

总反应：$Zn + Ag_2O + H_2O \longrightarrow Zn(OH)_2 + 2Ag$。

## （二）二次电池（以铅蓄电池为例）（图 8 - 2 - 6）

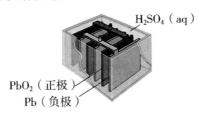

图 8 - 2 - 6

### 1. 放电时的反应

（1）负极：$Pb + SO_4^{2-} - 2e^- \longrightarrow PbSO_4$（氧化反应）。

（2）正极：$PbO_2 + 4H^+ + SO_4^{2-} + 2e^- \longrightarrow PbSO_4 + 2H_2O$（还原反应）。

（3）总反应：$Pb + PbO_2 + 2H_2SO_4 \longrightarrow 2PbSO_4 + 2H_2O$。

### 2. 充电时的反应

（1）阴极：$PbSO_4 + 2e^- \longrightarrow Pb + SO_4^{2-}$（还原反应）。

（2）阳极：$PbSO_4 + 2H_2O - 2e^- \longrightarrow PbO_2 + 4H^+ + SO_4^{2-}$（氧化反应）。

（3）总反应：$2PbSO_4 + 2H_2O \longrightarrow Pb + PbO_2 + 2H_2SO_4$。

## （三）燃料电池（以氢氧燃料电池为例）

氢氧燃料电池是目前最成熟的燃料电池，可分成酸性和碱性两种，如表 8 - 2 - 1 所示。

表 8 - 2 - 1

|  | 酸 性 | 碱 性 |
|---|---|---|
| 负极反应式 | $2H_2 - 4e^- \longrightarrow 4H^+$ | $2H_2 + 4OH^- - 4e^- \longrightarrow 4H_2O$ |
| 正极反应式 | $O_2 + 4H^+ + 4e^- \longrightarrow 2H_2O$ | $O_2 + 2H_2O + 4e^- \longrightarrow 4OH^-$ |
| 电池总反应式 | $2H_2 + O_2 \longrightarrow 2H_2O$ | |

## （四）电极反应式正确书写

1. 先确定原电池的正、负极，列出正、负极上的反应物质，并标出相同数目电子的得失。

2. 根据氧化还原反应原理写出电极反应式。

（1）负极反应：

负极：失去电子发生氧化反应。注意负极反应生成的阳离子与电解质溶液中的阴离子是否共存。若不共存，则该电解质溶液中的阴离子应写入负极反应式。

（2）正极反应：

正极：得到电子发生还原反应。当正极上的反应物质是 $O_2$ 时：若电解质溶液为中性或碱性，则水必须写入正极反应式中，与 $O_2$ 生成 $OH^-$，写为 $O_2 + 2H_2O + 4e^- \!=\!=\!= 4OH^-$；若电解质溶液为酸性，则 $H^+$ 必须写入正极反应式中，与 $O_2$ 生成水，写为 $O_2 + 4H^+ + 4e^- \!=\!=\!= 2H_2O$。

**3. 写出电池总反应方程式**

结合电子守恒将正、负极电极反应式相加即得到电池总反应方程式。

**4. 燃料电池电极反应式的书写**

根据燃料电池的特点，一般在正极上发生还原反应的物质都是 $O_2$，随着电解质溶液的不同，其电极反应有所不同。常见有以下四种情况：

（1）电解质为酸性电解质溶液（如稀硫酸）在酸性环境中：

$O_2 + 4H^+ + 4e^- \!=\!=\!= 2H_2O$。

（2）电解质为中性或碱性电解质溶液：

$O_2 + 2H_2O + 4e^- \!=\!=\!= 4OH^-$。

（3）电解质为熔融的碳酸盐（如 $Li_2CO_3$ 和 $Na_2CO_3$ 熔融盐混合物）：

$O_2 + 2CO_2 + 4e^- \!=\!=\!= 2CO_3^{2-}$。

（4）固体电解质（如固体氧化锆—氧化钇），高温下传导 $O^{2-}$：

$O_2 + 4e^- \!=\!=\!= 2O^{2-}$。

综上所述，燃料电池正极反应式本质都是 $O_2 + 4e^- \!=\!=\!= 2O^{2-}$，在不同电解质环境中，其正极反应式的书写形式有所不同。因此在书写正极反应式时，要特别注意所给电解质的状态和电解质溶液的酸碱性。

# 第三节　电解池　金属的电化学腐蚀与防护

## 一、电解原理

### （一）电　解

使电流通过电解质溶液（或熔融的电解质）而在阴、阳两极引起氧化还原反应的过程。在此过程中，电能转化为化学能。

### （二）电解池

**1. 概　念**

电解池是把电能转化为化学能的装置。

**2. 电解池的构成条件**

（1）有外接电源（一般为直流电源）；

（2）有与电解质溶液或熔融的电解质相连的两个电极；

（3）形成闭合回路。

**3. 电极名称及电极反应式（以电解 $CuCl_2$ 溶液为例）（图 8 – 3 – 1）**

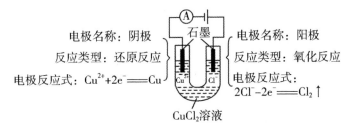

图 8 – 3 – 1

总反应方程式：$CuCl_2 \xrightarrow{\text{电解}} Cu + Cl_2 \uparrow$。

**4. 电解池中电子和离子的移动**

（1）电子的移动：从电源负极流出后，流向电解池阴极；从电解池的阳极流向电源的正极。

（2）离子的移动：阳离子移向电解池的阴极，阴离子移向电解池的阳极。

**（三）在惰性电极上离子的放电顺序**

**1. 阴极（与电极材料无关）**

$$Ag^+ > Hg^{2+} > Fe^{3+} \quad Cu^{2+} > H^+（酸）> Pb^{2+} > Sn^{2+} > Fe^{2+} >$$
$$Zn^{2+} > H^+（水）> Al^{3+} > Mg^{2+} > Na^+ > Ca^{2+} > K^+$$

$\xrightarrow{\hspace{6cm}}$

得到电子　由易到难

**2. 阳极（与电极材料有关）**

$$活泼电极 > S^{2-} > I^- > Br^- > Cl^- > OH^- > 含氧酸根离子 > F^-$$

$\xrightarrow{\hspace{6cm}}$

失去电子　由易到难

**（四）电解总方程式的书写**

1. 必须在连接号上标明"电解"。

2. 只是电解质被电解，电解化学方程式中只写电解质及电解产物。如电解 HCl 溶液：$2HCl \xrightarrow{\text{电解}} H_2 \uparrow + Cl_2 \uparrow$。

3. 只有水被电解，只写水及电解产物即可。如电解稀硫酸、NaOH 溶液、$Na_2SO_4$ 溶液时，化学方程式应写为 $2H_2O \xrightarrow{\text{电解}} 2H_2 \uparrow + O_2 \uparrow$。

4. 电解质、水同时被电解，则都要写进化学方程式。如电解饱和食盐水：

$$2NaCl + 2H_2O \xrightarrow{\text{电解}} H_2 \uparrow + Cl_2 \uparrow + 2NaOH。$$

### （五）阴、阳极的判断和电解产物的分析方法

**1. 阴、阳极的判断方法**

（1）根据外接电源：正极连阳极，负极连阴极。

（2）根据电流方向：从阴极流出，从阳极流入。

（3）根据电子流向：从阳极流出，从阴极流入。

（4）根据离子流向：阴离子移向阳极，阳离子移向阴极。

（5）根据电极产物：a. 阳极：电极溶解、逸出 $O_2$（或极区变酸性）或 $Cl_2$；b. 阴极：析出金属、逸出 $H_2$（或极区变碱性）。

**2. 电解产物的分析方法**

首先明确阳极材料和溶液中存在的所有离子，然后根据如下规律分析判断。

（1）阳极：a. 金属活性电极：电极材料失电子，生成相应的金属阳离子；b. 惰性电极：溶液中的阴离子（一般）失电子，生成相应的单质或高价化合物（常见阴离子放电顺序：$S^{2-} > I^- > Br^- > Cl^- > OH^- >$ 含氧酸根离子）。

（2）阴极：溶液中的阳离子得电子，生成相应的单质或低价化合物（常见阳离子放电顺序：$Ag^+ > Fe^{3+} > Cu^{2+} > H^+$（酸）$> Fe^{2+} > Zn^{2+} > H^+$（水））。

注意：

（1）不要认为只要电解质溶液是不活泼的金属离子就会析出，只有当阴极区域为惰性电极时，电解质溶液中的不活泼金属离子才会析出，而阳极区域的不活泼金属离子无论何种情况都不能析出。

（2）阴极不管是什么材料，电极本身都不反应，一定是溶液（或熔融电解质）中的阳离子放电。

（3）电解水溶液时，应注意放电顺序中 $H^+$、$OH^-$ 之后的离子一般不参与放电。

## 二、电解原理的应用

### （一）电解饱和食盐水

**1. 电极反应**

阳极：$2Cl^- - 2e^- = Cl_2 \uparrow$（反应类型：氧化反应）。

阴极：$2H^+ + 2e^- = H_2 \uparrow$（反应类型：还原反应）。

**2. 总反应方程式**

$$2NaCl + 2H_2O \xrightarrow{\text{电解}} 2NaOH + H_2 \uparrow + Cl_2 \uparrow。$$

离子方程式：$2Cl^- + 2H_2O \xrightarrow{\text{电解}} 2OH^- + H_2\uparrow + Cl_2\uparrow$。

## 3. 应 用

氯碱工业制烧碱、氯气和氢气，如图 8-3-2 所示。

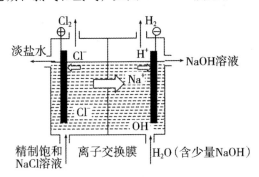

**图 8-3-2**

阳极：钛网（涂有钛、钌等氧化物涂层）。

阴极：碳钢网。

阳离子交换膜：

（1）只允许阳离子通过，能阻止阴离子和气体分子通过。

（2）将电解槽隔成阴极室和阳极室。

## （二）电镀和电解精炼铜（表 8-3-1）

表 8-3-1

| | | 电镀（Fe 上镀 Cu） | 电解精炼铜 |
|---|---|---|---|
| 阳 极 | 电极材料 | 镀层金属铜 | 粗铜（含 Zn、Fe、Ni、Ag、Au 等杂质） |
| | 电极反应 | $Cu - 2e^- = Cu^{2+}$ | $Cu - 2e^- = Cu^{2+}$<br>$Zn - 2e^- = Zn^{2+}$<br>$Fe - 2e^- = Fe^{2+}$<br>$Ni - 2e^- = Ni^{2+}$ |
| 阴 极 | 电极材料 | 待镀金属 Fe | 纯 铜 |
| | 电极反应 | $Cu^{2+} + 2e^- = Cu$ | |
| 电解质溶液 | | 含 $Cu^{2+}$ 的盐溶液，其浓度变化为电镀时基本不变，电解精炼时变小 | |

注意：电解精炼铜时，粗铜中的 Ag、Au 等不反应，沉积在电解池底部形成阳极泥。

### （三）电冶金属

利用电解熔融盐的方法来冶炼活泼金属 Na、Ca、Mg、Al 等。

#### 1. 冶炼钠

$$2NaCl（熔融）\xrightarrow{电解}2Na + Cl_2\uparrow$$

阳极反应式：$2Cl^- - 2e^- =\!=\!= Cl_2\uparrow$

阴极反应式：$2Na^+ + 2e^- =\!=\!= 2Na$

#### 2. 冶炼镁

$$MgCl_2（熔融）\xrightarrow{电解}Mg + Cl_2\uparrow$$

阳极反应式：$2Cl^- - 2e^- =\!=\!= Cl_2\uparrow$

阴极反应式：$Mg^{2+} + 2e^- =\!=\!= Mg$

#### 3. 冶炼铝：冰晶石（$Na_3AlF_6$）做熔剂

$$2Al_2O_3（熔融）\xrightarrow{电解}4Al + 3O_2\uparrow$$

阳极反应式：$6O^{2-} - 12e^- =\!=\!= 3O_2\uparrow$

阴极反应式：$4Al^{3+} + 12e^- =\!=\!= 4Al$

### （四）污水处理——电浮选凝聚法

#### 1. 实验装置（图 8 - 3 - 3）

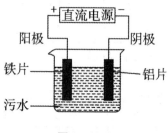

图 8 - 3 - 3

#### 2. 化学反应

阳极：$Fe - 2e^- =\!=\!= Fe^{2+}$，$2H_2O - 4e^- =\!=\!= 4H^+ + O_2\uparrow$，

$4Fe^{2+} + 10H_2O + O_2 =\!=\!= 4Fe(OH)_3\downarrow + 8H^+$；

阴极：$2H^+ + 2e^- =\!=\!= H_2\uparrow$。

#### 3. 原理及操作

接通直流电源后，与直流电源正极相连的阳极铁失去电子生成 $Fe^{2+}$，进一步被氧化，并生成 $Fe(OH)_3$ 沉淀，$Fe(OH)_3$ 有吸附性，可吸附污物而使污物沉积下来，具有净化的作用；与直流电源负极相连的阴极产生 $H_2$，气泡把污水中的悬浮物带到水面形成浮渣层，积累到一定厚度时刮去（或撇掉）浮渣层，即起到了浮选净化的作用。

## 三、多池组合

### （一）多池组合中电池类型的判断方法

#### 1. 直接判断

非常直观明显的装置，如燃料电池、铅蓄电池等在电路中，则其他装置为电解池。如图 8 - 3 - 4 所示，A 为原电池，B 为电解池。

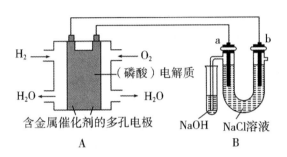

图 8 - 3 - 4

#### 2. 根据电池中的电池材料和电解质溶液判断

原电池一般是两种不同的金属电极或一种金属电极、一个碳棒做电极；而电解池则一般都是两个惰性电极，如两个铂电极或两个碳棒。原电池中的电极材料和电解质溶液之间能发生自发的氧化还原反应，电解池的电极材料一般不能和电解质溶液自发反应。如图 8 - 3 - 5 所示，B 为原电池，A 为电解池。

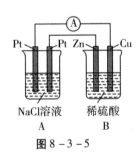

图 8 - 3 - 5

#### 3. 根据电极反应现象判断

在某些装置中根据电极反应或反应现象可判断电极，并由此判断电池类型。如图 8 - 3 - 6 所示，若 C 极溶解，D 极上析出 Cu，B 极附近溶液变红，A 极上放出黄绿色气体，则可知乙是原电池，D 是正极，C 是负极；甲是电解池，A 是阳极，B 是阴极。B、D 极发生还原反应，A、C 极发生氧化反应。

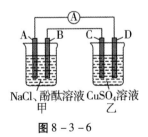

图 8 - 3 - 6

### （二）电化学计算

原则：电化学的反应是氧化还原反应，各电极上转移电子的物质的量相等，无论是单一电池还是串联电解池，均可抓住电子守恒计算。

关键：a. 电极名称要区分清楚；b. 电极产物要判断准确；c. 各产物间量的关系遵循电子得失守恒。

### 1. 根据电子守恒计算

用于串联电路中阴阳两极产物、正负两极产物、相同电量等类型的计算，其依据是电路中转移的电子数相等。

如图 8 - 3 - 7 所示，图中装置甲是原电池，乙是电解池，若电路中有 0.2 mol 电子转移，则 Zn 极溶解 6.5 g，Cu 极上析出 $H_2$ 2.24 L（标准状况），Pt 极上析出 $Cl_2$ 0.1 mol，C 极上析出 Cu 6.4 g。甲池中 $H^+$ 被还原，生成 $H_2$，溶液 pH 变大；乙池中是电解 $CuCl_2$，由于 $Cu^{2+}$ 浓度的减小使溶液 pH 微弱增大，电解后再加入适量 $CuCl_2$ 固体可使溶液复原。

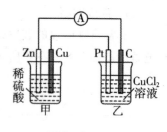

图 8 - 3 - 7

### 2. 根据总反应式计算

先写出电极反应式，再写出总反应式，最后根据总反应式列出比例式计算。

### 3. 根据关系式计算

根据得失电子守恒定律关系建立起已知量与未知量之间的桥梁，构建计算所需的关系式。

如以通过 4 mol $e^-$ 为桥梁可构建如下关系式：

$$4e^- \underbrace{\sim 2Cl_2（Br_2、I_2）\sim O_2}_{\text{阳极产物}} \underbrace{\sim 2H_2 \sim 2Cu \sim 4Ag \sim \frac{4}{n}M}_{\text{阴极产物}}$$

（式中 M 为金属，$n$ 为其离子的化合价数值）

该关系式具有总览电化学计算的作用和价值，熟记电极反应式，灵活运用关系式便能快速解答常见的电化学计算问题。

在电化学计算中，还常利用 $Q = I \cdot t$ 和 $Q = n（e^-）\times N_A \times 1.60 \times 10^{-19}$ C 来计算电路中通过的电量。

## 四、金属的腐蚀与防护

### （一）金属腐蚀的本质

金属原子失去电子变成阳离子而损耗。

### （二）金属腐蚀的类型

### 1. 化学腐蚀和电化学腐蚀（表 8 - 3 - 2）

表 8 - 3 - 2

| 比较项目 | 化学腐蚀 | 电化学腐蚀 |
|---|---|---|
| 发生条件 | 金属与接触到的物质直接反应 | 不纯金属接触到电解质溶液发生原电池反应 |
| 共同点 | $M - ne^- =\!\!= M^{n+}$ | |
| 是否构成原电池 | 无原电池构成 | 由无数微小原电池构成 |
| 实质 | 金属被腐蚀 | 较活泼金属被腐蚀 |
| 有无电流 | 无电流产生 | 有电流产生 |
| 联系 | 两者往往同时发生，电化学腐蚀更普遍 | |

### 2. 析氢腐蚀和吸氧腐蚀（以钢铁的腐蚀为例）（表 8 - 3 - 3）

表 8 - 3 - 3

| 比较项目 | | 析氢腐蚀 | 吸氧腐蚀 |
|---|---|---|---|
| 发生条件 | | 钢铁表面吸附的水膜酸性较强时 | 钢铁表面吸附的水膜酸性较弱或呈中性时 |
| 电极反应 | 负极 | $Fe - 2e^- =\!\!= Fe^{2+}$ | |
| | 正极 | $2H^+ + 2e^- =\!\!= H_2\uparrow$ | $2H_2O + O_2 + 4e^- =\!\!= 4OH^-$ |
| 总反应 | | $Fe + 2H^+ =\!\!= Fe^{2+} + H_2\uparrow$ | $2Fe + O_2 + 2H_2O =\!\!= 2Fe(OH)_2$ |
| 其他反应 | | $4Fe(OH)_2 + O_2 + 2H_2O =\!\!= 4Fe(OH)_3$，$2Fe(OH)_3 =\!\!=$ $Fe_2O_3 \cdot xH_2O$（铁锈）$+ (3-x)H_2O$ | |
| 联系 | | 吸氧腐蚀更普遍 | |

注意：正确判断"介质"溶液的酸碱性是分析析氢腐蚀和吸氧腐蚀的关键。潮湿的空气、中性溶液发生吸氧腐蚀；$CO_2$ 浓度较大地区的水溶液、$NH_4Cl$ 溶液、稀 $H_2SO_4$ 等酸性溶液发生析氢腐蚀。

### 3. 金属腐蚀速率快慢的判断方法

一般来说，可用下列原则判断：电解原理引起的腐蚀＞原电池原理引起的腐蚀＞化学腐蚀＞有防腐措施的腐蚀。

### （三）金属的防护

1. 电化学防护

（1）牺牲阳极的阴极保护法——利用原电池原理。

负极（阳极）是作保护材料的金属，正极（阴极）是被保护的金属设备。

（2）外加电流的阴极保护法——利用电解原理。

a. 阴极是被保护的金属设备。

b. 阳极是惰性电极。

2. 改变金属内部结构，如制成合金、不锈钢等。

3. 在金属表面覆盖保护层，如在金属表面喷油漆、涂油脂、电镀、喷镀或表面钝化等方法。

# 第九章 化学反应速率与化学平衡移动

## 第一节　化学反应速率

### 一、化学反应速率

**（一）表示方法**

用单位时间内反应物浓度的减少或生成物浓度的增加来表示。

**（二）表达式和单位**

1. 表达式：$v = \dfrac{\Delta c}{\Delta t}$。

由 $v = \dfrac{\Delta c}{\Delta t}$ 计算得到的反应速率是平均速率而不是瞬时速率，且无论用反应物还是用生成物表示均取正值。

2. 单位：$mol \cdot L^{-1} \cdot min^{-1}$ 或 $mol \cdot L^{-1} \cdot s^{-1}$。

**（三）与化学方程式中化学计量数的关系**

化学反应速率之比等于化学方程式中的化学计量数之比。

**（四）注意**

1. 不能用固体或纯液体的浓度变化来表示化学反应速率，因为其浓度是个定值。

2. 惰性气体对化学反应速率的影响

（1）恒温恒容：充入"惰气" $\xrightarrow{\text{引起}}$ 总压强增大，但各物质的浓度不变（活化分子浓度不变），反应速率不变。

（2）恒温恒压：充入"惰气" $\xrightarrow{\text{引起}}$ 体积增大 $\xrightarrow{\text{引起}}$ 各反应物浓度减小（活化分子浓度减小） $\xrightarrow{\text{引起}}$ 反应速率减慢。

**（五）化学反应速率比较的规律总结**

1. 看单位是否统一，若不统一，换算成相同的单位。

2. 换算成同一物质表示的速率，再比较数值的大小。

3. 比较化学反应速率与化学计量数的比值，即对于一般反应 $aA + bB \rightleftharpoons cC + dD$，比较 $v(A) : a$ 与 $v(B) : b$，若 $v(A) : a > v(B) : b$，则 A 表

示的化学反应速率比 B 表示的大。

## 二、影响化学反应速率的因素

### （一）内因（主要因素）

反应物本身的性质，如 Na、Mg 与水反应的速率由大到小的顺序为：Na > Mg。

### （二）外因（其他条件不变，只改变一个条件，控制单一变量）

浓度：增大反应物浓度，化学反应速率增大。

温度：升高温度，化学反应速率增大。

压强：对于有气体参与的化学反应，其他条件不变时（除体积），增大压强，化学反应速率增大。

催化剂：使用正催化剂能够降低反应所需的能量，使更多的反应物分子成为活化分子，大大提高了单位体积内反应物分子的百分数，从而成千上万倍地增大了反应物速率。负催化剂则反之。

增大固体物质的表面积，化学反应速率增大。

### （三）理论解释——有效碰撞理论

#### 1. 活化分子、活化能、有效碰撞

（1）活化分子：能够发生有效碰撞的分子。

（2）活化能：如图 9-1-1 所示。

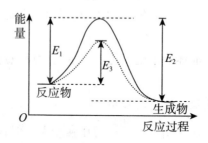

图 9-1-1

图中：$E_1$ 为正反应的活化能，使用催化剂时的活化能为 $E_3$，$E_2$ 为逆反应的活化能，反应热为 $E_1 - E_2$。

（3）有效碰撞：活化分子之间能够引发化学反应的碰撞。

## 2. 活化分子、有效碰撞与反应速率的关系（图9－1－2）

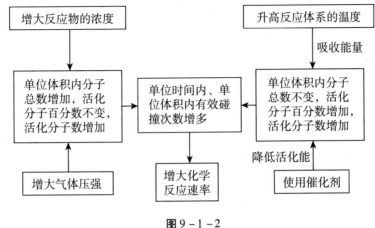

图9－1－2

总结：只有单位体积内活化分子数发生改变，化学反应速率才会改变。单位体积内活化分子数增加，化学反应速率增大；单位体积内活化分子数减少，化学反应速率减小。

# 三、化学反应速率图像

## （一）全程速率—时间图像

如 Zn 与足量盐酸的反应，化学反应速率随时间的变化出现如图9－1－3所示情况。

原因解释：AB 段（$v$ 增大），因反应为放热反应，随反应的进行，温度逐渐升高，化学反应速率逐渐增大；BC 段（$v$ 减小），则主要因为随反应的进行，溶液中 $c$（$H^+$）逐渐减小，化学反应速率减小。

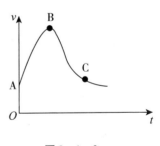

图9－1－3

## （二）物质的量（或物质的量浓度）—时间图像

例：某温度时，在定容（$V$ L）容器中，X、Y、Z 三种物质的物质的量随时间的变化曲线如图9－1－4所示。

### 1. 由图像得出的信息

（1）X、Y 是反应物，Z 是产物。

（2）$t_3$ 时反应达到平衡，X、Y 没有全部反应。

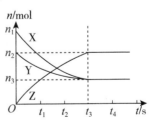

图9－1－4

## 2. 根据图像可进行如下计算

（1）某物质的平均速率、转化率，如：

$$v（X）=\frac{n_1-n_3}{V\cdot t_3}\ mol\cdot L^{-1}\cdot s^{-1};$$

$$Y\ 的转化率=\frac{n_2-n_3}{n_2}\times100\%。$$

（2）确定化学方程式中的化学计量数之比，如 X、Y、Z 三种物质的化学计量数之比为 $(n_1-n_3):(n_2-n_3):n_2$。

### （三）速率—外界条件图像

以 $N_2（g）+3H_2（g）\rightleftharpoons 2NH_3（g）$  $\Delta H=-92.4\ kJ\cdot mol^{-1}$为例。

### 1. 速率（$v$）-浓度（$c$）图像（表9-1-1）

表9-1-1

| 条件变化 | 速率变化 | 速率变化曲线 |
|---|---|---|
| 增大反应物的浓度 | $v_正$、$v_逆$均增大，且$v'_正>v'_逆$ | |
| 减小反应物的浓度 | $v_正$、$v_逆$均减小，且$v'_逆>v'_正$ | |
| 增大生成物的浓度 | $v_正$、$v_逆$均增大，且$v'_逆>v'_正$ | |
| 减小生成物的浓度 | $v_正$、$v_逆$均减小，且$v'_正>v'_逆$ | |

## 2. 速率（$v$）—温度（$T$）图像（表 9 - 1 - 2）

表 9 - 1 - 2

| 条件变化 | 速率变化 | 速率变化曲线 |
|---|---|---|
| 升高温度 | $v_正$、$v_逆$ 均增大，<br>且 $v'_逆 > v'_正$ |  |
| 降低温度 | $v_正$、$v_逆$ 均减小，<br>且 $v'_正 > v'_逆$ |  |

## 3. 速率（$v$）—压强（$p$）图像（表 9 - 1 - 3）

表 9 - 1 - 3

| 条件变化 | 速率变化 | 速率变化曲线 |
|---|---|---|
| 增大压强 | $v_正$、$v_逆$ 均增大，<br>且 $v'_正 > v'_逆$ |  |
| 减小压强 | $v_正$、$v_逆$ 均减小，<br>且 $v'_逆 > v'_正$ |  |

## 4. 速率（$v$）—催化剂图像

使用正催化剂，$v_正$、$v_逆$ 同等倍数增大，使用负催化剂，$v_正$、$v_逆$ 同等倍数减小。图像如图 9 - 1 - 5 所示。

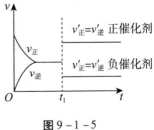

图 9 - 1 - 5

**总结：**

1. 外界条件（浓度、温度、压强等）增强，曲线在原图像的上方；条件减弱，曲线在原图像的下方。

2. 浓度改变时，图像中一条曲线连续，一条曲线不连续；其他条件改变，图像中曲线不连续。

3. 对于反应前后气体的化学计量数之和相等的反应，改变压强时，$v_正$、$v_逆$同等倍数增大或减小，图像如图 9 – 1 – 6 所示。

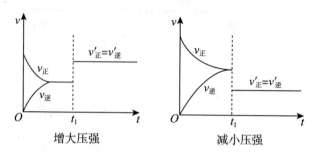

增大压强　　　　　　　　　　减小压强

**图 9 – 1 – 6**

# 第二节　化学平衡状态

## 一、可逆反应

### （一）定　义
在同一条件下，既可以向正反应方向进行，同时又可以向逆反应方向进行的化学反应。

### （二）特　点
**1. 二　同**

相同条件下；正、逆反应同时进行。

**2. 一　小**

反应物与生成物同时存在，任一组分的转化率都小于100%。

### （三）表　示
在化学方程式中用"$\rightleftharpoons$"表示。

## 二、化学平衡状态

### （一）化学平衡状态
**1. 概　念**

一定条件下的可逆反应中，正反应速率与逆反应速率相等，反应体系中所有参加反应的物质的质量或浓度保持不变的状态。

**2. 化学平衡的建立（图 9 - 2 - 1）**

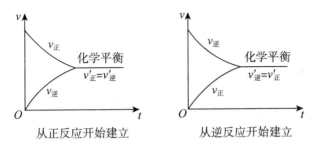

图 9 - 2 - 1

**3. 平衡特点**

逆：可逆反应。

等：正、逆反应速率相等。

动：动态平衡。

定：平衡混合物中各组分浓度、百分含量一定。

变：改变影响平衡的条件，旧的平衡就会打破，新的平衡重新建立。

**（二）化学平衡状态的判断**

**1. 注意反应条件和反应前后气体体积变化**

反应条件：恒温恒容或恒温恒压。

反应前后气体体积变化：

（1）全部是气体参与的等体积反应还是非等体积反应。

（2）有固体参与的等体积反应还是非等体积反应。

**2. 化学平衡状态的标志**

（1）$v_正 = v_逆 \neq 0$，说明反应已经达到化学平衡状态。

$v_正 = v_逆 \neq 0$。速率大小相当（速率大小之比等于化学计量数之比）。因 $v = \dfrac{\Delta c}{\Delta t}$，扩展：

① 方向相反，相同时间内浓度变化大小相当。

② 方向相反，相同时间内（容器不变）物质的量变化大小相当。

③ 方向相反，相同时间内（容器不变）微粒个数（或键的个数等）变化大小相当。

（2）体系中各组分的物质的量浓度、体积分数、物质的量分数、质量分数保持不变，说明反应已经达到化学平衡状态。比如对于有色物质参加或生成的可逆反应，体系的颜色不再随时间而变化。如 $2NO_2$（g）$\rightleftharpoons$ $N_2O_4$（g），当气体颜色不再随时间而变化，说明已经达到平衡。

（3）非等体积反应，体系的压强不再随时间而变化，说明反应已经达到化学平衡状态。

（4）a. 全部是气体参加的非等体积反应，气体平均相对分子质量不再随时间而变化，说明反应已经达到化学平衡状态。

b. 反应物和生成物不全为气体且反应前后都有气体参加的反应，气体平均相对分子质量不再随时间而变化，说明反应已经达到化学平衡状态。

c. 反应物和生成物不全为气体且只有反应前或反应后才有气体参加的反应，起始所加气体的物质的量之比不等于计量数之比（除单一气体参加的反应），气体平均相对分子质量不再随时间而变化，说明反应已经达到化学平衡状态。

（5）不全部是气体参加的反应，恒容条件下体系的密度不再随时间而变化，说明反应已经达到化学平衡状态。

注意：以下 3 种情况不能作为可逆反应达到化学平衡状态的标志：

① 恒温、恒容条件下等体积反应，混合气体的压强或气体的总物质的量不随时间的变化而变化，如 $2HI(g) \rightleftharpoons I_2(g) + H_2(g)$。

② 全部是气体参加的等体积反应，体系的平均相对分子质量不随时间的变化而变化，如 $2HI(g) \rightleftharpoons I_2(g) + H_2(g)$。

单一气体参加的反应，气体相对（不是平均）分子质量不随时间的变化而变化。

不全为气体参加的反应，只有反应物或生成物有两种或两种以上气体且所加（或生成）气体物质的量之比等于计量数之比，气体平均相对分子质量不随时间的变化而变化。

③ 全部是气体参加的反应，恒容条件下体系的密度保持不变。

## 三、化学平衡移动

### （一）概 念

可逆反应达到平衡状态以后，若反应条件（如温度、压强、浓度等）发生了变化，平衡混合物中各组分的浓度也会随之改变，从而在一段时间后达到新的平衡状态。这种由原平衡状态向新平衡状态的变化过程，叫做化学平衡的移动。

### （二）过程（图 9 - 2 - 2）

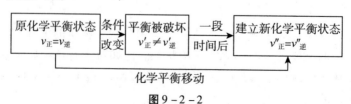

图 9 - 2 - 2

### （三）化学平衡移动与化学反应速率的关系

1. $v_正 > v_逆$：平衡向正反应方向移动。

2. $v_正 = v_逆$：反应达到平衡状态，不发生平衡移动。

3. $v_正 < v_逆$：平衡向逆反应方向移动。

### （四）影响化学平衡的外界因素

**1. 影响化学平衡的因素**

若其他条件不变，改变下列条件对化学平衡的影响如表 9-2-1 所示。

表 9-2-1

| 条件的改变（其他条件不变） | | | 化学平衡的移动 |
|---|---|---|---|
| 浓度 | 增大反应物浓度或减小生成物浓度 | | 向正反应方向移动 |
| | 减小反应物浓度或增大生成物浓度 | | 向逆反应方向移动 |
| 压强（对有气体存在的反应） | 非等体积反应 | 增大压强 | 向气体体积减小的方向移动 |
| | | 减小压强 | 向气体体积增大的方向移动 |
| | 等体积反应 | 改变压强 | 平衡不移动 |
| 温度 | 升高温度 | | 向吸热反应方向移动 |
| | 降低温度 | | 向放热反应方向移动 |
| 催化剂 | 使用催化剂 | | 平衡不移动 |

**2. 勒夏特列原理**

如果改变影响化学平衡的一个条件（如温度、压强以及参加反应的化学物质的浓度），平衡将向着能够减弱这种改变的方向移动。

## 四、等效平衡

### （一）含 义

在一定条件下（等温等容或等温等压），对同一可逆反应体系，起始时加入物质的物质的量不同，而达到化学平衡时，同种物质的百分含量相同。

### （二）原 理

由于化学平衡状态与条件有关，而与建立平衡的途径无关。因而，同一可逆反应，从不同的状态开始，只要达到平衡时条件（温度、浓度、压强等）完全相同，则可形成等效平衡。

### (三) 等效平衡规律 (表 9 - 2 - 2)

表 9 - 2 - 2

| 等效类型 | | ① | ② | ③ |
|---|---|---|---|---|
| 条件 | | 恒温、恒容 | 恒温、恒容 | 恒温、恒压 |
| 反应的特点 | | 任何可逆反应 | 反应前后气体分子数相等 | 任何可逆反应 |
| 起始投料 | | 换算为化学方程式同一边物质;其"量"相同 | 换算为化学方程式同一边物质;其"量"符合同一比例 | 换算为化学方程式同一边物质;其"量"符合同一比例 |
| 平衡特点 | 质量分数 ($w\%$) | 相同 | 相同 | 相同 |
| | 浓度 ($c$) | 相同 | 成比例 | 相同 (气体) |
| | 物质的量 ($n$) | 相同 | 成比例 | 成比例 |

# 第三节 化学平衡常数 化学反应进行的方向

## 一、化学平衡常数

### (一) 概念

在一定温度下,当一个可逆反应达到化学平衡时,生成物浓度幂之积与反应物浓度幂之积的比值是一个常数,用符号 $K$ 表示。

### (二) 表达式

对于反应 $mA$ (g) $+nB$ (g) $\rightleftharpoons pC$ (g) $+qD$ (g),$K_c = \dfrac{c^p \text{ (C)} \cdot c^q \text{ (D)}}{c^m \text{ (A)} \cdot c^n \text{ (B)}}$

(固体和纯液体的浓度视为常数,通常不计入平衡常数表达式中)。

### (三) 意义

1. $K$ 值越大,反应物的转化率越大,正反应进行的程度越大。

2. $K$ 只受温度影响,与反应物或生成物的浓度变化无关。

3. 化学平衡常数是指某一具体反应的平衡常数。

### (四) 应用

判断、比较可逆反应进行的程度。一般来说,一定温度下的一个具体的可逆反应:

$K$ 值越大，正反应进行的程度越大，平衡时生成物浓度越大，平衡时反应物浓度越小，反应物转化率越高。

$K$ 值越小，正反应进行的程度越小，平衡时生成物浓度越小，平衡时反应物浓度越大，反应物转化率越低。

### （五）总结：理解化学平衡常数的三种关系

#### 1. 与化学方程式书写形式的关系

对于同一可逆反应，正反应的平衡常数等于逆反应的平衡常数的倒数，即 $K_{正} = \dfrac{1}{K_{逆}}$。若化学方程式中的化学计量数等倍扩大或缩小，尽管是同一反应，平衡常数也会发生改变。两反应相加，得到的新反应，其化学平衡常数是两反应平衡常数的乘积；两反应相减，得到的新反应，其化学平衡常数是两反应平衡常数相除得到的商。

#### 2. 与反应热的关系

升高温度，$K$ 值增大，说明正反应为吸热反应；$K$ 值减小，说明正反应为放热反应。

降低温度，$K$ 值增大，说明正反应为放热反应；$K$ 值减小，说明正反应为吸热反应。

#### 3. 与物质状态的关系

由于固体或纯液体的浓度视为常数，所以在平衡常数表达式中不再写出。

（1）在稀溶液中进行的反应，如有水参加，由于水的浓度视为常数而不必出现在表达式中。

（2）在非水溶液中进行的反应，若有水参加或生成，则应出现在表达式中。如 $CH_3COOH$（l）$+ CH_3CH_2OH$（l）$\Longleftrightarrow CH_3COOCH_2CH_3$（l）$+ H_2O$（l）

$K = c$（$CH_3COOCH_2CH_3$）$\cdot c$（$H_2O$）$/ \left[ c\right.$（$CH_3COOH$）$\cdot c$（$CH_3CH_2OH$）$\left.\right]$

#### 4. 对于可逆反应

$m$A（g）$+ n$B（g）$\Longleftrightarrow p$C（g）$+ q$D（g），若浓度熵 $Q_c = \dfrac{c^p（C）\cdot c^q（D）}{c^m（A）\cdot c^n（B）}$，则将浓度熵和平衡常数作比较可判断可逆反应所处的状态。

$Q_c < K$：反应向正反应方向进行，$v_{正} > v_{逆}$。

$Q_c = K$：反应达到平衡状态，$v_{正} = v_{逆}$。

$Q_c > K$：反应向逆反应方向进行，$v_{正} < v_{逆}$。

## 二、化学反应进行的方向

### （一）自发过程

**1. 含 义**

在一定条件下，不需要借助外力作用就能自动进行的过程。

**2. 特 点**

（1）体系趋向于从高能状态转变为低能状态（体系对外部做功或释放热量）。

（2）在密闭条件下，体系有从有序转变为无序的倾向性（无序体系更加稳定）。

### （二）自发反应

在一定条件下，无须外界帮助就能自发进行的反应。

### （三）化学反应方向的判据

**1. 焓判据**

放热过程中体系能量降低，$\Delta H < 0$，具有自发进行的倾向，但有些吸热反应也可以自发进行，故只用焓变判断反应方向不全面。

**2. 熵判据**

（1）熵的大小：同种物质熵值：气态 > 液态 > 固态。

（2）熵判据：体系的混乱度增加（即熵增），$\Delta S > 0$，反应有自发进行的倾向。

但有些熵减的过程也能自发进行，故只用熵变来判断反应方向也不全面。

**3. 复合判据**

$\Delta G = \Delta H - T\Delta S$；$\Delta G < 0$，反应一定能自发进行；$\Delta G > 0$，反应一定不能自发进行。

（1）当 $\Delta H < 0$，$\Delta S > 0$，反应一定能自发进行。

（2）当 $\Delta H > 0$，$\Delta S < 0$，反应一定不能自发进行。

（3）当 $\Delta H > 0$，$\Delta S > 0$ 或 $\Delta H < 0$，$\Delta S < 0$ 时，低温时焓变影响为主，高温时熵变影响为主。

# 第十章　水溶液中的离子平衡

## 第一节　弱电解质的电离平衡

### 一、电解质与非电解质

**（一）电解质与非电解质**

电解质：在水溶液中或熔融状态下能够导电的化合物。

非电解质：在水溶液中或熔融状态下都不能导电的化合物。

**（二）强、弱电解质**

**1. 概念和种类**

强电解质：在水溶液里能够全部电离的电解质。例如，强酸（$HNO_3$、$H_2SO_4$、$HClO_4$、$HCl$、$HBr$、$HI$）、强碱（$NaOH$、$KOH$、$Ca(OH)_2$、$Ba(OH)_2$）和大多数盐类。

弱电解质：在水溶液里只能部分电离的电解质。例如，弱酸、弱碱和水等。

**2. 与化合物类型的关系**

强电解质主要是大部分的离子化合物及某些共价化合物，弱电解质主要是某些共价化合物。

**（三）电离方程式的书写——"强等号，弱可逆，多元弱酸分步离"**

**1. 强电解质**

如 $H_2SO_4$：$H_2SO_4 =\!=\!= 2H^+ + SO_4^{2-}$

**2. 弱电解质**

（1）一元弱酸，如 $CH_3COOH$：$CH_3COOH \rightleftharpoons H^+ + CH_3COO^-$。

（2）多元弱酸，分步电离，分步书写且第一步电离程度远远大于第二步的电离程度，如 $H_2CO_3$：$H_2CO_3 \rightleftharpoons H^+ + HCO_3^-$、$HCO_3^- \rightleftharpoons H^+ + CO_3^{2-}$。

（3）多元弱碱，分步电离，一步书写，如 $Fe(OH)_3$：

$Fe(OH)_3 \rightleftharpoons Fe^{3+} + 3OH^-$。

**3. 酸式盐**

（1）强酸的酸式盐，如 $NaHSO_4$ 溶液：$NaHSO_4 =\!=\!= Na^+ + H^+ + SO_4^{2-}$。

（2）弱酸的酸式盐，如 $NaHCO_3$ 溶液：$NaHCO_3 =\!=\!= Na^+ + HCO_3^-$、$HCO_3^-$

173

$\Longrightarrow H^+ + CO_3^{2-}$。

## 二、弱电解质的电离平衡

### （一）电离平衡的建立

在一定条件（如温度、浓度等）下，当弱电解质分子电离成离子的速率和离子结合成弱电解质分子的速率相等时，电离过程就达到平衡。平衡建立过程如图 10 - 1 - 1 所示。

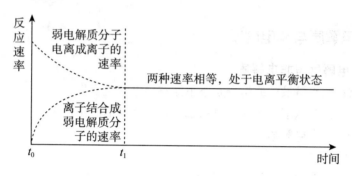

图 10 - 1 - 1

### （二）电离平衡的特征

逆——可逆过程。

等——分子电离成离子的速率和离子重新结合生成电解质分子的速率相等。

动——动态平衡。

定——条件一定，平衡体系中分子和离子的浓度一定。

变——条件改变，电离平衡发生移动。

### （三）影响电离平衡的外部条件

**1. 温 度**

一般温度升高（有的弱电解质易分解、易挥发），电离平衡向右移动，电离程度增大。

**2. 浓 度**

稀释溶液，电离平衡向右移动，电离程度增大。

**3. 同离子效应**

加入与弱电解质具有相同离子的强电解质，电离平衡向左移动，电离程度减小。

**4. 加入与离子反应的物质**

电离平衡向右移动，电离程度增大。

## （四）实例分析

弱电解质的电离平衡移动遵循化学平衡移动原理。

以 $CH_3COOH \rightleftharpoons CH_3COO^- + H^+$，$\Delta H > 0$ 为例，如表 10 – 1 – 1 所示。

表 10 – 1 – 1

| 反应条件 | 平衡移动方向 | $n(H^+)$ | $c(H^+)$ | $c(CH_3COO^-)$ | $c(CH_3COOH)$ | 电离程度 $(\alpha)$ | $K_a$ |
|---|---|---|---|---|---|---|---|
| 加水稀释 | 向右 | 增大 | 减小 | 减小 | 减小 | 增大 | 不变 |
| 加入少量冰醋酸 | 向右 | 增大 | 增大 | 增大 | 增大 | 减小 | 不变 |
| 通入 HCl（g） | 向左 | 增大 | 增大 | 减小 | 增大 | 减小 | 不变 |
| 加入 NaOH（s） | 向右 | 减小 | 减小 | 增大 | 减小 | 增大 | 不变 |
| 加入 $CH_3COONa$（s） | 向左 | 减小 | 减小 | 增大 | 增大 | 减小 | 不变 |
| 升高温度 | 向右 | 增大 | 增大 | 增大 | 减小 | 增大 | 增大 |

# 三、电离平衡常数

## （一）表达式

### 1. 对于一元弱酸 HA

$HA \rightleftharpoons H^+ + A^-$，电离常数 $K = c(H^+) \cdot c(A^-)/c(HA)$

### 2. 对于一元弱碱 BOH

$BOH \rightleftharpoons B^+ + OH^-$，电离常数 $K = c(B^+) \cdot c(OH^-)/c(BOH)$

## （二）特　点

1. 电离常数只与温度有关，因电离是吸热过程，所以升温，$K$ 值增大。

2. 多元弱酸的各级电离常数的大小关系是 $K_1 \gg K_2 \gg K_3 \gg \cdots$，故其酸性取决于第一步。

## （三）意　义

$K$ 越大，越易电离，酸（碱）性越强。

## 四、判断酸的强弱（表 10 – 1 – 2）

表 10 – 1 – 2

|  | 浓度均为 0.01 mol·$L^{-1}$ 的强酸 HA 与弱酸 HB | pH 均为 2 的强酸 HA 与弱酸 HB |
|---|---|---|
| pH 或物质的量浓度 | 2 = $pH_{HA}$ < $pH_{HB}$ | 0.01 mol·$L^{-1}$ = $c$（HA）< $c$（HB） |
| 开始与金属反应的速率 | HA > HB | HA = HB |
| 体积相同时与过量的碱反应消耗碱的量 | HA = HB | HA < HB |
| 体积相同时与过量活泼金属反应产生 $H_2$ 的量 | HA = HB | HA < HB |
| $c$（$A^-$）与 $c$（$B^-$）大小 | $c$（$A^-$）> $c$（$B^-$） | $c$（$A^-$）= $c$（$B^-$） |
| 分别加入固体 NaA、NaB 后 pH 变化 | HA：不变　HB：变大 | HA：不变　HB：变大 |
| 加水稀释 100 倍后 | 4 = $pH_{HA}$ < $pH_{HB}$ | 4 = $pH_{HA}$ > $pH_{HB}$ > 2 |
| 溶液的导电性 | HA > HB | HA = HB |
| 水的电离程度 | HA < HB | HA = HB |

## 五、判断强、弱电解质的方法

### （一）从是否完全电离的角度判断

在溶液中强电解质完全电离，弱电解质部分电离。据此有以下判断 HA 是强酸还是弱酸的方法，如表 10 – 1 – 3 所示。

表 10 – 1 – 3

| 方　法 | 结　论 |
|---|---|
| 测定一定浓度 HA 溶液的 pH | 若测得 0.1 mol·$L^{-1}$ 的 HA 溶液的 pH = 1，则 HA 为强酸；若 pH > 1，则 HA 为弱酸 |
| 与同浓度的盐酸比较导电性 | 导电性和盐酸相同时为强酸，比盐酸弱时为弱酸 |
| 与同浓度的盐酸比较和锌反应的快慢 | 反应速率相同时为强酸，比盐酸反应慢时为弱酸 |

### （二）从是否存在电离平衡的角度判断

在水溶液中，强电解质不存在电离平衡，弱电解质存在电离平衡，在一定条件下电离平衡会发生移动。据此有以下判断 HA 是强酸还是弱酸的方法：

1. 从一定 pH 的 HA 溶液稀释前后 pH 的变化判断。如将 pH＝3 的 HA 溶液稀释 100 倍后，再测其 pH，若 pH＝5，则为强酸，若 pH＜5，则为弱酸。

2. 从升高温度后 pH 的变化判断。若升高温度，溶液的 pH 明显减小，则是弱酸。因为弱酸存在电离平衡，升高温度时，电离程度增大，$c$（$H^+$）增大；而强酸不存在电离平衡，升高温度时，只有水的电离程度增大，pH 变化幅度小。

3. 从等体积等 pH 的 HA 溶液和盐酸分别与过量的锌反应生成 $H_2$ 的量判断。用排水法收集 $H_2$，若两种溶液生成 $H_2$ 的量相等，则 HA 为强酸；若 HA 溶液与锌反应生成 $H_2$ 的量多，则 HA 为弱酸。

### （三）从酸根离子是否能发生水解的角度判断

强酸根离子不水解，弱酸根离子易发生水解。据此可以判断 HA 是强酸还是弱酸。如判断 $CH_3COOH$ 为弱酸可用以下两个方法：

1. 配制某浓度的醋酸钠溶液，向其中加入几滴酚酞试液。现象：溶液变为浅红色。

2. 用玻璃棒蘸取一定浓度的醋酸钠溶液滴在 pH 试纸上，测其 pH。现象：测得 pH＞7。

# 第二节　水的电离和溶液的酸碱性

## 一、水的电离

### （一）水的电离

水是一种极弱的电解质，其电离方程式为 $H_2O + H_2O \rightleftharpoons H_3O^+ + OH^-$ 或 $H_2O \rightleftharpoons H^+ + OH^-$。

### （二）水的离子积常数

$K_{电离} = c（H^+）\cdot c（OH^-）/c（H_2O） \rightarrow K_{电离}\cdot c（H_2O） = c（H^+）\cdot c（OH^-）$

$K_{电离}\cdot c（H_2O）$ 用 $K_w$ 表示，$K_w = c（H^+）\cdot c（OH^-）$。

1. 室温下：$K_w = 1 \times 10^{-14}$。

2. 影响因素：只与温度有关，水的电离是吸热过程，升高温度，$K_w$增大。

3. 适用范围：$K_w$不仅适用于纯水，也适用于稀的电解质水溶液。

4. $K_w$揭示了在任何水溶液中均存在$H^+$和$OH^-$，只要温度不变，$K_w$不变。

## （三）外界条件对水的电离平衡的影响（表 10 - 2 - 1）

表 10 - 2 - 1

| 条件＼体系变化 | | 平衡移动方向 | $K_w$ | 水的电离程度 | $c(OH^-)$ | $c(H^+)$ |
|---|---|---|---|---|---|---|
| 酸 | | 逆 | 不变 | 减小 | 减小 | 增大 |
| 碱 | | 逆 | 不变 | 减小 | 增大 | 减小 |
| 可水解的盐 | $NaHCO_3$ | 正 | 不变 | 增大 | 增大 | 减小 |
| | $NH_4Cl$ | 正 | 不变 | 增大 | 减小 | 增大 |
| 温度（$T$） | 升温 | 正 | 增大 | 增大 | 增大 | 增大 |
| | 降温 | 逆 | 减小 | 减小 | 减小 | 减小 |
| 其他：如加入 Na，K | | 正 | 不变 | 增大 | 增大 | 减小 |

## （四）常温下水电离产生 $c(H^+)$ 和 $c(OH^-)$ 计算的 4 种类型

### 1. 中性溶液

$c(OH^-) = c(H^+) = 10^{-7} mol \cdot L^{-1}$。

### 2. 溶质为酸的溶液

$OH^-$全部来自水的电离，水电离产生的$c(H^+) = c(OH^-)$。如计算 pH = 2 的盐酸溶液中水电离出的$c(H^+)$，方法是先求出溶液的$c(OH^-) = K_w/10^{-2} = 10^{-12} mol \cdot L^{-1}$，即水电离出的$c(H^+) = c(OH^-) = 10^{-12} mol \cdot L^{-1}$。

### 3. 溶质为碱的溶液

$H^+$全部来自水的电离，水电离产生的$c(OH^-) = c(H^+)$。如计算 pH = 12 的 NaOH 溶液中水电离出的$c(OH^-)$，方法是先求出溶液的$c(H^+) = K_w/10^{-2} = 10^{-12} mol \cdot L^{-1}$，即水电离出的$c(OH^-) = c(H^+) = 10^{-12} mol \cdot L^{-1}$。

### 4. 水解呈酸性或碱性的盐溶液

（1）pH = 5 的 $NH_4Cl$ 溶液中 $H^+$ 全部来自水的电离，由水电离的$c(H^+) = 10^{-5} mol \cdot L^{-1}$，$c(OH^-) = 10^{-9} mol \cdot L^{-1}$，是因为部分 $OH^-$ 与部分 $NH_4^+$ 结合。

（2）pH＝12 的 $Na_2CO_3$ 溶液中 $OH^-$ 全部来自水的电离，由水电离出的 $c（OH^-）＝10^{-2}mol \cdot L^{-1}$。

## 二、溶液的酸碱性和 pH

### （一）溶液的酸碱性

溶液的酸碱性取决于溶液中 $c（H^+）$ 和 $c（OH^-）$ 的相对大小。

（1）酸性溶液：$c（H^+）＞c（OH^-）$，常温下，$pH＜7$。

（2）中性溶液：$c（H^+）＝c（OH^-）$，常温下，$pH＝7$。

（3）碱性溶液：$c（H^+）＜c（OH^-）$，常温下，$pH＞7$。

注意：

① 溶液呈现酸、碱性的实质是 $c（H^+）$ 与 $c（OH^-）$ 的相对大小，不能只看 pH。一定温度下 pH＝6 的溶液可能显中性，也可能显酸性，应注意温度。

② 25 ℃时，pH＝12 的溶液不一定为碱溶液，pH＝2 的溶液也不一定为酸溶液，可能为能水解的盐溶液。

### （二）溶液的 pH

#### 1. 计算公式

$pH＝-\lg c（H^+）$。

#### 2. 溶液 pH 的测量方法

（1）pH 试纸法：取一小块试纸放在玻璃片或表面皿上，用洁净的玻璃棒蘸取待测溶液点在试纸的中央，等变色后与标准比色卡对照，即可读取溶液的 pH。

（2）pH 计测量法。

#### 3. 溶液的酸碱性与 pH 的关系

常温下（图 10 - 2 - 1）：

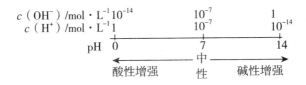

图 10 - 2 - 1

#### 4. 混合溶液酸碱性的判断规律

（1）等浓度等体积一元酸与一元碱混合的溶液——"谁强显谁性，同强显中性"，如表 10 - 2 - 2 所示。

表 10 - 2 - 2

| 中和反应 | 反应后所得溶液的酸碱性 |
|---|---|
| 强酸与强碱 | 中性 |
| 强酸与弱碱 | 酸性 |
| 弱酸与强碱 | 碱性 |

（2）室温下，已知酸和碱 pH 之和的溶液等体积混合。

两强混合：

a. 若 pH 之和等于 14，则混合后溶液显中性，pH ＝ 7。

b. 若 pH 之和大于 14，则混合后溶液显碱性，pH ＞ 7。

c. 若 pH 之和小于 14，则混合后溶液显酸性，pH ＜ 7。

一强一弱混合——"谁弱显谁性"。

pH 之和等于 14 时，一元强酸和一元弱碱等体积混合呈碱性；一元弱酸和一元强碱等体积混合呈酸性。

**（三）溶液 pH 的计算方法**

**1. 单一溶液的 pH 计算**

强酸溶液：如 $H_nA$，设浓度为 $c$ mol $\cdot$ $L^{-1}$，$c(H^+) = nc$ mol $\cdot$ $L^{-1}$，pH ＝ $-\lg c(H^+) = -\lg nc$。

强碱溶液（25 ℃）：如 $B(OH)_n$，设浓度为 $c$ mol $\cdot$ $L^{-1}$，$c(H^+) = \dfrac{10^{-14}}{nc}$ mol $\cdot$ $L^{-1}$，pH ＝ $-\lg c(H^+) = 14 + \lg nc$。

**2. 混合溶液 pH 的计算类型**

（1）两种强酸混合：直接求出 $c(H^+)_{混}$，再据此求 pH。$c(H^+)_{混} = \dfrac{c(H^+)_1 V_1 + c(H^+)_2 V_2}{V_1 + V_2}$。

技巧一：若两强酸等体积混合，可采用速算法：混合后的 pH 等于混合前溶液 pH 小的加 0.3。

（2）两种强碱混合：先求出 $c(OH^-)_{混}$，再据 $K_w$ 求出 $c(H^+)_{混}$，最后求 pH。

$$c(OH^-)_{混} = \frac{c(OH^-)_1 V_1 + c(OH^-)_2 V_2}{V_1 + V_2}$$

技巧二：若两强碱溶液等体积混合，可采用速算法：混合后溶液的 pH 等于混合前溶液 pH 大的减去 0.3。

（3）强酸、强碱混合：先判断哪种物质过量，再由下式求出溶液中 $H^+$ 或 $OH^-$ 的浓度，最后求 pH。

强酸与强碱混合实质为中和反应，可以有以下三种情况：

① 若恰好中和，pH = 7。

例：1 体积 pH = 2.5 的盐酸与 10 体积某一元强碱溶液恰好完全反应，则该碱溶液的 pH 等于（　　）。

A. 9.0　　　　　　B. 9.5　　　　　　C. 10.5　　　　　　D. 11.0

解析：因为是恰好中和，则中和后溶液的 pH = 7，设碱的 pH = x，则有 $1 \times 10^{-2.5} = 10 \times 10^{x-14}$，解得 $x = 10.5$，答案为 C。

② 若酸剩余，先求出中和后剩余的 $c(H^+)$，再求出 pH。

③ 若碱剩余，先求出中和后剩余的 $c(OH^-)$，再通过 $K_w$ 求出 $c(H^+)$，最后求 pH。

**3. 溶液稀释后的 pH 求法**

（1）一般来说，强酸（强碱）溶液，每稀释为 10 倍体积，pH 增大（减小）1 个单位；对于弱酸（弱碱）溶液，每稀释为 10 倍体积，pH 增大（减小）不足 1 个单位。无论稀释多少倍，酸（碱）溶液的 pH 不能等于或大于（小于）7，只能趋近于 7（考虑水的电离）。

（2）对于 pH 相同的强酸和弱酸（或强碱和弱碱）溶液，稀释相同的倍数，强酸（或强碱）溶液的 pH 变化幅度大。这是因为强酸（或强碱）已完全电离，随着加水稀释，溶液中 $H^+$（或 $OH^-$）数（除水电离的以外）不会增多，而弱酸（或弱碱）随着加水稀释，$H^+$（或 $OH^-$）数还会增多。

（3）对于相同物质的量浓度的强酸和弱酸（或强碱和弱碱），稀释相同的倍数，pH 的变化幅度不同，强酸（强碱）的 pH 变化幅度大。

## 三、酸碱中和滴定

### （一）实验原理

利用酸碱中和反应，用已知浓度酸（或碱）来测定未知浓度的碱（或酸）的实验方法。以标准盐酸溶液滴定待测的 NaOH 溶液，待测的 NaOH 溶液的物质的量浓度为：

$$c(NaOH) = \frac{c(HCl)\ V(HCl)}{V(NaOH)}$$

酸碱中和滴定的关键：

1. 准确测定标准液的体积。

2. 准确判断滴定终点。

**（二）实验用品**

**1. 仪 器**

酸式滴定管（图 10 – 2 – 2（A））、碱式滴定管（图 10 – 2 – 2（B））、滴定管夹、铁架台、锥形瓶。

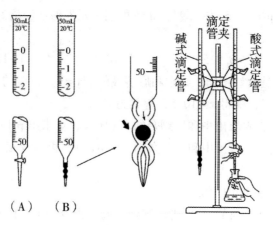

图 10 – 2 – 2

**2. 试 剂**

标准液、待测液、指示剂、蒸馏水。

**3. 滴定管的使用**

（1）酸性、氧化性的试剂一般用酸式滴定管，因为酸和氧化性物质易腐蚀橡胶管。

（2）碱性的试剂一般用碱式滴定管，因为碱性物质易腐蚀玻璃，致使活塞无法打开。

**（三）实验操作**

以标准盐酸滴定待测 NaOH 溶液为例。

**1. 滴定前的准备**

（1）滴定管：查漏→洗涤→润洗→装液→调液面→记录。

（2）锥形瓶：注碱液→记读数→加指示剂。

**2. 滴定**（图 10 – 2 – 3）

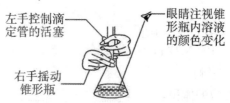

图 10 – 2 – 3

### 3. 终点判断

（1）滴入最后一滴标准液，锥形瓶内颜色发生突变。

（2）颜色突变后，半分钟内不恢复原色。

### 4. 数据处理

按上述操作重复 2～3 次，求出用去标准盐酸体积的平均值，根据 $c$（NaOH）$= c$（HCl）$\cdot V$（HCl）$/V$（NaOH）计算。

### 5. 误差分析

（1）原理：依据原理 $c_{标准} \cdot V_{标准} = c_{待测} \cdot V_{待测}$，所以 $c_{待测} = \dfrac{c_{标准} \cdot V_{标准}}{V_{待测}}$，由于 $c_{标准}$ 与 $V_{待测}$ 已确定，因此只要分析出不正确操作引起 $V_{标准}$ 的变化，即分析出结果。

（2）常见误差：以标准酸溶液滴定未知浓度的碱溶液（酚酞作指示剂）为例，如表 10 - 2 - 3 所示。

表 10 - 2 - 3

| 步　骤 | 操　作 | $V_{标准}$ | $c_{待测}$ |
|---|---|---|---|
| 洗　涤 | 酸式滴定管未用标准溶液润洗 | 变大 | 偏高 |
|  | 碱式滴定管未用待测溶液润洗 | 变小 | 偏低 |
|  | 锥形瓶用待测溶液润洗 | 变大 | 偏高 |
|  | 锥形瓶洗净后还留有蒸馏水 | 不变 | 无影响 |
| 取　液 | 放出碱液的滴定管开始有气泡，放出液体后气泡消失 | 变小 | 偏低 |
| 滴　定 | 酸式滴定管滴定前有气泡，滴定终点时气泡消失 | 变大 | 偏高 |
|  | 振荡锥形瓶时部分液体溅出 | 变小 | 偏低 |
|  | 部分酸液滴出锥形瓶外 | 变大 | 偏高 |
|  | 溶液颜色较浅时滴入酸液过快，停止滴定后反加一滴 NaOH 溶液无变化 | 变大 | 偏高 |
| 读　数 | 酸式滴定管滴定前读数正确，滴定后俯视读数（或前仰后俯） | 变小 | 偏低 |
|  | 酸式滴定管滴定前读数正确，滴定后仰视读数（或前俯后仰） | 变大 | 偏高 |

### （四）常用酸碱指示剂

#### 1. 常用酸碱指示剂变色范围（表 10 - 2 - 4）

表 10 - 2 - 4

| 指示剂 | 变色范围的 pH | | |
|---|---|---|---|
| 石 蕊 | <5.0 红色 | 5.0~8.0 紫色 | >8.0 蓝色 |
| 甲基橙 | <3.1 红色 | 3.1~4.4 橙色 | >4.4 黄色 |
| 酚 酞 | <8.2 无色 | 8.2~10.0 浅红色 | >10.0 红色 |

#### 2. 指示剂选择的基本原则

变色要灵敏，变色范围要小，使变色范围尽量与滴定终点溶液的酸碱性一致。

（1）不能用石蕊作指示剂。

（2）滴定终点为碱性时，用酚酞作指示剂，如用 NaOH 溶液滴定醋酸。

（3）滴定终点为酸性时，用甲基橙作指示剂，如用盐酸滴定氨水。

（4）强酸滴定强碱一般用甲基橙，也可以用酚酞。

（5）并不是所有的滴定都须使用指示剂，如用标准的 $Na_2SO_3$ 滴定 $KMnO_4$ 溶液时，$KMnO_4$ 颜色恰好褪去时即为滴定终点。

## 四、氧化还原滴定

#### 1. 原 理

以氧化剂或还原剂为滴定剂，直接滴定一些具有还原性或氧化性的物质，或者间接滴定一些本身并没有还原性或氧化性，但能与某些还原剂或氧化剂反应的物质。

#### 2. 试 剂

常见的用于滴定的氧化剂有 $KMnO_4$、$K_2Cr_2O_7$ 等；常见的用于滴定的还原剂有亚铁盐、草酸、维生素 C 等。

#### 3. 指示剂

氧化还原滴定法的指示剂有三类：

（1）氧化还原指示剂。

（2）专用指示剂，如在碘量法滴定中，可溶性淀粉溶液遇碘标准溶液变蓝。

（3）自身指示剂，如用高锰酸钾标准溶液滴定草酸时，滴定终点为溶液由无色变为浅红色。

# 第三节　盐类的水解

## 一、盐类水解

### （一）定　义

在溶液中盐电离出来的离子跟水电离产生的 $H^+$ 或 $OH^-$ 结合生成弱电解质的反应。

### （二）条　件

盐必须能电离出弱酸根离子或弱碱阳离子。

### （三）实　质

盐电离出的弱酸根离子或弱碱阳离子与水电离产生的 $H^+$ 或 $OH^-$ 结合生成弱电解质，破坏了水的电离，促进水的电离平衡发生移动的过程。

### （四）特　点

1. 水解反应和中和反应处于动态平衡，水解进行程度很小。

2. 水解反应为吸热反应。

3. 盐类溶解于水，以电离为主，水解为辅。

4. 多元弱酸根离子分步水解，以第一步为主。

### （五）不同类型盐的水解

1. 实例（表 10 – 3 – 1）

表 10 – 3 – 1

| 盐的类型 | 实　例 | 是否水解 | 水解的离子 | 溶液的酸碱性 | 溶液的 pH |
|---|---|---|---|---|---|
| 强酸强碱盐 | $NaCl$、$KNO_3$ | 否 | — | 中性 | $pH = 7$ |
| 强酸弱碱盐 | $NH_4Cl$、$Cu(NO_3)_2$ | 是 | $NH_4^+$、$Cu^{2+}$ | 酸性 | $pH < 7$ |
| 弱酸强碱盐 | $CH_3COONa$、$Na_2CO_3$ | 是 | $CH_3COO^-$、$CO_3^{2-}$ | 碱性 | $pH > 7$ |
| 弱酸弱碱盐 | $CH_3COONH_4$ | 是 | $CH_3COO^-$、$NH_4^+$ | 中性 | $pH = 7$ |
| 弱酸弱碱盐 | $NH_4F$ | 是 | $NH_4^+$、$F^-$ | 酸性 | $pH < 7$ |
| 弱酸弱碱盐 | $(NH_4)_2S$ | 是 | $NH_4^+$、$S^{2-}$ | 碱性 | $pH > 7$ |

### 2. 规 律

有弱才水解，无弱不水解，越弱越水解；谁强显谁性，同强显中性。

### （六）表示方法——水解离子方程式

1. 一般来说，盐类水解的程度不大，应该用可逆号"$\rightleftharpoons$"表示。盐类水解一般不会产生沉淀和气体，所以不用符号"↓"和"↑"表示水解产物。如

$Cu^{2+} + 2H_2O \rightleftharpoons Cu(OH)_2 + 2H^+$；

$NH_4^+ + H_2O \rightleftharpoons NH_3 \cdot H_2O + H^+$。

2. 多元弱酸盐的水解是分步进行的，水解离子方程式要分步表示。如 $Na_2CO_3$ 水解反应的离子方程式为：$CO_3^{2-} + H_2O \rightleftharpoons HCO_3^- + OH^-$、$HCO_3^- + H_2O \rightleftharpoons H_2CO_3 + OH^-$。

3. 多元弱碱阳离子的水解简化成一步完成，如 $FeCl_3$ 溶液中：$Fe^{3+} + 3H_2O \rightleftharpoons Fe(OH)_3 + 3H^+$。

4. 比较弱的弱碱阳离子和比较弱的酸根离子由于水解相互促进的程度较大时，书写时要用"$=$""↑""↓"等，$Al^{3+}$ 和 $CO_3^{2-}$、$HCO_3^-$、$S^{2-}$、$HS^-$、$AlO_2^-$；$Fe^{3+}$ 和 $CO_3^{2-}$、$HCO_3^-$、$AlO_2^-$。如 $NaHCO_3$ 与 $AlCl_3$ 混合溶液反应的离子方程式为：$Al^{3+} + 3HCO_3^- = Al(OH)_3\downarrow + 3CO_2\uparrow$。

### （七）盐类水解的规律及拓展应用

1. 谁弱谁水解，越弱越水解。如酸性：$HCN < CH_3COOH$，则相同条件下碱性：$NaCN > CH_3COONa$。

2. 强酸的酸式盐只电离，不水解，溶液显酸性。如 $NaHSO_4$ 在水溶液中：$NaHSO_4 = Na^+ + H^+ + SO_4^{2-}$。

3. 弱酸的酸式盐溶液的酸碱性，取决于酸式酸根离子的电离程度和水解程度的相对大小。

（1）若电离程度小于水解程度，溶液呈碱性。

如 $NaHCO_3$ 溶液中：$HCO_3^- \rightleftharpoons H^+ + CO_3^{2-}$（次要），$HCO_3^- + H_2O \rightleftharpoons H_2CO_3 + OH^-$（主要）。

（2）若电离程度大于水解程度，溶液显酸性。

如 $NaHSO_3$ 溶液中：$HSO_3^- \rightleftharpoons H^+ + SO_3^{2-}$（主要），$HSO_3^- + H_2O \rightleftharpoons H_2SO_3 + OH^-$（次要）。

4. 相同条件下的水解程度：正盐 > 相应酸式盐，如 $CO_3^{2-} > HCO_3^-$。

5. 水解相互促进的盐 > 单独水解的盐 > 水解相互抑制的盐。如 $NH_4^+$ 的水解：$NH_4HCO_3 > NH_4NO_3 > NH_4Fe(SO_4)_2$。

## 二、盐类水解的影响因素

### （一）内 因

酸或碱越弱，其对应的弱酸根离子或弱碱阳离子的水解程度越大，溶液的碱性或酸性越强。

### （二）外 因

盐类水解易受温度、浓度、溶液的酸碱性等因素的影响，以氯化铁水解为例，当改变条件如升温、通入 HCl 气体、加水、加铁粉、加碳酸氢钠等时，应从平衡移动方向、pH 的变化、水解程度、现象等方面归纳总结，加以分析掌握，如表 10 - 3 - 2 所示。

表 10 - 3 - 2

| 因 素 | | 水解平衡 | 水解程度 | 水解产生离子的浓度 |
|---|---|---|---|---|
| 温度 | 升高 | 右移 | 增大 | 增大 |
| 浓度 | 增大 | 右移 | 减小 | 增大 |
| | 减小（即稀释） | 右移 | 增大 | 减小 |
| 外加酸、碱 | 酸 | 弱碱阳离子的水解程度减小 | | |
| | 碱 | 弱酸根离子的水解程度减小 | | |

例如，不同条件对 $Fe^{3+} + 3H_2O \Longrightarrow Fe(OH)_3 + 3H^+$ 的影响，如表 10 - 3 - 3 所示。

表 10 - 3 - 3

| 条 件 | 移动方向 | $H^+$ 数 | pH | 现 象 |
|---|---|---|---|---|
| 升温 | 向右 | 增多 | 减小 | 颜色变深 |
| 通 HCl | 向左 | 增多 | 减小 | 颜色变浅 |
| 加 $H_2O$ | 向右 | 增多 | 增大 | 颜色变浅 |
| 加 $NaHCO_3$ | 向右 | 减小 | 增大 | 生成红褐色沉淀，放出气体 |

### （三）水解平衡常数

水解平衡常数（$K_h$）只受温度的影响，它与 $K_a$（或 $K_b$）、$K_w$ 的定量关系为 $K_a \cdot K_b = K_w$ 或 $K_b \cdot K_h = K_w$。

## 三、盐类水解的应用

### （一）盐类水解的应用（表 10 - 3 - 4）

表 10 - 3 - 4

| 应 用 | 举 例 |
|---|---|
| 判断溶液的酸碱性 | $FeCl_3$ 溶液显酸性，原因是 $Fe^{3+}$ 水解，发生反应：$Fe^{3+} + 3H_2O \rightleftharpoons Fe(OH)_3 + 3H^+$ |
| 配制或贮存易水解的盐溶液 | 配制 $CuSO_4$ 溶液时，加入少量 $H_2SO_4$，防止 $Cu^{2+}$ 水解 |
| 胶体的制取 | 制取 $Fe(OH)_3$ 胶体的离子反应：$Fe^{3+} + 3H_2O \xrightarrow{\triangle} Fe(OH)_3$（胶体）$+ 3H^+$ |
| 物质的提纯 | 除去 $MgCl_2$ 溶液中的 $Fe^{3+}$，可在加热搅拌的条件下加入 $MgO$、镁粉、$Mg(OH)_2$ 或 $MgCO_3$ 调节溶液的 pH 值 |
| 离子共存的判断 | $Al^{3+}$ 与 $AlO_2^-$、$CO_3^{2-}$、$HCO_3^-$、$S^{2-}$、$HS^-$ 等因水解相互促进而不共存 |
| 泡沫灭火器原理 | $Al^{3+} + 3HCO_3^- \rightleftharpoons Al(OH)_3\downarrow + 3CO_2\uparrow$ |
| 作净水剂 | 明矾可作净水剂，原理为：$Al^{3+} + 3H_2O \rightleftharpoons Al(OH)_3$（胶体）$+ 3H^+$ |
| 化肥的使用 | 铵态氮肥与草木灰不得混用 |
| 比较离子浓度大小 | 在 $CH_3COONa$ 溶液中，$c(Na^+) > c(CH_3COO^-) > c(OH^-) > c(CH_3COOH) > c(H^+)$ |

### （二）盐溶液蒸干灼烧时所得产物的四种判断类型

1. 有的盐溶液蒸干时，可以得晶体，如 $CuSO_4$（aq）$\xrightarrow{蒸干} CuSO_4 \cdot 5H_2O$（s）。

2. 盐溶液水解生成易挥发性酸时，蒸干灼烧后一般得对应的氧化物，如 $AlCl_3$（aq）$\xrightarrow{蒸干} Al(OH)_3 \xrightarrow{灼烧} Al_2O_3$。

3. 考虑盐受热时是否分解：

如 $Ca(HCO_3)_2$、$NaHCO_3$、$KMnO_4$、$NH_4Cl$ 固体受热易分解，因此蒸干灼烧后分别为 $Ca(HCO_3)_2 \rightarrow CaCO_3$（$CaO$）；$NaHCO_3 \rightarrow Na_2CO_3$；$KMnO_4 \rightarrow K_2$

$MnO_4 + MnO_2$；$NH_4Cl \xrightarrow{\triangle} NH_3 \uparrow + HCl \uparrow$。

4. 还原性盐在蒸干时会被 $O_2$ 氧化，如 $Na_2SO_3$（aq）$\xrightarrow{蒸干} Na_2SO_4$（s）。

**（三）与水解有关的离子共存问题**

熟记下列因水解相互促进不能大量共存的离子组合：

（1）$Al^{3+}$ 与 $HCO_3^-$、$CO_3^{2-}$、$AlO_2^-$、$SiO_3^{2-}$、$HS^-$、$S^{2-}$。

（2）$Fe^{3+}$ 与 $HCO_3^-$、$CO_3^{2-}$、$AlO_2^-$、$SiO_3^{2-}$。

（3）$NH_4^+$ 与 $SiO_3^{2-}$、$AlO_2^-$。

（4）$NH_4^+$ 与 $CH_3COO^-$、$HCO_3^-$ 虽能发生水解相互促进的反应，但能大量共存。

# 四、离子浓度大小比较

## （一）注意两大理论

### 1. 电离理论

（1）弱电解质的电离是微弱的，电离产生的微粒都非常少，同时还要考虑水的电离，且水的电离能力远远小于弱酸和弱碱的电离能力，如氨水溶液中：$c(NH_3 \cdot H_2O) > c(OH^-) > c(NH_4^+)$。

（2）多元弱酸的电离是分步进行的，其主要是第一级电离，如 $H_2S$ 溶液中：$c(H_2S) > c(H^+) > c(HS^-) > c(S^{2-})$。

### 2. 水解理论

（1）弱酸根离子或弱碱阳离子的水解是微弱的（双水解除外），但水的电离程度远远小于盐的水解程度，如稀 $CH_3COONa$ 溶液中，$CH_3COONa \Longrightarrow CH_3COO^- + Na^+$，$CH_3COO^- + H_2O \Longrightarrow CH_3COOH + OH^-$，$H_2O \Longrightarrow H^+ + OH^-$，所以 $CH_3COONa$ 溶液中，$c(Na^+) > c(CH_3COO^-) > c(OH^-) > c(CH_3COOH) > c(H^+)$。

（2）多元弱酸根离子的水解是分步进行的，其主要是第一步水解，如 $Na_2CO_3$ 溶液中：$c(CO_3^{2-}) > c(HCO_3^-) > c(H_2CO_3)$。

（3）酸式盐溶液的酸碱性主要取决于酸式盐中酸式酸根离子的电离能力和水解能力哪一个更强，如 $NaHCO_3$ 溶液中 $HCO_3^-$ 的水解能力大于其电离能力，故溶液显碱性；$NaHSO_3$ 溶液中 $HSO_3^-$ 的水解能力小于其电离能力，故溶液显酸性。

## （二）把握三种守恒，明确等量关系

### 1. 电荷守恒→注重溶液呈电中性

溶液中所有阳离子所带的正电荷总电量等于所有阴离子所带的负电荷总

电量，如 $NaHCO_3$ 溶液中：$c(Na^+) + c(H^+) = c(HCO_3^-) + 2c(CO_3^{2-}) + c(OH^-)$。

### 2. 物料守恒→注重溶液中某元素的原子守恒

在电解质溶液中，粒子可能发生变化，但变化前后其中某种元素的原子个数守恒，如 $0.1\ mol \cdot L^{-1}\ NaHCO_3$ 溶液中：$c(Na^+) = c(HCO_3^-) + c(CO_3^{2-}) + c(H_2CO_3) = 0.1\ mol \cdot L^{-1}$。

### 3. 质子守恒→注重分子或离子得失 H⁺ 数目不变

在电解质溶液中，由于电离、水解等过程的发生，往往存在质子（$H^+$）的得失，但得到的质子数等于失去的质子数。

$Na_2S$ 水溶液中质子守恒式可表示为：$c(H^+) + 2c(H_2S) + c(HS^-) = c(OH^-)$。

质子守恒的关系式也可以由电荷守恒式与物料守恒式推导得到。$Na_2S$ 水溶液中电荷守恒式为：$c(Na^+) + c(H^+) = c(OH^-) + c(HS^-) + 2c(S^{2-})$ ①，物料守恒式为：$c(Na^+) = 2[c(HS^-) + c(S^{2-}) + c(H_2S)]$ ②，由 ① – ② 即可得质子守恒式，消去没有参与变化的 $Na^+$，得 $c(H^+) + 2c(H_2S) + c(HS^-) = c(OH^-)$。

# 第四节　难溶电解质的溶解平衡

## 一、沉淀溶解平衡的建立与特点

### （一）概　念

在一定温度下，当难溶强电解质溶于水形成饱和溶液时，溶解速率和生成沉淀速率相等的状态。

### （二）溶解平衡的建立（图 10 – 4 – 1）

$$固体溶质 \underset{沉淀}{\overset{溶解}{\rightleftharpoons}} 溶液中的溶质 \begin{cases} v_{溶解} > v_{沉淀}，固体溶解 \\ v_{溶解} = v_{沉淀}，固体平衡 \\ v_{溶解} < v_{沉淀}，析出晶体 \end{cases}$$

图 10 – 4 – 1

### （三）特　点

1. 溶解平衡是动态平衡，$v_{溶解} = v_{沉淀} \neq 0$。

2. 达到平衡时，固态质量、离子浓度保持不变。

3. 改变影响溶解平衡的条件，溶解平衡将发生移动。

## 二、沉淀溶解平衡的影响因素

### （一）内　因
难溶电解质本身的性质。

### （二）外　因

**1. 浓度积（$K_{sp}$不变）**

（1）加水稀释，平衡向沉淀溶解的方向移动。

（2）向平衡体系中加入难溶物相应的离子，平衡向沉淀生成的方向移动。

（3）向平衡体系中加入可与体系中某些离子反应生成更难溶物质或更难电离物质或气体的离子时，平衡向沉淀溶解的方向移动。

**2. 温度**

绝大多数难溶盐的溶解是吸热过程，升高温度，平衡向沉淀溶解的方向移动，$K_{sp}$增大，但 $Ca(OH)_2$相反。

**3. 以 $AgCl(s) \rightleftharpoons Ag^+(aq) + Cl^-(aq)$，$\Delta H > 0$ 为例（表 10 - 4 - 1）**

表 10 - 4 - 1

| 外界条件 | 移动方向 | 平衡后 $c(Ag^+)$ | 平衡后 $c(Cl^-)$ | $K_{sp}$ |
|---|---|---|---|---|
| 升高温度 | 正向 | 增大 | 增大 | 增大 |
| 加水稀释 | 正向 | 减小 | 减小 | 不变 |
| 加入少量 $AgNO_3$ | 逆向 | 增大 | 减小 | 不变 |
| 通入 $HCl$ | 逆向 | 减小 | 增大 | 不变 |
| 通入 $H_2S$ | 正向 | 减小 | 增大 | 不变 |

### （三）电解质在水中的溶解度

20 ℃时，电解质在水中的溶解度与溶解性存在如下关系，如图 10 - 4 - 2 所示。

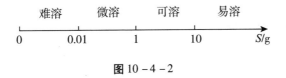

图 10 - 4 - 2

## 三、沉淀溶解平衡的应用

### （一）沉淀的生成

**1. 调节 pH 法**

如除去 $CuCl_2$ 溶液中的杂质 $FeCl_3$，可以向溶液中加入 CuO，调节溶液的 pH，使 $Fe^{3+}$ 形成 $Fe(OH)_3$ 沉淀而除去，离子方程式为：$Fe^{3+} + 3H_2O \rightleftharpoons Fe(OH)_3 + 3H^+$、$CuO + 2H^+ == Cu^{2+} + H_2O$。

**2. 沉淀剂法**

如用 $H_2S$ 沉淀 $Hg^{2+}$，离子方程式为：$H_2S + Hg^{2+} == HgS\downarrow + 2H^+$。

### （二）沉淀的溶解

**1. 酸溶解法**

如 $CaCO_3$ 溶于盐酸，离子方程式为：$CaCO_3 + 2H^+ == Ca^{2+} + H_2O + CO_2\uparrow$；$Cu(OH)_2$ 溶于稀硫酸，离子方程式为：$Cu(OH)_2 + 2H^+ == Cu^{2+} + 2H_2O$。

**2. 盐溶液溶解法**

如 $Mg(OH)_2$ 溶于 $NH_4Cl$ 溶液，离子方程式为：$Mg(OH)_2 + 2NH_4^+ == Mg^{2+} + 2NH_3 \cdot H_2O$。

### （三）沉淀的转化

**1. 实 质**

沉淀溶解平衡的移动。

**2. 规 律**

一般来说，溶解度小的沉淀容易转化成溶解度更小的沉淀。沉淀的溶解度差别越大，越容易转化。

**3. 应 用**

（1）锅炉除垢：将 $CaSO_4$ 转化为 $CaCO_3$，离子方程式为：$CaSO_4 + CO_3^{2-} == CaCO_3 + SO_4^{2-}$。

（2）矿物转化：$CuSO_4$ 溶液遇 ZnS 转化为 CuS，离子方程式为：$Cu^{2+} + ZnS == CuS + Zn^{2+}$。

## 四、溶度积常数的应用

### （一）溶度积和浓度商

以 $A_mB_n(s) \rightleftharpoons mA^{n+}(aq) + nB^{m-}(aq)$ 为例，如表 10-4-2 所示。

表 10 - 4 - 2

| | 溶度积 | 浓度商 |
|---|---|---|
| 概　念 | 沉淀溶解的平衡常数 | 溶液中有关离子浓度幂的乘积 |
| 符　号 | $K_{sp}$ | $Q$ |
| 表达式 | $K_{sp}(A_mB_n) = c^m(A^{n+}) \cdot c^n(B^{m-})$，<br>式中的浓度都是平衡浓度 | $Q(A_mB_n) = c^m(A^{n+}) \cdot c^n(B^{m-})$，<br>式中的浓度是任意浓度 |
| 应　用 | 判断在一定条件下沉淀能否生成或溶解：<br>1. $Q > K_{sp}$：溶液过饱和，有沉淀析出；<br>2. $Q = K_{sp}$：溶液饱和，处于平衡状态；<br>3. $Q < K_{sp}$：溶液未饱和，无沉淀析出 | |

## （二）$K_{sp}$ 的影响因素

### 1. 内　因

难溶物质本身的性质是主要决定因素。

### 2. 外　因

（1）浓度：加水稀释，平衡向溶解方向移动，但 $K_{sp}$ 不变。

（2）温度：绝大多数难溶盐的溶解是吸热过程，升高温度，平衡向溶解方向移动，$K_{sp}$ 增大，但 $Ca(OH)_2$ 相反。

（3）其他：向平衡体系中加入可与体系中某些离子反应生成更难溶物质或更难电离物质或气体的离子时，平衡向溶解方向移动，但 $K_{sp}$ 不变。

# 第十一章 物质结构与性质（选考）

## 第一节　原子结构与性质

### 一、原子核外电子排布原理

#### （一）能层、能级、原子轨道和容纳电子数之间的关系（表 11 – 1 – 1）

表 11 – 1 – 1

| 能　层（$n$） | | 能　级 | | 最多容纳电子数 | |
|---|---|---|---|---|---|
| 序　数 | 符　号 | 符　号 | 原子轨道数 | 各能级 | 各能层 |
| 1 | K | 1s | 1 | 2 | 2 |
| 2 | L | 2s | 1 | 2 | 8 |
| | | 2p | 3 | 6 | |
| 3 | M | 3s | 1 | 2 | 18 |
| | | 3p | 3 | 6 | |
| | | 3d | 5 | 10 | |
| 4 | N | 4s | 1 | 2 | 32 |
| | | 4p | 3 | 6 | |
| | | 4d | 5 | 10 | |
| | | 4f | 7 | 14 | |
| … | … | … | … | … | … |
| $n$ | … | … | … | … | $2n^2$ |

#### （二）原子轨道的形状和能量高低

1. 轨道形状

（1）s 电子的原子轨道呈球形。

（2）p 电子的原子轨道呈哑铃形。

2. 能量高低

（1）相同能层上原子轨道能量的高低：$ns < np < nd < nf$。

（2）形状相同的原子轨道能量的高低：$1s < 2s < 3s < 4s\cdots$。

（3）同一能层内形状相同而伸展方向不同的原子轨道的能量相等，如 $np_x$、$np_y$、$np_z$ 轨道的能量相等。

### （三）原子核外电子的排布规律

#### 1. 三个原理

（1）能量最低原理：原子的核外电子排布遵循构造原理，使整个原子的能量处于最低状态。构造原理示意图，如图 11 – 1 – 1 所示。

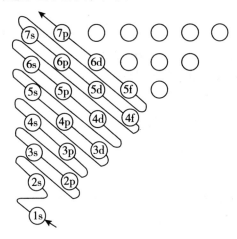

图 11 – 1 – 1

（2）泡利不相容原理：在一个原子轨道里最多只能容纳 2 个电子，而且自旋方向相反。

（3）洪特规则：当电子排布在同一能级的不同轨道时，基态原子中的电子总是优先单独占据一个轨道，而且自旋方向相同。

洪特规则特例：当能量相同的原子轨道在全满（$p^6$、$d^{10}$、$f^{14}$）、半满（$p^3$、$d^5$、$f^7$）和全空（$p^0$、$d^0$、$f^0$）状态时，体系的能量最低，如 $_{24}Cr$ 的基态原子电子排布式为 $1s^2 2s^2 2p^6 3s^2 3p^6 3d^5 4s^1$，而不是 $1s^2 2s^2 2p^6 3s^2 3p^6 3d^4 4s^2$。

#### 2. 基态原子核外电子排布的表示方法（表 11 – 1 – 2）

表 11 – 1 – 2

| 表示方法 | 以硫原子为例 |
|---|---|
| 电子排布式 | $1s^2 2s^2 2p^6 3s^2 3p^4$ |
| 简化电子排布式 | $[Ne]\ 3s^2 3p^4$ |
| 电子排布图<br>（轨道表示式） | 1s  2s    2p      3s     3p<br>↑↓ ↑↓ ↑↓↑↓↑↓ ↑↓ ↑↓ ↑ ↑ |
| 价电子排布式 | $3s^2 3p^4$ |

### （四）电子的跃迁与原子光谱

#### 1. 电子的跃迁

（1）基态→激发态：当基态原子的电子吸收能量后，会从低能级跃迁到较高能级，变成激发态原子。

（2）激发态→基态：激发态原子的电子从较高能级跃迁到低能级时会释放出能量。

#### 2. 原子光谱

不同元素的原子发生跃迁时会吸收或释放不同的光，可以用光谱仪摄取各种元素的电子的吸收光谱或发射光谱，总称原子光谱。

### （五）基态原子核外电子排布表示方法中的常见误区

1. 在写基态原子的电子排布图时，常出现以下错误：

（1）![↑][↑][↑][ ]（违反能量最低原理）

（2）↑↑（违反泡利不相容原理）

（3）↑↓[ ][ ]（违反洪特规则）

（4）[↑][↓][ ]（违反洪特规则）

2. 注意元素电子排布式、简化电子排布式、元素价电子排布式的区别与联系。如 Cr 的电子排布式：$1s^2 2s^2 2p^6 3s^2 3p^6 3d^5 4s^1$；简化电子排布式：$[Ar]\ 3d^5 4s^1$；价电子排布式：$3d^5 4s^1$。

## 二、原子结构与元素周期表的关系

### （一）原子结构与元素周期表的关系

#### 1. 元素周期表中各周期所含元素种数（表 11 - 1 - 3）

表 11 - 1 - 3

| 周　期 | 元素种数 | 各周期增加的能级 | 电子最大容量 |
|---|---|---|---|
| 一 | 2 | 1s | 2 |
| 二 | 8 | 2s　2p | 8 |
| 三 | 8 | 3s　3p | 8 |
| 四 | 18 | 4s　3d　4p | 18 |
| 五 | 18 | 5s　4d　5p | 18 |
| 六 | 32 | 6s　4f　5d　6p | 32 |
| 七 | 32 | 7s　5f　6d… | 32 |

## 2. 各族元素的价电子排布特点

（1）主族（表 11 - 1 - 4）。

表 11 - 1 - 4

| 主　族 | I A | II A | III A | IV A | V A | VI A | VII A |
|---|---|---|---|---|---|---|---|
| 价电子排布特点 | $ns^1$ | $ns^2$ | $ns^2np^1$ | $ns^2np^2$ | $ns^2np^3$ | $ns^2np^4$ | $ns^2np^5$ |

（2）0 族。He：$1s^2$；其他：$ns^2np^6$。

（3）过渡元素（副族和第Ⅷ族）：$(n-1)d^{1\sim10}ns^{1\sim2}$。

## 3. 元素周期表的分区与价电子排布的关系

（1）元素周期表的分区（图 11 - 1 - 2）。

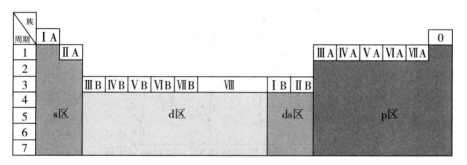

图 11 - 1 - 2

（2）各区元素价电子排布特点（表 11 - 1 - 5）。

表 11 - 1 - 5

| 分　区 | 价电子排布 |
|---|---|
| s 区 | $ns^{1\sim2}$ |
| p 区 | $ns^2np^{1\sim6}$（除 He 外） |
| d 区 | $(n-1)d^{1\sim9}ns^{1\sim2}$（除钯外） |
| ds 区 | $(n-1)d^{10}ns^{1\sim2}$ |
| f 区 | $(n-2)f^{0\sim14}(n-1)d^{0\sim2}ns^2$ |

### （二）元素周期律

**1. 第一电离能**

（1）概念：气态电中性基态原子失去一个电子转化为气态基态正离子所需要的最低能量。

（2）规律：

① 同周期元素：第一种元素的第一电离能最小，最后一种元素的第一电离能最大，总体呈现从左到右逐渐增大的变化趋势。但受电子层结构的影响有曲折起伏，如图 11 - 1 - 3 所示。

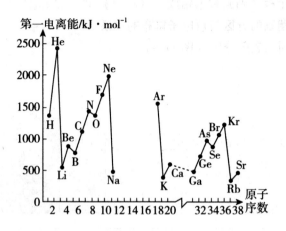

图 11 - 1 - 3

注意：第二、三、四周期的同周期主族元素，第ⅡA族（$ns^2np^0$）和第ⅤA族（$ns^2np^3$），因 p 轨道处于全空和半充满状态，比较稳定，所以其第一电离能大于同周期相邻的第ⅢA族和第ⅥA族元素，如第一电离能：$Mg > Al$、$P > S$。

② 同族元素：从上到下第一电离能逐渐减小。

③ 同种原子：逐级电离能越来越大（即 $I_1 < I_2 < I_3 \cdots$）。

**2. 电负性**

（1）概念：用来描述不同元素的原子对键合电子吸引力的大小。电负性越大的原子，对键合电子的吸引力越大。

（2）变化规律：金属元素的电负性一般小于 1.8，非金属元素的电负性一般大于 1.8，而位于非金属三角区边界的"类金属"（如锗、锑等）的电负性则在 1.8 左右。

在元素周期表中，同周期从左到右，元素的电负性逐渐增大，同主族从上到下，元素的电负性逐渐减小。

### （三）原子结构与元素性质的递变规律（表 11 -1 -6）

表 11 -1 -6

| 项 目 | 同周期（从左→右） | 同主族（从上→下） |
|---|---|---|
| 原子核外电子排布 | 能层数相同，最外层电子数逐渐增多 | 最外层电子数相同，能层数递增 |
| 原子半径 | 逐渐减小（0 族除外） | 逐渐增大 |
| 元素主要化合价 | 最高正价由 +1 → +7（O，F 除外），最低负价由 -4 → -1 | 最高正价 = 主族序数（O，F 除外），非金属最低负价 = 主族序数 -8 |
| 原子得、失电子能力 | 得电子能力逐渐增强；失电子能力逐渐减弱 | 得电子能力逐渐减弱；失电子能力逐渐增强 |
| 第一电离能 | 逐渐增大（总体趋势） | 逐渐减小 |
| 电负性 | 逐渐增大 | 逐渐减小 |
| 元素金属性、非金属性 | 金属性逐渐减弱；非金属性逐渐增强 | 金属性逐渐增强；非金属性逐渐减弱 |

### （四）对角线规则

在元素周期表中，某些主族元素与右下方主族元素的有些性质是相似的，如 Li 和 Mg，如图 11 -1 -4 所示。

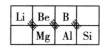

图 11 -1 -4

## 三、电离能

### （一）判断元素金属性的强弱

电离能越小，金属越容易失去电子，金属性越强；反之越弱。

### （二）判断元素的化合价

如果某元素的 $I_{n+1} \gg I_n$，则该元素的常见化合价为 $+n$，如钠元素 $I_2 \gg I_1$，所以钠元素的化合价为 +1。

### （三）判断核外电子的分层排布情况

多电子原子中，元素的各级电离能逐渐增大，有一定的规律性。当电离能的变化出现突跃时，电子层数就可能发生变化。

### （四）反映元素原子的核外电子排布特点

同周期元素从左向右，元素的第一电离能并不是逐渐增大的，当元素的核外电子排布是全空、半充满和全充满状态时，第一电离能就会反常的大。

## 四、电负性

1. 确定元素类型（电负性 > 1.8，为非金属元素；电负性 < 1.8，为金属元素）。

2. 确定化学键类型（两成键元素电负性差值 > 1.7，形成离子键；两成键元素电负性差值 < 1.7，形成共价键）。

3. 判断元素价态正、负（电负性大的元素呈现负价，电负性小的元素呈现正价）。

4. 电负性是判断元素金属性和非金属性强弱的重要参数之一（表征原子得电子能力强弱）。

# 第二节　分子结构与性质

## 一、共价键

### （一）本　质

原子之间形成共用电子对（电子云的重叠）。

### （二）特　征

具有饱和性和方向性。

### （三）分　类（表11-2-1）

表 11-2-1

| 分类依据 | 类　型 | 特　点 |
|---|---|---|
| 形成共价键的原子轨道重叠方式 | σ 键 | 原子轨道"头碰头"重叠 |
| | π 键 | 原子轨道"肩并肩"重叠 |
| 形成共价键的电子对是否偏移 | 极性键 | 共用电子对发生偏移 |
| | 非极性键 | 共用电子对不发生偏移 |
| 原子间共用电子对的数目 | 单键 | 原子间有一对共用电子对 |
| | 双键 | 原子间有两对共用电子对 |
| | 三键 | 原子间有三对共用电子对 |

## （四）键参数

### 1. 键参数对分子性质的影响（图 11 - 2 - 1）

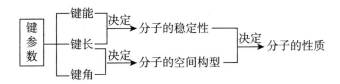

图 11 - 2 - 1

### 2. 键参数与分子稳定性的关系

键能越大，键长越短，分子越稳定。

## （五）等电子原理

原子总数相同、价电子总数相同的分子（即等电子体）具有相似的化学键特征，它们的许多性质相似，如 CO 和 $N_2$。

常见的等电子体汇总如表 11 - 2 - 2 所示。

表 11 - 2 - 2

| 微　粒 | 价电子总数 | 立体构型 |
| --- | --- | --- |
| $CO_2$、$SCN^-$、$NO_2^+$、$N_3^-$ | $16e^-$ | 直线形 |
| $CO_3^{2-}$、$NO_3^-$、$SO_3$ | $24e^-$ | 平面三角形 |
| $SO_2$、$O_3$、$NO_2^-$ | $18e^-$ | V 形 |
| $SO_4^{2-}$、$PO_4^{3-}$ | $32e^-$ | 正四面体形 |
| $PO_3^{3-}$、$SO_3^{2-}$、$ClO_3^-$ | $26e^-$ | 三角锥形 |
| CO、$N_2$ | $10e^-$ | 直线形 |
| $CH_4$、$NH_4^+$ | $8e^-$ | 正四面体形 |

## （六）快速判断 σ 键、π 键的方法

通过物质的结构式，可以快速有效地判断键的种类及数目；判断成键方式时，需掌握：共价单键全为 σ 键，双键中有一个 σ 键和一个 π 键，三键中有一个 σ 键和两个 π 键。

# 二、分子的立体构型

## （一）用价层电子对互斥理论推测分子的立体构型

### 1. 判断分子中心原子上的价层电子对数

如图 11 - 2 - 2 所示，其中 $a$ 是中心原子的价电子数（阳离子要减去电荷数、

阴离子要加上电荷数）；$b$ 是与中心原子结合的原子最多能接受的电子数，氢为 1，其他原子等于"8 - 该原子的价电子数"；$x$ 是与中心原子结合的原子数。

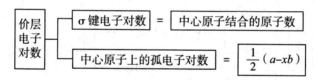

图 11 - 2 - 2

**2. 价层电子对互斥理论与分子构型（表 11 - 2 - 3）**

表 11 - 2 - 3

| 价层电子对数 | σ 键电子对数 | 孤电子对数 | VSEPR 模型 | 分子立体构型 | 实　例 |
|---|---|---|---|---|---|
| 2 | 2 | 0 | 直线形 | 直线形 | $CO_2$ |
| 3 | 3 | 0 | 三角形 | 平面正三角形 | $BF_3$ |
| | 2 | 1 | | V 形 | $SO_2$ |
| 4 | 4 | 0 | 四面体形 | 正四面体形 | $CH_4$ |
| | 3 | 1 | | 三角锥形 | $NH_3$ |
| | 2 | 2 | | V 形 | $H_2O$ |

**（二）用杂化轨道理论推测分子的立体构型（表 11 - 2 - 4）**

表 11 - 2 - 4

| 杂化类型 | 杂化轨道数目 | 杂化轨道间夹角 | 立体构型 | 实　例 |
|---|---|---|---|---|
| $sp$ | 2 | 180° | 直线形 | $BeCl_2$ |
| $sp^2$ | 3 | 120° | 平面正三角形 | $BF_3$ |
| $sp^3$ | 4 | 109°28′ | 正四面体形 | $CH_4$ |

**（三）配位键和配合物**

**1. 配位键**

（1）概念：由一个原子提供一对电子与另一个接受电子的原子形成的共用电子对。

（2）配位键的表示方法：

如 A→B：A 表示提供电子对的原子，B 表示接受电子对的原子。

**2. 配位化合物（配合物）**

（1）定义：金属离子（或原子）与某些分子或离子（配体）以配位键结合形成的化合物。

（2）形成条件：

$\left\{\begin{array}{l}\text{配位体有孤电子对：如 }H_2O、NH_3、CO、F^-、Cl^-、CN^-\text{ 等}\\ \text{中心原子有空轨道：如 }Fe^{3+}、Cu^{2+}、Zn^{2+}、Ag^+\text{ 等}\end{array}\right.$

（3）组成：

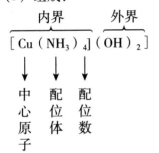

## （四）用价层电子对互斥理论推测分子或离子的空间构型

用价层电子对互斥理论推测简单分子（$AB_n$ 型）、离子（$AB_n^{m\pm}$ 型）空间构型的方法：

解题思路——

### 1. σ 键的电子对数的确定

由分子式确定 σ 键电子对数。例如，$H_2O$ 中的中心原子为 O，O 有 2 对 σ 键电子对；$NH_3$ 中的中心原子为 N，N 有 3 对 σ 键电子对。

### 2. 中心原子上的孤电子对数的确定

中心原子上的孤电子对数 $=\dfrac{1}{2}(a-xb)$。式中 $a$ 为中心原子的价电子数，对于主族元素来说，价电子数等于原子的最外层电子数；$x$ 为与中心原子结合的原子数；$b$ 为与中心原子结合的原子最多能接受的电子数，氢为 1，其他原子等于 "8 - 该原子的价电子数"。例如，$SO_2$ 的中心原子为 S，S 的价电子数为 6（即 S 的最外层电子数为 6），则 $a=6$；与中心原子 S 结合的 O 的个数为 2，则 $x=2$；与中心原子结合的 O 最多能接受的电子数为 2，则 $b=2$，所以 $SO_2$ 中的中心原子 S 上的孤电子对数 $=\dfrac{1}{2}\times(6-2\times2)=1$。

## 三、分子间作用力与分子性质

### （一）范德华力、氢键、共价键的比较（表11-2-5）

表11-2-5

| | 范德华力 | 氢键 | 共价键 |
|---|---|---|---|
| 概念 | 物质分子之间普遍存在的一种相互作用力，又称分子间作用力 | 已经与电负性很强的原子形成共价键的氢原子与另一个分子中电负性很强的原子之间的作用力 | 原子间通过共用电子对所形成的相互作用 |
| 分类 | — | 分子内氢键、分子间氢键 | 极性共价键、非极性共价键 |
| 存在范围 | 分子间 | 某些含强极性键氢化物的分子间（如HF、$H_2O$、$NH_3$）或含F、N、O及H的化合物中或其分子间 | 双原子或多原子的分子或共价化合物和某些离子化合物 |
| 特征（有无方向性和饱和性） | 无方向性、无饱和性 | 有方向性、有饱和性 | 有方向性、有饱和性 |
| 强度比较 | 共价键>氢键>范德华力 | | |
| 影响强度的因素 | 1. 随着分子极性和相对分子质量的增大而增大。2. 组成和结构相似的物质，相对分子质量越大，分子间作用力越大 | 对于A—H…B，A、B的电负性越大、B原子的半径越小，键能越大 | 成键原子半径越小，键长越短，键能越大，共价键越稳定 |
| 对物质性质的影响 | 影响物质的熔点、沸点、溶解度等物理性质。组成和结构相似的物质，随相对分子质量的增大，物质的熔、沸点升高。如熔、沸点：$F_2 < Cl_2 < Br_2 < I_2$，$CF_4 < CCl_4 < CBr_4$ | 分子间氢键的存在，使物质的熔、沸点升高，在水中的溶解度增大，如熔、沸点：$H_2O > H_2S$，$HF > HCl$，$NH_3 > PH_3$。分子内氢键使物质的熔、沸点降低 | 影响分子的稳定性。共价键键能越大，分子稳定性越强 |

### （二）分子的性质

**1. 分子的极性**

（1）分子构型与分子极性的关系，如图11-2-3所示。

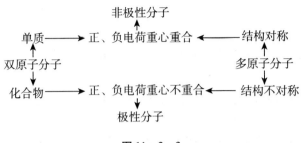

图 11 - 2 - 3

（2）键的极性、分子空间构型与分子极性的关系，如表 11 - 2 - 6 所示。

表 11 - 2 - 6

| 类　型 | 实　例 | 键的极性 | 空间构型 | 分子极性 |
|---|---|---|---|---|
| $X_2$ | $H_2$、$N_2$ | 非极性键 | 直线形 | 非极性分子 |
| XY | HCl、NO | 极性键 | 直线形 | 极性分子 |
| $XY_2$<br>（$X_2Y$） | $CO_2$、$CS_2$ | 极性键 | 直线形 | 非极性分子 |
| | $SO_2$ | 极性键 | V 形 | 极性分子 |
| | $H_2O$、$H_2S$ | 极性键 | V 形 | 极性分子 |
| $XY_3$ | $BF_3$ | 极性键 | 平面正三角形 | 非极性分子 |
| | $NH_3$ | 极性键 | 三角锥形 | 极性分子 |
| $XY_4$ | $CH_4$、$CCl_4$ | 极性键 | 正四面体形 | 非极性分子 |

**2. 分子的溶解性**

（1）"相似相溶"的规律：非极性溶质一般能溶于非极性溶剂，极性溶质一般能溶于极性溶剂。若溶剂和溶质分子之间可以形成氢键，则溶质的溶解度增大。

（2）随着溶质分子中憎水基的增多，溶质在水中的溶解度减小。如甲醇、乙醇和水以任意比互溶，而戊醇在水中的溶解度明显减小。

**3. 分子的手性**

（1）手性异构：具有完全相同的组成和原子排列的一对分子，如同左手和右手一样互为镜像，在三维空间里不能重叠的现象。

（2）手性分子：具有手性异构体的分子。

（3）手性碳原子：在有机物分子中，连有四个不同基团或原子的碳原子。含有手性碳原子的分子是手性分子，如 *CH（$CH_3$）OHCOOH。

**4. 无机含氧酸分子的酸性**

无机含氧酸的通式可写成（HO）$_m$RO$_n$，如果成酸元素 R 相同，则 $n$ 值越大，R 的正电性越高，使 R—O—H 中 O 的电子向 R 偏移，在水分子的作用下

越易电离出 $H^+$，酸性越强，如酸性：$HClO < HClO_2 < HClO_3 < HClO_4$。

注意：

（1）极性分子中可能含有非极性键，如 $H_2O_2$ 为极性分子，但含有非极性共价键 O—O 键。

（2）只含有极性键的分子可能是非极性分子，如 $CH_4$、$CO_2$ 等分子中只含有极性键，属于非极性分子。

### （三）共价键的极性与分子极性的关系（图 11 – 2 – 4）

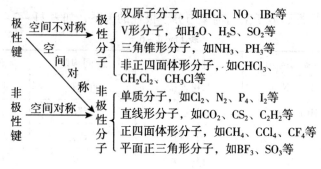

图 11 – 2 – 4

# 第三节　晶体结构与性质

## 一、晶体与非晶体

### （一）晶体与非晶体

#### 1. 晶体与非晶体的比较（表 11 – 3 – 1）

表 11 – 3 – 1

| 比　较 | | 晶　体 | 非晶体 |
|---|---|---|---|
| 结构特征 | | 构成粒子周期性有序排列 | 构成粒子无序排列 |
| 性质特征 | 自范性 | 有 | 无 |
| | 熔点 | 固定 | 不固定 |
| | 异同表现 | 各向异性 | 各向同性 |
| 二者区别方法 | 间接方法 | 测定其是否有固定的熔点 | |
| | 科学方法 | 对固体进行 X 射线衍射实验 | |

**2. 获得晶体的三条途径**

（1）熔融态物质凝固。

（2）气态物质冷却不经液态直接凝固（凝华）。

（3）溶质从溶液中析出。

## （二）晶 胞

**1. 概 念**

晶胞是描述晶体结构的基本单元。

**2. 晶体中晶胞的排列——无隙并置**

（1）无隙：相邻晶胞之间没有任何间隙。

（2）并置：所有晶胞平行排列、取向相同。

**3. 晶胞中粒子数目的计算——均摊法**

晶胞任意位置上的一个原子如果是被 $n$ 个晶胞所共有，那么，每个晶胞对这个原子分得的份额就是 $\dfrac{1}{n}$。

（1）长方体（包括立方体）晶胞中不同位置粒子数的计算，如图 11 - 3 - 1 所示。

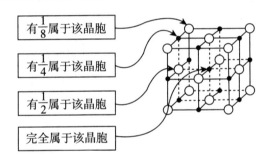

有 $\dfrac{1}{8}$ 属于该晶胞

有 $\dfrac{1}{4}$ 属于该晶胞

有 $\dfrac{1}{2}$ 属于该晶胞

完全属于该晶胞

图 11 - 3 - 1

（2）非长方体晶胞中粒子视具体情况而定，如石墨晶胞每一层内碳原子排成六边形，其顶点（1 个碳原子）被三个六边形共有，每个六边形占 $\dfrac{1}{3}$。

## （三）晶胞密度和晶体中微粒间距离的计算

**1. 计算晶胞密度的方法（图 11 - 3 - 2）**

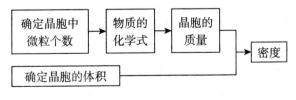

确定晶胞中微粒个数 → 物质的化学式 → 晶胞的质量 → 密度

确定晶胞的体积

图 11 - 3 - 2

## 2. 计算晶体中微粒间距离的方法（图 11 – 3 – 3）

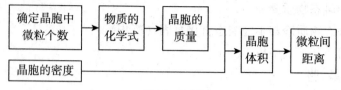

**图 11 – 3 – 3**

# 二、晶体的比较

## （一）四类晶体的比较（表 11 – 3 – 2）

表 11 – 3 – 2

|  | 分子晶体 | 原子晶体 | 金属晶体 | 离子晶体 |
|---|---|---|---|---|
| 构成粒子 | 分子 | 原子 | 金属阳离子、自由电子 | 阴、阳离子 |
| 粒子间的相互作用力 | 范德华力（某些含氢键） | 共价键 | 金属键 | 离子键 |
| 硬度 | 较小 | 很大 | 有的很大，有的很小 | 较大 |
| 熔、沸点 | 较低 | 很高 | 有的很高，有的很低 | 较高 |
| 溶解性 | 相似相溶 | 难溶于任何溶剂 | 常见溶剂难溶 | 大多易溶于水等极性溶剂 |
| 导电性、传热性 | 一般不导电，溶于水后有的导电 | 一般不具有导电性 | 电和热的良导体 | 晶体不导电，水溶液或熔融状态下导电 |
| 物质类别及实例 | 大多数非金属单质、气态氢化物、酸、非金属氧化物（$SiO_2$ 除外）、绝大多数有机物（有机盐除外） | 部分非金属单质（如金刚石、硅、晶体硼），部分非金属化合物（如 SiC、$SiO_2$） | 金属单质与合金（如 Na、Al、Fe、青铜） | 金属氧化物（如 $K_2O$、$Na_2O$）、强碱（如 KOH、NaOH）、绝大部分盐（如 NaCl） |

## （二）晶体类型的 5 种判断方法

### 1. 依据构成晶体的粒子和粒子间的作用判断

（1）离子晶体的构成粒子是阴、阳离子，粒子间的作用是离子键。

（2）原子晶体的构成粒子是原子，粒子间的作用是共价键。

（3）分子晶体的构成粒子是分子，粒子间的作用为分子间作用力（某些含氢键）。

（4）金属晶体的构成粒子是金属阳离子和自由电子，粒子间的作用是金属键。

**2. 依据物质的分类判断**

（1）金属氧化物（如 $K_2O$、$Na_2O_2$ 等）、强碱（如 NaOH、KOH 等）和绝大多数的盐是离子晶体。

（2）大多数非金属单质（除金刚石、石墨、晶体硅等外）、非金属氢化物、非金属氧化物（除 $SiO_2$ 外）、几乎所有的酸、绝大多数有机物（除有机盐外）是分子晶体。

（3）常见的单质类原子晶体有金刚石、晶体硅、晶体硼等，常见的化合类原子晶体有碳化硅、二氧化硅等。

（4）金属单质是金属晶体。

**3. 依据晶体的熔点判断**

（1）离子晶体的熔点较高（有的很低）。

（2）原子晶体熔点很高。

（3）分子晶体熔点低。

（4）金属晶体多数熔点高，但也有少数熔点相当低。

**4. 依据导电性判断**

（1）离子晶体溶于水及熔融状态时能导电。

（2）原子晶体一般为非导体。

（3）分子晶体为非导体，而分子晶体中的电解质（主要是酸和强极性非金属氢化物）溶于水，使分子内的化学键断裂形成自由移动的离子，也能导电。

（4）金属晶体是电的良导体。

**5. 依据硬度和机械性能判断**

（1）离子晶体硬度较大、硬而脆。

（2）原子晶体硬度大。

（3）分子晶体硬度小且较脆。

（4）金属晶体多数硬度大，但也有较低的（如汞），且具有延展性。

**（三）离子晶体的晶格能**

**1. 定义**

气态离子形成 1 摩离子晶体释放的能量，通常取正值，单位：$kJ \cdot mol^{-1}$。

**2. 影响因素**

（1）离子所带电荷数：离子所带电荷数越多，晶格能越大。

（2）离子的半径：离子的半径越小，晶格能越大。

**3. 与离子晶体性质的关系**

晶格能越大，形成的离子晶体越稳定，且熔点越高，硬度越大。

**（四）晶体熔、沸点高低的比较**

**1. 不同类型晶体熔、沸点的比较**

（1）不同类型晶体的熔、沸点高低一般规律：原子晶体 > 离子晶体 > 分子晶体。

（2）金属晶体的熔、沸点差别很大，如钨、铂等熔、沸点很高，汞、铯等熔、沸点很低。

**2. 同种类型晶体熔、沸点的比较**

（1）原子晶体

| 原子半径越小 | → | 键长越短 | → | 键能越大 | → | 熔、沸点越高 |

如熔点：金刚石 > 碳化硅 > 硅。

（2）离子晶体

① 一般地说，离子所带的电荷数越多（主要因素）、离子半径越小，熔、沸点就越高，如熔点：$Al_2O_3$ > $MgO$ > $NaCl$ > $CsCl$。

② 衡量离子晶体稳定性的物理量是晶格能。晶格能越大，形成的离子晶体越稳定，熔点越高，硬度越大。

（3）分子晶体

① 具有氢键的分子晶体熔、沸点反常的高，如熔、沸点：$H_2O$ > $H_2Te$ > $H_2Se$ > $H_2S$。

② 组成和结构相似的分子晶体，相对分子质量越大，熔、沸点越高，如熔、沸点：$SnH_4$ > $GeH_4$ > $SiH_4$ > $CH_4$。

③ 组成和结构不相似的物质（相对分子质量接近），分子的极性越大，其熔、沸点越高，如熔、沸点：$CO$ > $N_2$。

④ 对于有机物的同分异构体，支链越多，熔、沸点越低。

如熔、沸点：$CH_3$—$CH_2$—$CH_2$—$CH_2$—$CH_3$ >

$$CH_3—CH—CH_2—CH_3 > CH_3—\overset{\underset{|}{CH_3}}{\underset{|}{C}}—CH_3$$
$$\qquad\quad\overset{|}{CH_3}\qquad\qquad\qquad\quad CH_3$$

（4）金属晶体

金属原子半径越小，价电子数越多，其金属键越强，金属熔、沸点越高，如熔、沸点：Na < Mg < Al。

## （五）常见各种晶体（表 11 - 3 - 3）

表 11 - 3 - 3

| 晶　体 | | 晶体结构 | 晶体详解 |
|---|---|---|---|
| 原子晶体 | 金刚石 | | 1. 每个碳原子与相邻 4 个碳原子以共价键结合，形成正四面体结构；<br>2. 键角均为 109°28′；<br>3. 最小碳环由 6 个碳原子组成且碳环上的原子不在同一平面内；<br>4. 每个碳原子参与 4 条 C—C 键的形成，碳原子数与 C—C 键数之比为 1:2 |
| | $SiO_2$ | | 1. 每个 Si 原子与 4 个 O 原子以共价键结合，形成正四面体结构；<br>2. 晶体中，$n$（Si）：$n$（O）=1:2；<br>3. 最小环上有 12 个原子，即 6 个 O，6 个 Si |
| 分子晶体 | 干冰 | | 1. 8 个 $CO_2$ 分子构成立方体且在 6 个面心又各占据 1 个 $CO_2$ 分子；<br>2. 每个 $CO_2$ 分子周围等距离紧邻的 $CO_2$ 分子有 12 个 |
| 混合晶体 | 石墨 | | 石墨层状晶体中，层与层之间的作用是分子间作用力，平均每个正六边形拥有的碳原子个数是 2，C 原子采取的杂化方式是 $sp^2$ |
| 金属晶体 | 简单立方堆积 | | 典型代表 Po，配位数为 6，空间利用率 52% |
| | 面心立方最密堆积 | | 又称为 $A_1$ 型或铜型，典型代表 Cu、Ag、Au，配位数为 12，空间利用率为 74% |
| | 体心立方堆积 | | 又称为 $A_2$ 型或钾型，典型代表 Na、K、Fe，配位数为 8，空间利用率为 68% |
| | 六方最密堆积 | | 又称为 $A_3$ 型或镁型，典型代表 Mg、Zn、Ti，配位数为 12，空间利用率为 74% |

续 表

| 晶　体 | | 晶体结构 | 晶体详解 |
|---|---|---|---|
| 离子晶体 | NaCl 型 | 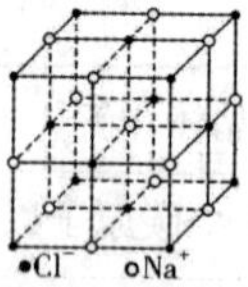 | 1. 每个 $Na^+$（$Cl^-$）周围等距离且紧邻的 $Cl^-$（$Na^+$）有6个。每个 $Na^+$周围等距离且紧邻的 $Na^+$有 12 个；<br>2. 每个晶胞中含 4 个 $Na^+$和 4 个 $Cl^-$ |
| | CsCl 型 | 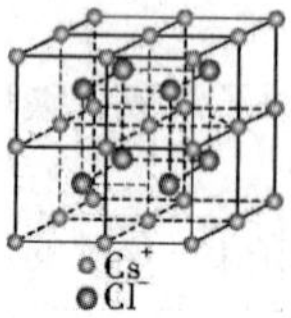 | 1. 每个 $Cs^+$周围等距离且紧邻的 $Cl^-$有 8 个，每个 $Cs^+$（$Cl^-$）周围等距离且紧邻的 $Cs^+$（$Cl^-$）有8个；<br>2. 如图为 8 个晶胞，每个晶胞中含 1 个 $Cs^+$、1 个 $Cl^-$ |

第五篇

# 解题技巧创新

# 第十二章　例题解析及方法

## 第一节　例析四种解有机化学计算题的常用方法

有机化学计算题在高中有机化学学习中是较为重要的一部分，熟练地掌握有机化学计算的常用解题技巧，对同学们学习有机化学有很大帮助，本文主要讲解了四种常见的方法。下面举例说明，希望对提高同学们的解题技巧能够有所帮助。

### 一、比例法

利用燃烧产物 $CO_2$ 和 $H_2O$ 的体积比（相同情况下）可确定碳、氢最简整数比；利用有机物蒸气、$CO_2$ 和水蒸气体积比（相同状况下）可确定一个分子中含碳、氢原子的个数。若有机物为烃，利用前者只能写出最简式，利用后者可写出分子式。

**例1**：在标准状况下测得体积为 5.6 L 的某气态烃与足量氧气完全燃烧后生成 16.8 L $CO_2$ 和 18 克 $H_2O$，则该烃可能是（　　　）。

A. 乙烷　　　　　B. 丙烷　　　　　C. 丁烷　　　　　D. 丁烯

**解析**：$n$（烃）：$n$（$CO_2$）：$n$（$H_2O$）=

$$\frac{5.6\ L}{22.4\ L/mol} : \frac{16.8\ L}{22.4\ L/mol} : \frac{18\ g}{18\ g/mol}$$

=1:3:4，推知 C:H=3:8，所以该烃分子式为 $C_3H_8$。

### 二、差量法

解题时由反应方程式求出一个差量，由题目已知条件求出另一个差量，然后与方程式中任一项列比例求解。运用此法求解后应将答案代入检验。

**例2**：常温常压下，20 mL 某气态烃与同温同压下的过量氧气 70 mL 混合，点燃爆炸后恢复到原来状况，其体积为 50 mL。求此烃可能的分子式。

**解析**：已知反应前后气体体积，因此可用差量法求解。由于题中并未告知烃的种类，故求出答案后需用烃的各种通式讨论并检验。

设该烃的分子式为 $C_xH_y$，则有：

$$C_xH_y + (x + y/4) O_2 \rightarrow xCO_2 + y/2H_2O（液） \qquad \triangle V$$

| | |
|---|---|
| 1 | $1 + y/4$ |
| 20 mL | 90 mL − 50 mL |

$1 : (1 + y/4) = 20 : 40$，解之得 $y = 4$

若烃为烷烃，则 $y = 2x + 2 = 4$，$x = 1$，即 $CH_4$；

若烃为烯烃，则 $y = 2x = 4$，$x = 2$，即 $C_2H_4$；

若烃为炔烃，则 $y = 2x - 2 = 4$，$x = 3$，即 $C_3H_4$。

**检验**：20 mL $CH_4$ 或 $C_2H_4$ 分别充分燃烧需 $O_2$ 体积均小于 70 mL，符合题意；而 20 mL $C_3H_4$ 充分燃烧需 $O_2$ 体积大于 70 mL，与题意不符，应舍去。所以该气态烃分子式可能是 $CH_4$ 或 $C_2H_4$。

## 三、十字交叉法

若已知两种物质混合，且有一个平均值，求两物质的比例或一种物质的质量分数或体积分数，均可用十字交叉法求解。这种解法的关键是确定求出的是什么比。

**例3**：乙烷和乙烯的混合气体 3 L 完全燃烧，需要相同状况下的 $O_2$ 10 L，求乙烷和乙烯的体积比。

**解析**：用十字交叉法解题时，应求出 3 L 纯乙烷或乙烯的耗氧量，再应用平均耗氧量求乙烷和乙烯的体积比。3 L 乙烷燃烧需 $O_2$ 10.5 L，3 L 乙烯燃烧需 $O_2$ 9 L。

则：

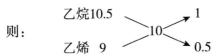

即乙烷和乙烯体积比为 2:1。

## 四、平均值法

常见的给出平均值的量有原子量、式量、密度、溶质的质量分数、物质的量浓度、反应热等。所谓平均值法就是已知混合物某个量的一个平均值，要用到平均值确定物质的组成、名称或种类。该方法的原理是：若两个未知数的平均值为 $a$，则必有一个量大于 $a$，另一个量小于 $a$，或者两者量都等于 $a$。

**例4**：某混合气体由两种气态烃组成，取 2.24 L 混合气体完全燃烧后得到 4.48 L $CO_2$（气体为标准状况）和 3.6 克 $H_2O$，则这两种气体可能是（　　）。

A. $CH_4$ 或 $C_3H_6$　　B. $CH_4$ 或 $C_3H_4$　　C. $C_2H_4$ 或 $C_3H_4$　　D. $C_2H_4$ 或 $C_2H_6$

**解析**：混合气体的物质的量为：$\dfrac{2.24 \text{ L}}{22.4 \text{ L/mol}} = 0.1$ mol，含 C、H 物质的量

分别为：

$$n（C）=\frac{4.48\ L}{22.4\ L/mol}=0.2\ mol，\quad n（H）=\frac{3.6\ g}{18\ g/mol}\times 2=0.4\ mol$$

则该混合烃的平均分子式为 $C_2H_4$，则两种烃碳原子数均为 2，或一个大于 2，另一个小于 2，H 原子数均为 4，或一个大于 4，另一个小于 4。

以上我们讨论了四种常见的有机物计算题解题技巧，但在解有些题目时，不只用上述一种方法，而是两种或三种方法在同一个题目中都会用到。

# 第二节　玻璃仪器读数时产生的误差分析

玻璃仪器上所标的刻度存在区别，有的仪器"0"刻度在仪器下方，有的"0"刻度在仪器上方，如滴定管"0"刻度在滴定管上部，但量筒没有"0"刻度线；也有的只有一个刻度线，如容量瓶。正因为以上问题的存在，许多同学在分析玻璃仪器时不能正确读数以致产生误差。

怎样才能准确无误地分析好这一类误差呢？

我们可以将玻璃仪器读数时产生的误差分成两类：

（1）定刻度型：定刻度型是指预先就已经确定所需量取或所需加液体的体积。

（2）不定刻度型：不定刻度型是指预先没有确定所需量取或所需加液体的体积。

## 一、定刻度型的误差分析

如图 12 - 2 - 1 所示：

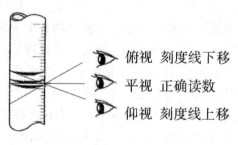

俯视　刻度线下移

平视　正确读数

仰视　刻度线上移

图 12 - 2 - 1

定刻度型不管平视还是仰视或俯视，视线都要透过定刻度线。（定刻度线是指预先就已经确定所需量取或所需加液体的体积处）

例1：用量筒量取5.0 mL浓硫酸，仰视读数时结果偏大还是偏小？俯视读数时结果偏大还是偏小？

分析：这属于定刻度型，5.0 mL刻度处属于定刻度线。仰视，刻度线上移，所量液体体积大于5.0 mL；俯视，刻度线下移，所量液体体积小于5.0 mL。

例2：用容量瓶配制溶液，定容时仰视或俯视读数所配溶液浓度偏大还是偏小？

分析：这也属于定刻度型，容量瓶瓶颈上的圆形刻度线属于定刻度线。仰视，刻度线上移，多加了水，所配溶液浓度偏低；俯视，刻度线下移，少加了水，所配溶液浓度偏高。

## 二、不定刻度型的误差分析

如图12 - 2 - 2所示：

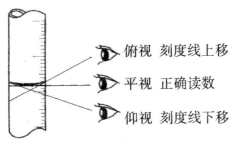

俯视　刻度线上移

平视　正确读数

仰视　刻度线下移

图12 - 2 - 2

不定刻度型不管平视还是仰视或俯视，视线都要和液面凹面相切；不过仰视或俯视视线不是和液面凹面最低处相切而已。

例1：用量筒测量一杯水的体积，仰视或俯视读数时测量结果偏大还是偏小？

分析：预先不知道所测量的水的体积，这种属于不定刻度型。仰视，刻度线下移，测定结果偏低；俯视，刻度线上移，测定结果偏高。

例2：用已知浓度的NaOH溶液滴定未知浓度的HCl，滴定前平视，滴定后俯视，所测HCl浓度偏大还是偏小？

分析：预先不知道消耗NaOH溶液的体积，这种属于不定刻度型。滴定前平视，不产生误差；滴定后俯视，刻度线上移，读出的NaOH溶液的体积偏小，所测HCl浓度偏小。

**要点归纳：**

1. 先确定是定刻度型还是不定刻度型。定刻度型，仰视，刻度线上移，俯视，刻度线下移；不定刻度型，俯视，刻度线上移，仰视，刻度线下移。

2. 根据不同仪器小刻度在上还是在下，结合刻度线移动方向判断出所测体积是偏大还是偏小，也有的还要根据所测体积判断实验的最终结果是偏大还是偏小。

**练习：**

1. 配制一定体积，一定物质的量浓度的溶液时，下列情况导致实验结果偏低的是（　　）。

A. 容量瓶原有少量蒸馏水　　　　B. 溶解时烧杯未洗涤

C. 定容时俯视观察液面　　　　　　D. 溶液未经冷却就定量完毕

2. 实验室用标准盐酸溶液测定某 NaOH 溶液的浓度，用甲基橙作指示剂。下列操作可能使测定结果偏低的是（　　）。

A. 酸式滴定管在装液前未用标准盐酸溶液润洗 2～3 次

B. 开始实验时，酸式滴定管尖嘴部分有气泡，在滴定过程中，气泡消失

C. 滴定过程中，锥形瓶内溶液颜色变化由黄色变橙色，但立即又变为黄色，此时立即记下滴定管液面所示的刻度

D. 达到滴定终点时，俯视溶液凹面最低点读数

E. 盛 NaOH 溶液的锥形瓶滴定前用 NaOH 溶液润洗

答案：1. B　　2. CD

# 第三节　三种或四种相邻主族元素的推断

在元素推断题中，有一类很特殊，它所推断的是三种或四种相邻主族元素；元素间的关系要么同周期、要么同主族。同学们解这一类题一般都是先假设它们的位置关系，再进行推断，很复杂。我经过认真分析归纳，得出以下一种简便推断这一类题的方法，以供大家参考。

**分析思路：**

1. 如相邻两主族元素中，同一主族元素间原子序数相差 2 、8 、18 或 32，因此，我们思考如果将三种或四种相邻主族元素的原子序数之和（或电子数之和）减去最外层电子数之和，剩余的电子均为排满了各个电子内层的电子；再逐渐减第一层电子数之和、第二层电子数之和、第三层电子数之和等，我们就

可以根据排满了几个电子层加最外层确定元素的周期数。

2. 如相邻两主族元素同一周期，则原子序数相差 1，族序数（族序数等于最外层电子数）也相差 1。如将两元素族序数之和除以 2，所得商在数值上和前一元素的族序数相等，后一主族元素族序数大 1 余数应该是 1，完全相吻合。根据这种想法我们就可以确定元素的主族数。

## 一、三种相邻主族元素的推断

例 1：有 A、B、C 相邻三元素，A、B 同一周期，B、C 同一主族。三元素原子最外层电子数之和为 16，质子总数为 64，求 A、B、C 各是什么元素？

分析：如采取传统的方法，A，B，C 三者的位置有四种情况。

| A | B | |   | | C |
|---|---|---|
| | C | |   | A | B |

| C | | |   | B | A |
|---|---|---|
| B | A | |   | C | |

利用四种不同位置关系——推断就比较麻烦，要推四回，而且 B 和 C 两元素之间质子数相差可能为 2、8、18 或 32，那就更复杂。我经过分析归纳，充分利用它们主族数和相邻两周期间的关系得出以下一种简便推断方法，方法具体如下：

解：

**（一）先确定周期**

方法：用电子数总和（等于质子总数）减最外层电子数之和，再逐渐减第一层电子数之和、第二层电子数之和、第三层电子数之和等，层层递减定周期。

| | |
|---|---|
| 64 | 电子数总和 |
| $-16$ | 减去最外层电子数之和 |
| 48 | |
| $-6$ | 减去第一层电子数之和 $2 \times 3$ |
| 42 | |
| $-24$ | 减去第二层电子数之和 $8 \times 3$ |
| $18 \times 1$ | 说明有一种元素第一、第二、第三层均排满了电子，第四层也排了电子（如余数为 $36 = 18 \times 2$，说明有两种元素第一、第二、第三层均排满了电子，第四层也排了电子） |

判断：一种元素在第四周期，两种元素在第三周期。

**（二）确定主族**

方法：用三元素原子最外层电子数之和除以 3 的商定主族。

规律：商为几，即为第几主族，余数是几，即有几种元素在后一主族。

$$\begin{array}{r} 5 \\ 3\overline{)16} \\ 15 \\ \hline 1 \end{array}$$

商得 5 为 V A 族

余 1，即 1 种元素在 Ⅵ A 族

所以三种元素在周期表中的位置如表 12 - 3 - 1 所示。

表 12 - 3 - 1

|  | V A | Ⅵ A |
|---|---|---|
| 第三周期 | P | S |
| 第四周期 | As | |

即 A 为 S，B 为 P，C 为 As。

# 二、四种相邻主族元素的推断

例 2：现有 A 、B 、C 、D 四种相邻主族元素，共占有两个周期，四种元素最外层电子数之和为 20，质子数之和为 36，求四种元素各是什么元素？

分析：如采取传统的方法，A 、B 、C 、D 四者的位置有很多种情况，这里不一一列举，非常难以推断。如利用它们主族数和相邻两周期间的关系，也能得出以下一种简便推断方法，并可找出其中的规律。

解：

**（一）先确定周期**

方法：先用电子数总和（等于质子总数）减最外层电子数之和，再逐渐减第一层电子数之和、第二层电子数之和、第三层电子数之和等，层层递减定周期。

$$\begin{array}{rl} 36 & \text{电子数总和} \\ -20 & \text{减去最外层电子数之和} \\ \hline 16 & \\ -8 & \text{减去第一层电子数之和} \\ \hline 8 = 1\times 8 & \text{说明有一种元素第一、第二层均排满了电子，第三层也排了} \\ & \text{电子} \end{array}$$

判断：一种元素在第三周期，其余三种元素在第二周期。

## （二）确定主族

方法：用四种元素最外层电子数之和除以 4 的商定主族。

规律：

1. 如正好除尽无余数，则商为中间两同主族元素的族序数，在其前后主族各有一种元素。

2. 如余数是 1，则商为中间一主族元素的族序数，在其前一主族有一种元素，后一主族有两种元素。

3. 如余数是 2，则商为前两同主族元素的族序数，在其后一主族有两种元素。

4. 如余数是 3，则商为前两同主族元素的族序数，在其后两主族中各有一种元素。

四种元素最外层电子数之和除以 4：$20 \div 4 = 5$

判断：正好除尽无余数，则商为中间两同主族元素的族序数，即两种元素同为 VA，在其前后主族 IVA 和 VIA 各有一种元素。

所以四种元素在周期表中的位置如表 12 - 3 - 2 所示。

表 12 - 3 - 2

|  | IVA | VA | VIA |
|---|---|---|---|
| 第二周期 | C | N | O |
| 第三周期 |  | P |  |

即四种元素分别为 C、N、O、P。

练习：

1. 现有 A、B、C 三种位置相邻的元素，A、B 两元素处于同一周期，B、C 两元素处于同一主族。它们最外层电子数之和为 14，质子总数为 28，求 A、B、C 三种元素各是什么元素？

2. 现有 A、B、C、D 四种相邻主族元素，处于相邻的两个周期，四种元素最外层电子数之和为 17，质子数之和为 49，求四种元素分别是什么元素？

答案：1. A 为 C，B 为 N，C 为 P；2. 四种元素分别为 N、Al、Si、P。